Mestres do Talento

TÍTULO ORIGINAL
The Talent Masters: Why Smart Leaders Put People Before Numbers
Copyright: © 2010 by Ram Charan and Bill Conaty

Publicado através de acordo com a Crown Business, chancela do Crown Publishing Group, uma divisão da Random House, Inc.

Direitos reservados para Portugal
por Conjuntura Actual Editora, S.A.
CONJUNTURA ACTUAL EDITORA, S.A.
Sede: Rua Fernandes Tomás, 76-80, 3000-167 Coimbra
Tel.: 239 851 904 · Fax: 239 851 901
Delegação: Rua Luciano Cordeiro, 123, 1º Esq., 1069-157 Lisboa
Tel.: 213 190 240 · Fax: 213 190 249
www.actualeditora.pt

TRADUÇÃO
Pedro Elói Duarte

REVISÃO
Maria Afonso

DESIGN DE CAPA
FBA.

PAGINAÇÃO
Jorge Sêco

IMPRESSÃO E ACABAMENTO
Papelmunde, SMG, Lda.
Novembro, 2012

DEPÓSITO LEGAL
351123/12

Toda a reprodução desta obra, por fotocópia ou outro qualquer processo, sem prévia autorização escrita do Editor, é ilícita e passível de procedimento judicial contra o infrator.

 GRUPOALMEDINA

BIBLIOTECA NACIONAL DE PORTUGAL – CATALOGAÇÃO NA PUBLICAÇÃO

CONATY, Bill, e outro

Mestres do Talento: Por que razão os líderes inteligentes põem as pessoas à frente dos números/Bill Conaty, Ram Charan
ISBN 978-989-694-029-4

I – CHARAN, Ram

CDU 005

Mestres do Talento
POR QUE RAZÃO OS LÍDERES INTELIGENTES PÕEM AS PESSOAS À FRENTE DOS NÚMEROS

Bill Conaty e Ram Charan

PREFÁCIO

Alguns dos temas centrais da gestão de recursos humanos contemporânea são a atração, a retenção e o desenvolvimento dos chamados «talentos». Fala-se hoje muito do tema, mas as conclusões não são consensuais. Algumas vozes dizem que ganhará a competição quem vencer a chamada «guerra pelos talentos». O argumento é poderoso: as pessoas talentosas geram retornos anormalmente elevados para as suas organizações, pelo que merecem os esforços extra que sejam necessários para as identificar, motivar e reter. Mais: numa economia do conhecimento, estas pessoas talentosas serão ainda mais valiosas, na medida em que contribuirão para que a organização produza resultados valiosos, tais como novas estratégias, produtos desejáveis e relacionamentos diferentes com os mercados.

Outra corrente defende algo totalmente diferente: a guerra de talentos gerará potencialmente um sistema de «castas» no interior das organizações, o qual dará origem a divisões e rivalidades entre os talentosos e os restantes. Nesta perspetiva, os talentosos poderão ser uma faca de dois gumes e não tanto a bala de prata competitiva que se esperaria que fossem. Na verdade, acrescentam, as melhores organizações são mais do que uma soma de talentos individuais: são coletivos ricos em dimensões? que exigem processos supraindividuais complexos tais como capital social, confiança e segurança psicológica. Estarão os talentos dispostos a pôr-se ao serviço da companhia e dos seus colegas? Ou preferirão que o seu valor brilhe para, por fim, o venderem por melhor preço a outra organização, desde que esta esteja disposta a remunerá-lo de forma mais generosa? Nesta perspetiva, eis a questão-chave: como construir organizações que sejam, elas mesmas, as estrelas em vez de servirem para realçar as estrelas da companhia?

Os pontos anteriores revelam dois aspetos importantes: (1) fazer bom uso do talento humano é uma função organizacional crítica; (2) a forma como essa função pode ser completada continua a ser uma questão em aberto.

Este livro oferece um importante contributo para que cada leitor vá encontrando a sua própria resposta às questões relacionadas com a gestão do talento como recurso estratégico. Foi escrito por duas vozes com autoridade na matéria: Bill Conaty e Ram Charan. O primeiro conquistou os seus «galões» na GE, uma empresa de referência há décadas nestas matérias. Poder-se-á apreciar mais ou menos a filosofia de gestão da companhia americana, mas uma coisa é certa: estudar esta grande empresa nunca é tempo perdido. Ram Charan tornou-se conhecido como guru e *coach* de executivos de topo. O seu estilo de vida pode ser *sui generis*, mas o seu acesso aos pisos superiores dos edifícios onde algumas das maiores empresas do mundo desenham as suas estratégias fornece-lhe informações e perspetivas que não devem ser ignoradas. A forma como os autores conjugam reflexão teórica e intenção prática, talento e negócio, pessoas e orientação para resultados faz deste livro uma leitura proveitosa para todos os gestores com responsabilidade na gestão de pessoas. Ou seja, para todos os gestores.

MIGUEL PINA E CUNHA
Nova School of Business and Economics

Para os grandes líderes de empresas e de recursos humanos que me inspiraram ao longo dos anos e para a minha família, que apoiou os meus esforços para que eu pudesse fazer a diferença no mundo dos recursos humanos.

BILL CONATY

Para a minha grande família, que vive há cinquenta anos sob o mesmo teto e cujos sacrifícios tornaram possível a minha educação.

RAM CHARAN

MESTRES DO TALENTO

Capítulo 1

O talento é a vantagem: sem talento, não há números

Se as empresas gerissem o seu dinheiro de forma tão pouco cuidadosa como gerem o seu pessoal, a maioria estaria falida.

A grande maioria das empresas que controlam eficazmente as suas finanças não possui quaisquer processos comparáveis para desenvolver os seus líderes ou sequer para perceber quais deveriam ser desenvolvidos. Apesar dos esforços que envidam no recrutamento, na formação e na avaliação dos líderes, a sua gestão de talentos continua a ser casual: governada por critérios superficiais e conceitos obsoletos e dependente tanto da sorte quanto da habilidade. São as empresas que, de repente, perceberam que precisavam de um novo diretor executivo (CEO), mas não sabiam onde começar a procurá-lo. De uma forma mais geral, ao insistirem em destacar pessoas para os cargos errados, desperdiçam capital humano e financeiro quando o desempenho dessas pessoas não é eficaz.

Como pode isto acontecer? Afinal de contas, é muito claro que as pessoas tomam decisões e empreendem as ações que produzem os números. O talento é o principal indicador de êxito de uma empresa. Todos reconhecem que é o recurso mais importante de uma empresa. No entanto, é mais fácil analisar uma folha de cálculo cheia de números do que as características específicas de um ser humano. Pode controlar o que está a fazer; os números não são ambíguos, os resultados são claros. Com as pessoas, já não é assim. É preferível deixar essa tarefa para o departamento de recursos humanos ou para as firmas especializadas, pois a pressão para apresentar resultados todos os trimestres é tal que não há tempo a perder com outras coisas. Além disso, é claro que a lei obriga a apresentar relatórios financeiros.

No entanto, já deve ter reparado certamente que é cada vez mais difícil ganhar dinheiro. E assim continuará a ser no futuro próximo. No mercado global em rápida mudança, o tempo de vida das principais competências é cada vez menor. Todas as vantagens competitivas mais conhecidas, como a quota de mercado, a marca, a escala de um negócio, a estrutura dos custos, o conhecimento tecnológico e as patentes, estão constantemente em risco.

O talento será o grande elemento diferenciador entre as empresas que têm e as que não têm êxito. As empresas bem sucedidas serão lideradas por pessoas que conseguem adaptar as suas organizações à mudança, fazer as apostas estratégicas certas, correr riscos calculados, conceber e executar novas oportunidades de criação de valor e construir e reconstruir a vantagem competitiva.

Só há uma competência que perdura: a capacidade de criar uma corrente constante de líderes que se renovem. O dinheiro é apenas um bem. O talento fornece a vantagem. Ron Nersesian, líder do Electronic Measurement Group da Agilent Technologies, di-lo claramente: «O desenvolvimento do talento das pessoas é a tarefa fundamental da empresa. Todos os nossos produtos são perecíveis ao longo do tempo. A única coisa que subsiste é a aprendizagem institucional e o desenvolvimento das aptidões e das capacidades dos nossos funcionários.»

Gerir pessoas com rigor é, sem qualquer dúvida, mais difícil do que gerir números, mas é exequível e torna-se mais fácil quando se aprende. Empresas como a GE, a P&G, a Hindustan Unilever e outras analisam o talento, compreendem-no, formam-no e constroem-no por meio de uma combinação de rotinas e processos disciplinados e de uma coisa ainda mais rara e difícil de observar a partir de fora: uma perícia coletiva, obtida graças a vários anos de aperfeiçoamento contínuo do reconhecimento e desenvolvimento do talento.

Estas empresas rejeitaram o mito de que o julgamento do potencial humano é uma arte «vaga». Os seus processos rigorosos, reiterados e repetitivos convertem o juízo subjetivo sobre o talento de uma pessoa num conjunto objetivo de observações específicas, verificáveis e, no fundo, tão concretas quanto a análise de um relatório financeiro.

Inculcaram na sua cultura os hábitos de observar o talento, de fazer juízos sobre esse talento e de perceberem como desenvolvê-lo. Utilizam as suas ferramentas e as suas imaginações criativas para acelerarem o crescimento de cada líder. Espera-se dos seus executivos que façam do desenvolvimento, da utilização e da renovação do talento de liderança uma parte prioritária das suas funções, e são responsabilizados pelo modo como o fazem.

Estas empresas estão a construir a longo prazo. Chamamos-lhes mestres do talento e este livro mostra como o fazem.

EM BUSCA DAS ESPECIFICIDADES

Uma razão por que os gestores de cabeça dura desdenham o «material vago» é o facto de este refletir um pensamento vago. Vejamos alguns dos critérios que as equipas de recursos humanos utilizam normalmente para avaliarem as competências de liderança. Classificam as pessoas numa escala de acordo com rótulos como estes: «estratégico», «inovador», «grande comunicador», «muito inteligente», «analítico», «intuitivo», etc. Estas descrições obscuras são de tal modo latas que se tornam inúteis no mundo real da gestão. Não servem sequer para prever se uma pessoa está apta para um cargo, e muito menos para apreender as aptidões singulares de um líder de exceção.

Um exercício num curso de gestão avançada da Wharton School expõe a futilidade das descrições baseadas em jargões. Numa sessão recente, o formador pediu aos participantes que explicassem o talento distintivo de Steve Jobs, para além da sua personalidade e dos seus comportamentos controversos. Aquilo que se queria saber era por que razão superou todas as expectativas na sua segunda liderança da Apple. (Incluindo as suas próprias expectativas, quando o valor de mercado da Apple ultrapassou o da Microsoft em junho de 2010, uma evolução considerada «surreal» por Jobs.) Nos 12 anos desde que retomou posse da empresa em declínio, transformou-a numa enérgica máquina geradora de dinheiro. Não desenvolve apenas novos produtos; muda as regras do jogo*. O iPod, o iPhone e o iPad, a par do iTunes, criaram ruturas maciças, obrigando os protagonistas das indústrias da música e das telecomunicações – entre outras – a alterarem os seus modelos de negócio.

* A publicação desta obra nos EUA (Novembro de 2010) é anterior ao falecimento de Steve Jobs. (N.R.)

Existem informações suficientes sobre a forma como Jobs pensa, age e toma decisões para que uma pessoa interessada possa perceber o verdadeiro talento dele em várias dimensões e descrevê-lo numa linguagem clara e específica. No entanto, a maioria das pessoas nem isso tenta fazer.

Quando o formador da Wharton School pergunta aos participantes qual é o talento de Jobs, todas as mãos se levantam na sala. É criativo, inovador, empreendedor; é um mestre da comunicação; quebra o paradigma, cria novos negócios; muda as regras do jogo. Passados alguns minutos, o formador pede silêncio. «Não podem descrevê-lo com chavões», diz ele. «Para definir realmente o talento de uma pessoa, têm de exprimir todo o vosso pensamento sobre um ser humano em frases completas com matizes específicas dessa pessoa. E terão de recolher a informação através da observação cuidadosa das ações, das decisões e dos padrões de comportamento da pessoa.» Em seguida, aponta o caminho fazendo algumas perguntas pertinentes. «Ele é criativo de que forma?» Alguém responde: «Percebe o que será um grande problema.» Está bem, mas como é que ele faz isso? «Interage com os consumidores». Sim, mas como interage com os consumidores? Alguém leu que ele costuma conviver com jovens. Outro dos formandos observa que Jobs está sempre à procura de novas tecnologias antes dos outros. Contudo, a resposta ainda não está completa.

Em seguida, o instrutor dá informações aos executivos para que as utilizem de maneira que aprofundem o conhecimento e percebam a verdadeira natureza do talento de Steve Jobs. Os principiantes ouvem a história de um diretor da Apple sobre a reunião especial do conselho de administração realizada depois de Jobs ter aceitado o cargo. Jobs entrou na sala de reuniões onde estavam expostas cerca de duas dúzias de produtos correntes da Apple e começou a retirá-los, um a um; quando acabou, só restavam quatro produtos. Estes, disse ele, são aqueles que irão dar nova vida à Apple e que a farão distinguir-se no mercado.

Esta história fornecia dois factos observáveis e verificáveis sobre Jobs: compreende aquilo que atrai os consumidores e age de forma decisiva. O formador pede então aos presentes que expliquem o que revela a criação do iPod sobre o talento de Jobs. As primeiras respostas do grupo apontam para a sua compreensão da tecnologia. Mas a tecnologia já existia, observa alguém – já havia outros a fazerem leitores de MP3. A discussão que se seguiu levou a uma conclusão mais significativa: o êxito do iPod foi o resultado de uma grande ideia a par de uma execução brilhante. Nessa altura, o Napster criara um alvoroço no mercado de música gravada com o seu serviço de partilha de ficheiros, que permitia aos utilizadores partilharem ficheiros MP3. O serviço do Napster acabou por ser considerado ilegal (baseava-se, essencialmente, no roubo), mas Jobs percebeu que a tecnologia podia criar um mercado legal, assegurando uma fonte de receitas à indústria musical. E o mercado seria enorme – na verdade, tratava-se de um novo fenómeno social –, uma vez que libertaria os amantes da música ao permitir que fizessem as suas escolhas de forma legal e acessível, em qualquer altura e em qualquer quantidade. Em seguida, criou um produto tão fácil de usar e com tanto estilo que o podia vender a um preço elevado, com grandes margens de lucro. O resto da história é por todos conhecido. O iPod, o leitor de MP3 mais bem sucedido de sempre, elevou a marca Apple a níveis sem precedentes, impulsionando as vendas do Mac e restabelecendo a reputação da empresa como líder na inovação.

Aprofundando a matéria, o formador apresenta outro importante facto observável. Jobs passa quase todo o tempo na empresa, com cerca de 100 peritos em *software*, *hardware* e *design* e em tecnologias de metal, plástico e vidro. Nas manhãs de segunda-feira, reúne o pessoal para passarem em revista os produtos e os seus desafios de conceção e execução. Trata-se de um dos seus processos sociais para ligar várias disciplinas e criar produtos atraentes, e fá-lo rigorosamente há 12 anos. Quatro horas por semana, 50 semanas por ano, em 12 anos equivalem a 2400 horas passadas a construir capital mental e relacional, ligando as ideias mais recentes de várias mentes brilhantes e apaixonadas. É o género de abordagem que transforma uma equipa atlética numa campeã invicta. Jobs é um dos poucos presidentes executivos que exercem tal prática disciplinada de unir todos os pontos.

A discussão desenvolve-se então enquanto a turma começa a sintetizar as características específicas que definem o génio de Jobs. Alguém afirma: «Portanto, trata-se do processo de se ligar aos consumidores através da sua mente e perícia.» Uma aluna levanta a mão e diz: «É interessante o facto de, por várias vezes, ter identificado uma oportunidade que os outros não viram.» Outra pessoa afirma: «É mais do que isso. Ele cria oportunidades, como o iPhone.»

Pois, o iPhone. Que fez ele realmente para que se tornasse um tal fenómeno? «Quebrou o paradigma.» Que significa isso? «Criou um novo modelo de negócio.» Agora, começava a fazer-se luz. Até então, as margens e marcas dos telemóveis eram controladas pelos fornecedores. Isso não só deu à Apple a maior quota de mercado dos *smartphones* como também gerou novas fontes de receitas que nenhum dos outros fabricantes detinha. Jobs produziu o telemóvel mais funcional e mais elegante alguma vez feito. Sempre muito protetor da sua marca e das suas margens, deu o iPhone apenas a um fornecedor, a AT&T. Em troca, a Apple conseguiu fixar o preço que desejava e, pela primeira vez na história das telecomunicações, recebeu uma parcela das receitas do fornecedor pelo uso de um telefone (suportadas pelas tarifas mais elevadas pagas pelos utilizadores desse serviço). Isto era revolucionário. Por último, ganhava dinheiro com a venda das suas inúmeras aplicações. A maioria das novas fontes de receitas segue diretamente para o produtor, produzindo dinheiro todos os dias e tornando o iPhone da Apple o produto mais lucrativo de todos. A ação verificável de Jobs mostra não só a sua perspicácia nos negócios, mas também a audácia e a coragem a que recorreu para inverter o equilíbrio de poder entre um poderoso fornecedor e um pequeno fabricante de telemóveis.

AVALIAÇÃO DE STEVE JOBS

Que tem a análise de Jobs a ver com o desenvolvimento do talento? Apenas o seguinte: o exercício na Wharton School reflete em pequena escala aquilo que fazem os mestres do talento, ou seja, desenvolver o rigor da observação, do pensamento e da expressão. Ao trabalharem com o formador, os alunos fizeram um resumo conciso das conclusões do exercício.

O talento natural de Steve Jobs consiste em imaginar não só aquilo que os consumidores querem agora, mas também aquilo que quererão no futuro – e pelo qual pagarão um preço *premium*. Procura descontinuidades na paisagem exterior. Traça trajetórias de novas oportunidades. Em seguida, concebe e executa não só produtos diferenciados que providenciam grandes margens de lucro e elevado reconhecimento da marca, mas também modelos de negócio que explorarão esses produtos de forma muito lucrativa.

Vê um produto como uma experiência e não apenas como um objeto. É capaz de visualizar a forma do produto e de o conceber de maneira quase perfeita. Torna a tecnologia avançada amiga dos consumidores graças ao seu talento invulgar para a ligar à experiência do utilizador. Tem uma visão intuitiva do *design*, da utilidade, da simplicidade e da elegância do produto. Associa as melhores ideias de várias disciplinas para criar a desejada experiência do consumidor. Percebe claramente que problemas devem ser resolvidos, por muito difíceis que pareçam, e procura as melhores pessoas para os resolver, independentemente do seu estatuto.

É um mestre da comunicação. Concebe mensagens simples e acessíveis ao público, reforçando assim a sua reputação de inovação de maneira a gerar burburinho e a criar a procura de um novo produto ainda antes de este ser lançado. Associa-se aos consumidores, aos empregados e aos parceiros e transforma-os em fãs fervorosos. Constrói a confiança deles em si, na Apple e na marca.

Devemos ter em conta que estes fatores individuais se combinam para formarem o caráter específico deste indivíduo. Aquilo que interessa é o modo como as características se combinam.

Os mestres do talento não recorrem a chavões vagos nem a imensos testes mecânicos para avaliarem o talento. Ao invés, estudam o comportamento, as ações e as decisões dos indivíduos, e associam estas características ao verdadeiro desempenho empresarial. As suas observações são rigorosas, específicas e matizadas. Com o decorrer do tempo, à medida que outros líderes as forem discutindo de forma franca e imparcial, as observações tornam-se verificadas enquanto factos. Esforçam-se por compreender a combinação singular de características de um indivíduo. A finalidade é conhecer a pessoa, descrever as suas características segundo pensamentos integrais e frases completas, e perceber como as características principais se combinam num todo unificado.

Em suma, tentam tornar-se *íntimos* do talento das pessoas – ou seja, tentam conhecer a essência de cada indivíduo. A intimidade é aquilo que torna a competência vaga de avaliar pessoas tão rigorosa quanto a aptidão para interpretar números. De facto, é uma relação análoga àquela que os grandes responsáveis financeiros mantêm com a sua área de trabalho. O domínio total dos números, tanto dos seus próprios números como dos da concorrência, decorre de um conhecimento tão íntimo que se torna intuitivo: vivem com os números.

Os mestres do talento constroem um conhecimento similar sobre as pessoas, criam uma base de dados na mente. Fazem observações pormenorizadas, específicas e rigorosas sobre as pessoas e comparam-nas com outras que observaram. Cada encontro invoca uma observação. A acumulação destas observações, realizada de forma consciente, produz um quadro completo da pessoa na sua totalidade. Este conhecimento mais profundo e mais rigoroso constitui a chave para a tomada de decisões acertadas sobre os líderes.

ATRIBUIR A SUE O CARGO CERTO

Eis um exemplo da extrema importância de conhecer profundamente um indivíduo tanto para a pessoa como para a organização. Trata-se da história de uma estrela oculta e promissora numa empresa global.

O desempenho e a experiência anteriores de Sue indicavam o seu caráter promissor quando, em 2006, entrou na Lindell Pharmaceuticals. A sua carreira comercial começou na 3M, onde, durante três anos, vendeu produtos técnicos para a indústria farmacêutica. Em seguida, tirou um MBA na Wharton School, tendo concluído o curso com uma das três melhores classificações desse ano. Depois, foi trabalhar para a McKinsey e, durante dois anos, foi uma consultora de êxito, nomeadamente nas áreas de *marketing* e de vendas, junto de várias farmacêuticas, uma cadeia de hospitais e uma companhia de seguros de saúde.

Depois de ter contratado Sue, a Lindell nomeou-a gerente comercial para a zona da Pensilvânia e da Nova Jérsia, com a responsabilidade de dirigir cerca de uma centena de vendedores e dez supervisores que tinham como clientes companhias de seguros de saúde, hospitais e cadeias de farmácias, entre outras. Sue superou todas as expetativas. Dois anos depois, ultrapassara em desempenho todos os outros gerentes da região e estabelecera novos recordes de receitas e quotas de mercado.

Entre outros aspetos, Sue implementou um programa baseado num *software* que aumentou a produtividade da sua equipa. Baseado nos registos dos medicamentos mais receitados pelos médicos, eliminava o trabalho administrativo da equipa de vendas, o que lhes permitia passarem mais tempo nos gabinetes dos melhores clientes potenciais. Como os gerentes das outras regiões começaram a imitar Sue, a ferramenta tornou-se rapidamente uma nova prática da empresa.

As pessoas estavam atentas. O diretor executivo da Lindell leva a sério a criação de uma fonte de futuros líderes. A administração identifica desde cedo os líderes muito promissores e dá-lhes experiências que desenvolverão todo o seu potencial. Laura, chefe de Sue e presidente regional, reunia-se trimestralmente com Jorge, o vice-presidente executivo do departamento comercial da Lindell, com Bill, o diretor executivo para a América do Norte, e com Sam, diretor dos recursos humanos para a mesma região, para falarem sobre os líderes que estavam preparados para serem promovidos ou testados noutra área. A rotina incluía não só discussões sobre as pessoas, mas também visitas informais aos locais de trabalho das pessoas em causa, normalmente durante o pequeno-almoço. Na reunião da primavera de 2008, Laura, Bill e Jorge inscreveram Sue na lista de candidatos a observar com especial atenção.

Esse foi também o ano em que o mundo mudou. A reforma do sistema de saúde tornou-se um tema de disputa, pois os críticos afirmavam que o lóbi farmacêutico estava a desperdiçar demasiado dinheiro em publicidade e a impingir produtos aos médicos. Os preços sofreram maior pressão quando as instâncias decisoras mudaram das farmacêuticas para as seguradoras, cadeias de hospitais e empresas de gestão de medicamentos comparticipados*. Em parte como resultado disso, os vendedores de produtos farmacêuticos foram obrigados a começar a exercer aquilo a que geralmente se chama venda de valor. Em vez de promoverem simplesmente um produto, tinham de demonstrar como a sua empresa ou produto poderia criar maiores benefícios para todos os interessados, incluindo para os próprios pacientes.

Sue compreendeu rapidamente a nova realidade. Descortinou os procedimentos e a métrica requeridos para a nova abordagem de vendas: analisar aquilo que os clientes compram, cruzar referências dos padrões de utilização com dados dos pacientes para determinar a eficácia dos medicamentos, dar aos clientes ideias para reduzirem os custos totais e melhorarem os serviços prestados ao paciente e formar o seu pessoal na utilização das técnicas. Sobretudo, concebeu um programa para monitorizar a adesão dos pacientes aos medicamentos que lhes eram receitados. Os doentes que não tomam os medicamentos tal como são receitados constituem um problema sério e generalizado para os prestadores de cuidados de saúde, uma vez que os pacientes acabam por ficar ainda mais doentes e necessitar de mais cuidados. Sue submeteu os seus vendedores a exercícios intensivos de formação, testou-os e mandou-os para o terreno. Substituiu também parte da equipa de vendas por pessoas que, além das vendas, percebiam do negócio – aprendera que o conhecimento podia ser uma valiosa ferramenta de vendas.

O seu território de vendas cresceu bastante. Quando Laura, Jorge, Bill e Sam se reuniram no final do ano, concordaram que chegara a altura de olhar com atenção para aquela estrela em ascensão. Os quatro deviam assistir a uma conferência nos escritórios de Sue, em Filadélfia, e convidaram-na para jantar, durante o qual a questionaram profusamente sobre os seus

---

* No original, «pharmacy benefits managers». (N.T.)

resultados extraordinários. Ao saber que Sue se reuniria no dia seguinte com um dos maiores clientes da empresa, em Cleveland, Laura fez-se convidada para observar. Após a conclusão bem sucedida da reunião, Sue regressou a Filadélfia e Laura apanhou um avião para Nova Iorque, para pensar e escrever sobre o que vira. Estes foram os seus pontos mais importantes:

- Sue reuniu-se com o diretor de compras, o vice-presidente executivo, o diretor financeiro e o diretor do departamento médico da empresa cliente, que ficaram muito impressionados com a sua apresentação de duas horas. Viram que ela conhecia muito bem o negócio do ponto de vista deles, incluindo os desafios que enfrentavam na nova conjuntura. Sue mostrou que dominava como poucos vendedores os pormenores financeiros do cliente e compreendia até as rubricas fundamentais dos seus balanços.»
- Estabeleceu rapidamente um bom relacionamento com os clientes. Distinguiu-se no diálogo aberto e bilateral. Vi os clientes a acenarem com a cabeça em sinal de concordância enquanto Sue respondia às perguntas. Foi rigorosa. Estavam muito atentos quando lhes mostrou a forma de monitorizar o uso que os pacientes fazem das suas receitas e ficaram surpreendidos com a análise financeira que ela fizera, que mostrava o que a nossa empresa podia fazer para os ajudar a melhorarem o desempenho.

No dia seguinte, Laura telefonou a Jorge, o vice-presidente executivo, para lhe transmitir as suas observações. «Que outros talentos revelou Sue?», perguntou ele. Laura respondeu que Sue se mostrara boa avaliadora de pessoas, como revelavam as escolhas que fez quando substituiu um terço da sua equipa de vendas. Aperfeiçoa continuamente a sua organização, acrescentou Laura, e apresenta novas ideias. Estava acima da média e era uma boa agente de mudança. Concordaram com o facto de Sue ter reconfigurado o seu cargo, ter feito mais do que lhe era exigido e, de facto, estar no caminho certo para ser promovida. Jorge disse que iria pô-la na lista de pessoas com elevado potencial a serem analisadas numa reunião futura com Sam, o diretor de recursos humanos – que participava sempre nessas reuniões –, e Bill, o diretor executivo para a América do Norte.

O passo seguinte normal na Lindell seria nomear Sue para o cargo de presidente regional de vendas nos doze meses seguintes. Se fosse bem sucedida, tornar-se-ia muito provavelmente vice-presidente executiva de vendas na América do Norte. Toda a gente concordava que ela devia ser promovida mais cedo, mas a unanimidade terminava nesse ponto. Convicto de que Sue poderia fazer grandes coisas na organização comercial da Lindell, Jorge queria seguir os procedimentos normais. Sam objetou, afirmando: «Em relação a Sue, devemos pensar mais em grande.» O discernimento e as decisões importantes de Sue têm sido sempre bons, acrescentou ele. «É evidente que percebe do negócio. Tem afinidade com as pessoas, estabelece relacionamentos e apresenta ideias novas. Penso que devíamos indicá-la para a direção geral de P&L*, nomeando-a gestora de marca.» Laura concordou com Jorge, falou durante alguns minutos sobre o valor de Sue para a organização comercial e questionou-se se uma pessoa tão nova seria capaz de assumir a responsabilidade da P&L.

Foi então a vez de Bill falar. «Sam, dê-me mais razões por que acha que é uma boa ideia.» O diretor de recursos humanos reiterou os êxitos de Sue e, depois, referiu-se às necessidades e aspirações de carreira da jovem. «Sue tem capacidade para chegar longe nesta empresa», afirmou ele. «Num futuro próximo, posso imaginá-la a constar entre os dez ou quinze melhores gestores. Continuar nas vendas pode vir a negar-lhe algumas oportunidades importantes. Enquanto gestora de marca, não só adquirirá experiência na P&L, como também alargará o leque das suas relações pessoais. Poderá interagir com a sede e com outros gestores de marca em todo o mundo. Isto será muito importante para o seu crescimento pessoal.»

«E há outra questão. Sabe que poucos foram os presidentes regionais que passaram para a gestão de marca. Isto porque a transição se torna tanto mais difícil quanto mais tempo se passa na mesma disciplina. A pessoa que transita mais cedo é mais flexível e adaptável. A recompensa pode ser também um problema, uma vez que se trata de uma despromoção – a presidente da área comercial ganha mais do que ganhará enquanto gestora de marca.»

Os outros começavam a perceber a questão. Após alguns minutos de discussão, Bill afirmou: «Resumamos as razões por que Sue está preparada para o cargo de gestão: apresenta resultados e traz ideias novas; aperfeiçoa o seu pessoal e faz boas escolhas na seleção de novos colaboradores; adapta-se rapidamente às mudanças da conjuntura e age de forma decisiva

---

* «Profit and loss», literalmente lucros e perdas, ou demonstração de resultados financeiros. (N.T.)

e com grande rapidez; compreende a fundo o negócio dos clientes, o que revela que tem perspicácia para o negócio; é capaz de estabelecer relações a alto nível em termos externos e a todos os níveis em termos internos.»

«Há muito que não vemos talentos como estes num diretor de área de vendas», concluiu Bill.

«E se ela não se adaptar?», perguntou Jorge.

«Regressa à área de vendas, como presidente regional», respondeu Sam. «Seria certamente um rude golpe, mas não penso que se deixaria ir abaixo. Mostrou ser capaz de aprender com a experiência. Voltaria às vendas tendo aprendido muito, alargado a experiência e melhor preparada para o cargo.»

Convencida de que a mudança tinha sentido, Laura acrescentou uma questão final: «Se não lhe dermos esta oportunidade, não correremos o risco de a perder para um concorrente?» Ninguém sentiu necessidade de responder.

Bill olhou para todos. «Então, estamos de acordo?», perguntou. Toda a gente acenou com a cabeça em sinal de concordância. «Laura, fale com ela em breve. Diga-lhe que tem feito um bom trabalho, que assim deve continuar e que, daqui a 90 dias, mudará para outro cargo.»

Laura sorriu. «Aposto que vai ficar surpreendida», disse ela. «Sei que queria chegar à direção geral, mas tenho a certeza de que não imaginava chegar lá tão cedo – ou até nesta empresa.»

Pode pensar que isto é um conto de fadas. É provável que não conheça alguém na sua organização que tenha levado a cabo uma abordagem tão profunda e difícil para pôr um líder num cargo. A abertura e facilidade das suas conversas são até estranhas para a sua cultura. Não seria imaginável que as pessoas cooperassem desse modo. No entanto, como veremos várias vezes neste livro, é assim que as pessoas trabalham numa organização de mestres do talento.

Podemos retirar várias lições importantes das histórias de Steve Jobs e de «Sue»:

- Os mestres do talento compreendem as subtilezas que diferenciam as pessoas. Dois indivíduos podem partilhar o mesmo conjunto de características, mas essas características combinam-se neles de maneiras diferentes, distinguindo assim as suas capacidades de liderança (por exemplo, Steve Jobs). Os mestres do talento avaliam e exprimem aquilo que cada pessoa é na realidade, e não segundo alguns traços predeterminados. Chegam a conclusões graças à observação das ações, das decisões e dos comportamentos das pessoas. Procuram os modos específicos como se combinam os vários traços. E exprimem todas essas características através de pensamentos integrais e verificáveis, e não através de conceitos obscuros como «estratégia».

- Sue era uma das muitas gestoras regionais de vendas na Lindell, mas a sua combinação de características destacava-se. Tinha perspicácia para o negócio, grande capacidade cognitiva e traços pessoais, como ser capaz de estabelecer relacionamentos e adaptar-se a mudanças rápidas. Combinadas, estas características permitiam-lhe tomar decisões profundas que ofereciam resultados muito superiores aos dos colegas em cargos similares.

- Os líderes da Lindell apreenderam todas as capacidades e características de Sue graças às muitas conversas francas que tiveram sobre ela e porque a observaram a interagir com os clientes. Os mestres do talento localizam, encontram e desenvolvem pessoas como Sue através de processos previsíveis, consistentes e repetitivos que desenvolvem a franqueza e a confiança através da abertura em diálogos vivos. Este sistema, baseado num conhecimento íntimo graças à observação de ações, decisões e comportamentos, desenvolve todo o potencial do talento em bruto.

- O plano que gizaram não se centrava apenas em aumentar a *capacidade* de Sue – a sua habilidade para obter melhores resultados com o mesmo trabalho. Deveria sobretudo aumentar a sua *aptidão*, ou seja, conseguir mais através de um nível mais elevado de trabalho. A maior aptidão conduz ao tipo de crescimento que expande o poder cognitivo e produz níveis superiores de liderança. Enquanto gestora de marca, a sua aptidão seria maior.

- Ninguém tinha a certeza de que Sue estivesse totalmente preparada para o cargo. No entanto, os mestres do talento apostam muito frequentemente em líderes de grande potencial por três boas razões. Em primeiro lugar, os indivíduos que enfrentam uma situação mais difícil não ficam demasiado confiantes e estão dispostos a aprender com os outros. Em segundo, ajuda a manter os indivíduos talentosos que querem progredir e que podem pensar noutras paragens se não lhes forem dadas oportunidades. Por último, os desafios bem sucedidos poderão atrair melhores candidatos no futuro, porque as pessoas ambiciosas e capazes saberão que não terão de esperar que abram vagas.

- Aceder ao âmago dos valores, dos comportamentos, das crenças e dos talentos de uma pessoa pode parecer um trabalho muito difícil, mas os mestres sabem que, com o tempo, a recompensa é enorme. É como analisar um problema ou uma oportunidade de negócio: aprofundamos o assunto em busca das causas, percebemos o contexto e avaliamos as opções. De forma similar, quando se conhece bem uma pessoa, é possível desenvolver ideias e opções para acelerar o seu crescimento e desenvolvimento. Isto é especialmente importante para as empresas que dependem de conhecimento especializado e que necessitam de desenvolver rapidamente o potencial de liderança dos seus especialistas. As decisões como a que foi tomada em relação a Sue criam capacidade organizativa.
- Observar os talentos de um indivíduo e prever até onde pode chegar o líder altera por completo o planeamento tradicional da sucessão. Em vez de procurar pessoas para preencherem cargos, este processo dá ênfase à abertura de vias para que os líderes desenvolvam os seus talentos e se tornem mais capazes. A grande recompensa traduz-se em sucessões consistentes na direção executiva e noutros cargos elevados. É muito raro que os mestres do talento tenham de procurar um executivo fora da própria empresa.

INSTITUCIONALIZAR OS BONS JUÍZOS

Quase todas as organizações devem ter alguns grandes juízes naturais, mas nenhuma tem gente suficiente para conceber um programa baseado nessas pessoas. Aqueles que ajuízam têm de conhecer bem o talento – e até intimamente. Têm de saber tudo sobre o cargo para o qual a pessoa está a ser considerada. Têm de saber como essa pessoa se equipara aos outros candidatos ao cargo, o que significa que têm também de saber tudo sobre essas pessoas.

A primeira coisa que se deve compreender sobre os mestres do talento é que conseguem identificar o talento de um indivíduo de forma mais rigorosa do que a maioria das pessoas, pois são excelentes a observar e a ouvir. Usam estas capacidades para verem a pessoa na sua totalidade – as suas aptidões e experiência, por certo, mas também aspetos como a capacidade de julgar, a personalidade e a capacidade de estabelecer relações, e não apenas características definidas por chavões. Compreendem a natureza

1 · O TALENTO É A VANTAGEM: SEM TALENTO, NÃO HÁ NÚMEROS

das limitações de uma pessoa – a diferença entre uma falha fatal que a impedirá de avançar e uma necessidade de desenvolvimento que pode ser preenchida.

Os mestres do talento desenvolveram as suas capacidades através de uma prática constante e intensa. Acumulam as observações e associam--nas a inferências verificáveis sobre as pessoas. Podem comparar pessoas diferentes com a mesma exatidão com que comparam conjuntos diferentes de números. Paradoxalmente, comparar pessoas é mais difícil e, ao mesmo tempo, mais fácil do que comparar números. É mais difícil porque é necessária muita prática para superar os preconceitos e os filtros psicológicos que, muitas vezes, afetam os bons juízos; mas é mais fácil porque existem menos pontos de referência e variáveis a ter em conta.

Os mestres do talento institucionalizam esta perícia nas suas empresas. É praticada, imitada, seguida e aprendida por todos os líderes até se tornar uma segunda natureza e fazer parte dos processos estabelecidos e das rotinas diárias. E utilizam-na para criarem a sua própria reserva de bons juízes. Avaliam os indivíduos através de inúmeros diálogos, usando informações recolhidas em muitas observações de decisões, ações e comportamentos, que são redefinidas em discussões de grupo. Este diálogo é informal e baseado em factos. A disciplina de agregar juízos de líderes sobre outros líderes é extensiva, contínua e faz parte da cultura. Integra o desenvolvimento das pessoas com a gestão do negócio, e liga as forças e fraquezas dos líderes aos resultados da empresa. Os julgamentos melhoram continuamente com a prática e a experiência.

Os mestres fazem isto de forma muito visível em análises e processos formais, geralmente adaptados daqueles criados pela GE (que indicaremos no próximo capítulo). No entanto, igualmente importantes são os processos que não podemos ver: aqueles a que chamamos processos sociais.

Sempre que duas ou mais pessoas trabalham juntas existe um processo social no qual trocam informações e ideias, exercem poder e exprimem os seus valores através das suas acções e palavras. Ao contrário dos processos profissionais, em que os papéis e objetivos dos participantes estão especificados, os processos sociais funcionam geralmente menos às claras. O resultado esperado de uma reunião sobre um orçamento, por exemplo, é a distribuição eficiente dos recursos. No entanto, o verdadeiro resultado é, na maioria dos casos, consequência de um processo social no qual os participantes exercem influência pessoal e poder para lutarem por esses recursos. Os participantes, bem como o líder responsável pelo processo, podem estar ou não conscientes de como os seus comportamentos e diálogos influenciam os resultados.

Tal como os processos profissionais, os processos sociais podem ser dirigidos para melhorarem os resultados. Por meio dos conteúdos do diálogo e das atitudes e valores exprimidos de forma verbal e não verbal, os mestres do talento usam-nos para identificarem os grandes líderes e para os ajudarem a desenvolverem-se. Nenhuma empresa pode alcançar a mestria do talento sem incluir o talento nos processos sociais da organização.

PRINCÍPIOS DOS MESTRES DO TALENTO

A nossa colaboração neste livro começou com o desejo de concretizar em princípios as muitas coisas que aprendemos ao trabalhar com as pessoas e com as empresas que identificámos como mestres do talento. Estes princípios constituem a moldura em que operam os mestres do talento e providenciam o modo como pode diagnosticar a capacidade de desenvolvimento de talentos da sua empresa

1. **Uma equipa de liderança esclarecida, a começar pelo diretor executivo.** Os comuns diretores executivos planeiam o futuro das suas empresas em termos de ambições financeiras e estratégicas. O diretor executivo esclarecido reconhece que a sua grande prioridade para o futuro é criar e desenvolver o talento que o fará ter êxito. Está profundamente empenhado em criar uma cultura de mestria do talento e pessoalmente envolvido na sua execução. Enquanto modelo a seguir, é fundamental para motivar o pessoal e para moldar os sistemas sociais que farão ou quebrarão os processos formais de desenvolvimento da liderança. Observamos que esses líderes investem pelo menos um quarto do seu tempo a localizarem e desenvolverem outros líderes; na GE e na P&G, é quase 40%.

2. **Meritocracia mediante a diferenciação.** Este é o elemento fundamental para ajudar o talento a realizar o seu potencial. Memorize esta divisa: a diferenciação alimenta a meritocracia; o nivelamento (a não diferenciação das pessoas) alimenta a mediocridade. Esta ocorre muito geralmente nas empresas que associam automaticamente o elevado desempenho à conclusão ou superação dos objetivos financeiros estabelecidos. Sem exceção, os mestres do talento procuram as muitas causas que estão por detrás do desempenho, de maneira que possam reconhecer e recompensar os líderes de acordo com os seus talentos, comportamentos e valores.

3. Valores de trabalho. Todas as empresas têm valores, sejam ou não afirmados. Alguns são importantes, mas a maioria é inconsequente. Aquilo que designamos por valores de trabalho tem um verdadeiro impacto no êxito, uma vez que orientam o modo como as pessoas trabalham e se comportam. São os valores pelos quais as pessoas regem a vida, pois são absolutamente esperados tanto nos líderes como nos funcionários. Por exemplo, um valor que vemos nos mestres do talento é a obrigação de os líderes desenvolverem outros líderes. Os valores nem sempre são rotulados como tais. A Hindustan Unilever distingue o «quê» do «como» da liderança: o «quê» refere-se ao modo de fazer as coisas e o «como» à componente dos valores, «agir de maneira que os outros admirem e queiram seguir». Bob MacDonald, diretor executivo da Procter e Gamble, afirma que «falamos muito do caráter, que defino como pôr as necessidades da organização acima das nossas próprias necessidades». Independentemente do nome que lhes atribuem, os mestres repetem incessantemente os seus valores e reforçam-nos ao associarem-lhes reconhecimento e recompensas.

4. Uma cultura de confiança e franqueza. Uma empresa só pode desenvolver o seu pessoal se tiver informação rigorosa sobre as suas forças e necessidades de desenvolvimento, e só pode recolher essa informação se as pessoas puderem falar com franqueza – ou seja, de forma honesta e aberta. A franqueza faz a verdade vir ao de cima. Permite observações mais acutilantes, visões mais profundas e descrições mais rigorosas. É fácil descrever os pontos fortes de um líder, mas já não tanto quando se trata de apontar as suas necessidades de desenvolvimento ou esperar que as aceite ou as enfrente. Como veremos ao longo deste livro, criar uma cultura de franqueza é a parte mais difícil do processo de se tornar um mestre do talento. As pessoas só podem falar com franqueza se acreditarem que o sistema respeitará a honestidade e a confidencialidade. Os mestres do talento trabalham incansavelmente para garantir a confiança, insistindo na franqueza em todos os diálogos da empresa, quer sejam de um para um, em grupo ou em avaliações.

5. Apreciação rigorosa do talento. Os mestres do talento têm a mesma orientação em termos de objetivos e resultados nos seus processos de pessoal do que nos seus sistemas financeiros. Estabelecem objetivos explícitos, baseados em tempo, para o desenvolvimento do seu pessoal e discutem o porquê desses objetivos e o modo como serão alcançados. Analisam as pessoas de forma tão séria e regular como analisam as operações, o desempenho comercial, a estratégia ou os orçamentos. De forma decisiva, integram as análises das pessoas com todas as outras, recolhendo e atualizando a informação à medida que a pessoa se desenvolve. Tal como os sistemas financeiros, os sistemas de pessoal têm ritmo e vigor e evoluem ao longo do tempo e à medida das necessidades.

6. **Uma parceria de gestão com os recursos humanos.** Os mestres do talento usam os líderes de recursos humanos como parceiros de gestão ativos e efetivos, elevando-os ao mesmo nível, ou até a um nível superior, do diretor financeiro. A função do diretor de recursos humanos será tão forte quanto o diretor executivo o queira, e se este não tiver grandes expectativas, o diretor de recursos humanos permanecerá num segundo nível. Tal como o diretor financeiro é o garante do sistema financeiro, o diretor de recursos humanos é o garante do sistema de pessoal.

7. **Aprendizagem e desenvolvimento contínuos.** Os mestres do talento reconhecem que um ambiente empresarial em rápida mutação requer mudanças e atualizações constantes, tanto nas capacidades dos seus líderes como nos seus próprios critérios de liderança. Dão aos líderes formação em tópicos específicos e ajustam os seus planos de desenvolvimento do talento às mudanças externas que preveem para os anos vindouros.

QUEM SÃO OS MESTRES DO TALENTO?

As empresas que constituem o cerne da nossa investigação encontram-se em vários estádios de evolução. Algumas são líderes mundiais há décadas; outras estão em pleno desenvolvimento. Quer sejam velhas ou novas, seguem os princípios que descrevemos de forma consistente e insistente – quase com fervor religioso. Não é nosso propósito que copie fielmente os mestres. Pretendemos, ao invés, dar-lhe a oportunidade de escolher ideias já experimentadas e demonstradas.

Todas as empresas têm processos formais de gerir o talento, alguns bons e outros menos bons. Os mestres têm processos superlativos. No entanto, estas são as coisas mais evidentes e não são as mais importantes. Aquilo que não se pode ver de fora – a caixa negra onde está guardado o segredo da mestria – está nos sistemas sociais das suas empresas. Iremos agora torná-los visíveis.

O nosso trabalho não é o produto de análises estatísticas, que servem para mostrar correlações, mas são de pouca utilidade para determinar causas e efeitos. O nosso estudo é observacional, colhido diretamente das experiências dos agentes e, muito frequentemente, das suas próprias vozes. Escolhemos as nossas empresas porque as conhecemos bem – em muitos casos, trabalhámos nelas ou com elas durante décadas – e compreendemos os seus sistemas sociais. Pudemos entrar nas suas caixas negras para observar o que fazem e como o fazem. Agora, mostraremos ao leitor os mestres em ação: poderá assim ver não só as ferramentas e técnicas que utilizam, mas também as questões que levantam, as conversas que têm e o dinamismo das suas tomadas de decisões.

O livro está dividido em três partes. A primeira é uma exploração profunda do muito admirado sistema de gestão de talento da General Electric (GE). Trata-se, necessariamente, de uma secção longa, uma vez que há muitos aspetos a explicar. Levaremos o leitor até seu interior para que possa ver como e porque funciona.

Começamos com a GE por duas razões. Em primeiro lugar, conhecemos intimamente a empresa graças à nossa longa experiência com o seu sistema singular de desenvolvimento de talento: Ram Charan passou 40 anos consecutivos a observar, a formar e a trabalhar com líderes da GE a todos os níveis; Bill Conaty passou o mesmo tempo a trabalhar na empresa e a ajudar a adaptar o sistema ao ambiente externo. Em segundo, a GE é a empresa basilar para os estudantes de gestão de talento – muito admirada e copiada, e utilizadora pioneira dos princípios que enumerámos. É também uma produtora reconhecida de líderes para outras empresas. Entre os seus clientes satisfeitos estão alguns dos principais recrutadores mundiais de executivos. «A GE tem sido e continua a ser a melhor fonte de talento para um largo leque de indústrias e funções graças aos seus programas exclusivos de desenvolvimento da liderança», afirma Tom Neff, presidente do conselho de administração da Spencer Stuart U.S. Gerry Roche, presidente da Heidrick & Struggles, acrescenta que «a GE dedica mais tempo, atenção e dinheiro ao objetivo a longo prazo de desenvolvimento das pessoas do que qualquer outra empresa que conheço. Continua a ser o padrão ouro para as empresas inteligentes que querem encontrar o próximo grande diretor executivo».

Há muitas maneiras de escalar uma montanha, e as quatro empresas da segunda parte ilustram o grande número de abordagens à mestria do talento. Esteja preparado para encontrar surpresas quando ler o capítulo 5, que versa sobre a Hindustan Unilever (HUL). Uma das principais produtoras de diretores executivos e de líderes de *marketing* da Ásia, esta empresa desenvolveu um sistema singular de desenvolvimento de talento, no qual os altos funcionários podem ser recrutados nas universidades e passar noites em pequenas cidades indianas com estagiários de gestão. Não conhecemos outra empresa cuja administração de topo se empenhe de forma tão pessoal a desenvolver líderes.

Quando se trata do desenvolvimento de líderes globais, a Procter & Gamble (capítulo 6) não tem praticamente rivais. A empresa percebeu que nada substitui a experiência – em particular, a experiência que um líder adquire graças às várias funções desempenhadas em países e culturas diferentes. Está também à frente na construção de bases de dados para a gestão de talentos e está agora a acrescentar as redes sociais às ferramentas para aumentar a colaboração e a mentalidade global da empresa.

Bill Sullivan, diretor executivo da Agilent Technologies (capítulo 7), deparou-se com um problema comum às empresas que trabalham em indústrias baseadas na especialização, como a alta tecnologia, a biotecnologia e os produtos farmacêuticos: a necessidade de líderes com capacidades de gestão e com especialização técnica. Estas pessoas são raras e, por isso, Sullivan resolveu construir o seu próprio leme de gestão. Ao descobrir uma forma de desenvolver internamente os líderes com as duas qualidades, Sullivan produziu um modelo para os outros no mesmo barco.

Quão profundamente se conhece a si próprio? Não se trata de uma questão frívola. Como nos mostra o domínio em rápido crescimento da economia comportamental, os comportamentos inconscientes têm grandes implicações para os líderes empresariais. Neste campo, a Novartis (capítulo 8) está na vanguarda. A sua gestão de talento inclui inúmeras ferramentas e programas para ajudarem os líderes a conhecerem-se a si próprios. A abordagem é singular – e até surpreendente –, mas qualquer empresa ou líder poderá beneficiar com a compreensão da forma como o aprofundamento do líder acrescenta verdadeira espessura ao desenvolvimento do talento.

A terceira parte (capítulos 9, 10 e 11) concentra-se nos mestres do talento que só recentemente começaram a fazer parte do jogo. Empresas como a GE, a P&G e a HUL tiveram décadas para aperfeiçoar os seus sistemas e processos, mas, neste mundo em alta velocidade, poucas têm o luxo do tempo. Mostraremos como a Goodyear, ainda não há muito o epítome de uma empresa industrial exausta, se reinventou rapidamente. A sua nova estratégia consistiu em abandonar um negócio de serviços públicos e em vender produtos diferenciados a consumidores de todo o mundo. Contudo, o diretor executivo Bob Keegan percebeu que uma estratégia radicalmente diferente exigia novas pessoas. Começou por substituir grande parte da liderança por pessoas externas à empresa e cuidadosamente escolhidas e desenvolveu processos sociais e sistemas para criar uma cultura de liderança totalmente nova.

Alessandro Profumo, diretor executivo da UniCredit, adotou também uma estratégia ousada que requeria uma nova liderança, mas, ao contrário de Keegan, não podia recrutar pessoal externo à empresa. Para transformar o seu banco italiano numa instituição financeira pan-europeia, Profumo teve de trabalhar com os líderes existentes em vários países e culturas, unindo-os numa nova mentalidade – e fazendo isso com rapidez.

A Clayton Dubilier & Rice (CDR) e a TPG, duas das principais sociedades de participações privadas (*private equity firms*) podem ser vistas como excecionais na questão da mestria do talento. Não são empresas como esta os «bárbaros nos portões», os especuladores que compram as empresas, as dividem e as vendem com grandes lucros? Independentemente do que possam ter sido no passado, as participações privadas estão a emergir como um setor cada vez mais importante da economia mundial. Nenhuma tem sido mais agressiva ao associar a sua mestria da finança à mestria do talento do que a CDR. Contratou líderes de gestão reformados, como Jack Welch da GE, A. G. Lafley da P&G, Ed Liddy da Allstate, Paul Pressler da Gap e Vindi Banga da HUL, para o ajudarem a ganhar um jogo redefinido e a reforçar os sistemas de gestão de talento das empresas que tinha em carteira. Outros gigantes das participações privadas, como a KKR e a Cerberus, concentram-se no desenvolvimento de equipas mais fortes de recursos humanos para construírem o seu próprio talento.

A LGE, sediada na Coreia do Sul, tornou-se uma empresa global com os seus produtos eletrónicos de consumo de baixo preço e elevada qualidade. Yong Nam, o seu diretor executivo, queria levar a empresa para outro nível, estabelecendo a sua marca como líder na inovação com ligações fortes aos mercados locais. Para isso, teria de substituir a sua homogénea equipa de liderança coreana por gestores que poderiam relacionar-se com os mercados locais. O seu desafio consistia em fazer isso sem pôr em risco as coisas que funcionavam. A sua solução singular pode ser vista como mais um modelo para outros que enfrentam desafios análogos.

Na quarta parte, oferecemos alguns conselhos práticos. Trata-se de um conjunto de ferramentas de mestria de talento com conselhos específicos sobre o que deve saber e o que deve fazer – informações que pode pôr em prática de imediato. Entre os vários tópicos, poderá encontrar orientações para a análise de talento, programas de aprendizagem contínua que produzem resultados empresariais, usam os recursos humanos como parceiro de negócios e asseguram sucessões tranquilas. Apresentamos também uma lista de pontos que servem para avaliar as capacidades de gestão de talento da sua empresa.

A mestria do talento não garante o êxito contínuo. Na altura em que este livro foi originalmente impresso, Yong Nam, da LGE, já se demitira por causa dos fracos resultados da empresa no mercado de *smartphones*, e Alessandro Profumo, da UniCredit, estava alegadamente envolvido numa luta de poder com o seu conselho de administração. Mas nada disto tinha a ver com o trabalho de mestria na gestão de talento que desenvolveram. Até os melhores líderes se podem enganar nos negócios, especialmente em situações que envolvem um risco considerável. De facto, todas estas empresas passaram por maus momentos numa altura ou noutra e não há garantias de não voltarem a enfrentar problemas. E pensemos em duas empresas mestres do talento – por exemplo, a P&G e a HUL – a trabalharem nos mesmos mercados. Em qualquer altura, uma estará no topo e a outra ficará para trás.

Um bom clube de futebol merece esse epíteto graças aos talentos do treinador e dos jogadores, nada mais. Os mestres do talento, com o seu conhecimento profundo dos líderes fortes, percebem os erros, fazem mudanças e voltam mais fortes do que os outros que tropeçam. Aquilo que vimos, e que podemos afirmar com confiança, é que o talento é a chave mais importante para a longevidade. Quanto melhores forem os seus líderes, mais depressa uma empresa poderá recuperar.

PARTE 1

O QUE FAZ UM MESTRE: NO INTERIOR DO SISTEMA DE GESTÃO DE TALENTO DA GENERAL ELECTRIC

Qualquer estudo da arte e ciência dos mestres do talento deve começar necessariamente com a General Electric (GE). Sempre inovadora no seu campo, a GE tornou-se um foco de revolução sob a liderança do mítico Jack Welch, diretor executivo entre 1981 e 2001. Tornou cada um dos princípios descritos no capítulo anterior parte do sistema de gestão de talento da sua empresa, princípios que continuam a orientar a empresa à medida que esta evolui. Como observámos no primeiro capítulo, o desenvolvimento da liderança da GE é provavelmente mais tomado como modelo e emulado que o de qualquer outra empresa.

No entanto, tomar como modelo ou emular não são necessariamente o mesmo que conhecer. Os gestores que estudam a GE ouvem atentamente as apresentações que esta faz, mas poucos chegam a compreender realmente as questões essenciais. Podem identificar os elementos que reconhecem – os valores, os processos que constituem o sistema operativo a que a GE chama «livro de operações» – e afirmar: «Sim, temos algo muito similar.» Aquilo que, muito frequentemente, não percebem são os fatores mais subtis que permitem que o sistema funcione, que são instintivos e fazem diariamente parte da cultura da GE: as discussões diretas e francas, nas quais os líderes vão ao fundo das questões, a ligação entre os processos do negócio e os processos do talento, os sistemas sociais que integram os encontros aparentemente discretos num processo constante – em suma, os elementos que caracterizam um mestre do talento.

A maioria das empresas divide os seus sistemas de gestão em áreas discretas: «Hoje falamos de pessoas, amanhã falamos de estratégia, na semana seguinte falamos de operações e orçamentos.» Na GE, todas estas áreas fazem parte de um circuito fechado. Por exemplo, as reuniões de planos estratégicos e as análises de operações incluem uma análise profunda das pessoas necessárias para executar o plano. As sessões de pessoal começam com uma análise comercial, pois os resultados comerciais decorrem diretamente das pessoas envolvidas. As análises comerciais começam sempre com uma avaliação da equipa de liderança. Qualquer reunião é uma oportunidade de treino e de registo de uma observação que, com o tempo, será acrescentada ao banco de dados da «intimidade».

O sistema só funciona porque é rigoroso e desafia constantemente as pessoas a porem-se à prova. Os líderes são recompensados em função de como lideram as pessoas, algo que se traduz nos resultados que apresentam. Além de olharem para os resultados bons e maus, os líderes concentram-se consistentemente em responder a questões como:

- Quem são os líderes promissores?
- Onde se encaixam? Como podem melhorar?
- Que poderemos fazer para ajudá-los a realizarem mais depressa os seus potenciais?
- Enquanto empresa, como estamos a desenvolver os líderes de que necessitamos?

Os diálogos são francos e sem reservas. Entre as reuniões dedicadas aos resultados da empresa e ao desenvolvimento das pessoas, os processos sociais da GE continuam o diálogo, formal e informalmente, dia a dia, semana a semana. Os líderes acabam por conhecer intimamente o seu pessoal e vice-versa, não só através das reuniões marcadas, mas também das interações diárias e do trabalho em rede em ambientes sociais. No topo, em especial, não há estranhos. O diretor executivo e o vice-presidente para os recursos humanos conhecem intimamente as principais 600 pessoas da empresa – as suas famílias, os seus passatempos, as coisas de que gostam e de que não gostam, as suas habilidades, forças, tendências psicológicas e necessidades de desenvolvimento. Estes 600 gestores tornaram-se quase uma família.

O QUE FAZ UM MESTRE

As pessoas que tomam este sistema como modelo não podem perceber todas estas coisas, uma vez que não as podem ver em ação, que é a única forma de as compreender completamente. Mas o leitor pode. Os três capítulos desta secção conduzi-lo-ão numa visita inédita ao interior da GE. A viagem conduzi-lo-á, alternadamente, por explicações claras e completas sobre o sistema e por histórias pessoais íntimas que mostram como o sistema funciona na vida real.

O capítulo 2 mostra como os gestores da GE lidaram de forma rápida e segura com a demissão inesperada de um executivo de topo, um acontecimento que, em muitos casos, provoca o caos noutras organizações do mundo empresarial. O capítulo 3 é o roteiro completo e o manual de instruções do sistema da GE, que explica todos os seus pormenores extraordinários e mostra como as partes funcionam como um todo. O capítulo 4 leva-nos de volta à escala humana, com as notáveis histórias de dois indivíduos cujas experiências ilustram o cuidado com que a GE gere o desenvolvimento das carreiras dos seus líderes.

Capítulo 2

A sucessão imediata:
o que fez a GE quando Larry Johnston se demitiu

Quando Bill Conaty recebeu um telefonema de Larry Johnston, numa noite de quinta-feira de 2000, nada parecia fora do normal. Johnston, diretor executivo da GE Appliances, negócio que valia seis mil milhões de dólares, em Louisville, Kentucky, disse que poderia estar na sede da GE em Fairfield, Connecticut, na segunda-feira e que era capaz de passar pelo seu gabinete para conversarem.

«Muito bem», respondeu Conaty. «Também podemos falar agora, se quiseres.» Johnston disse: «Não, agora não preciso de nada, talvez na segunda-feira.»

Como conhecia Johnston bem, Conaty achou o caso um tanto estranho e, depois de pensar um pouco, tentou telefonar-lhe para Louisville. Johnston não atendeu a chamada; tentou telefonar-lhe várias vezes durante o fim de semana, mas nada. Johnston era uma pessoa que atendia sempre rapidamente as chamadas e, por isso, o caso parecia realmente preocupante.

Johnston telefonou finalmente na segunda-feira de manhã para dizer que estava na casa de hóspedes da empresa e que queria falar com Conaty. Agora, Conaty tinha a certeza de que havia algum problema, mas não imaginava o que viria a acontecer.

Uma hora depois, Johnston chegou muito calmamente ao seu gabinete. Depois de pedir a Conaty que fechasse a porta, disse: «Vou sair da empresa.»

Conaty afirmou: «Larry, não podes sair! Porque queres sair?»

Johnston explicou que aceitara uma oferta da cadeia de supermercados Albertsons para o cargo de diretor executivo, acrescentando: «É a oportunidade de uma vida, uma oferta financeira excecional, e não é um concorrente da GE.» Começou por dizer que não atendera os seus telefonemas a pedido do novo empregador, mas foi mais revelador quando acrescentou: «E eu não queria ser demovido.»

«Tentei afastá-lo do precipício», recorda Conaty, «mas, depois de ter esgotado todos os meus esforços, tornou-se claro que Larry estava decidido.» Entorpecido, acompanhou Johnston até ao gabinete de Jeff Immelt, que fora recentemente nomeado sucessor de Jack Welch como diretor executivo, e, num ambiente desconfortável, os três homens sentaram-se. Johnston trabalhara durante anos com Immelt na Appliances e, mais tarde, na GE Medical Systems, portanto conheciam-se bem. «Larry era um vendedor muito bom, mas Jeff era um grande vendedor», diz Conaty, «e eu pensava: "Talvez Jeff o consiga demover." Regressei ao meu gabinete e esperei que saísse fumo negro ou branco do gabinete de Immelt».

A maioria das empresas fica destabilizada com este tipo de saídas inesperadas, como aconteceu recentemente com a HP, quando Mark Hurd se demitiu de forma abrupta. Há logo uma luta desenfreada para procurar e escolher candidatos. Entretanto, um líder interino é posto no cargo e o navio fica apenas a meio-gás. À medida que as semanas vão passando – ou até meses –, a incerteza e os rumores minam o moral e a eficiência. Alguns pretendentes internos desfazem-se em manobras para ficarem com o cargo. Um pode jogar pelo seguro para evitar cometer erros. Outro pode fazer uma jogada ousada, mas imprudente, na esperança de marcar pontos. Os concorrentes verão o vazio de liderança como uma oportunidade de obterem ganhos ou de piratearem os talentos, agora ansiosos por causa da incerteza. Quando a empresa acaba por encontrar o sucessor certo, terá muito trabalho pela frente para voltar a pôr as coisas no seu rumo e poderá já ter sofrido prejuízos a longo prazo.

Isto não acontece na GE e noutros mestres do talento. A McDonald's Corporation, por exemplo, nomeou um novo diretor executivo poucas horas depois de ter perdido o seu diretor, que morreu de ataque cardíaco durante a noite. Na GE, muitos lembram-se de que a empresa tinha três candidatos internos bem posicionados para sucederem a Welch. No entanto, ao contrário da maioria das empresas, tem o mesmo conjunto de opções em todos os níveis da organização. Sabem o suficiente sobre cada líder para instalarem rapidamente a pessoa mais apta para o cargo e para os seus desafios futuros, ao mesmo tempo que minimizam a perturbação empresarial.

Muitas empresas sentem-se à vontade por terem planos de sucessão, com um candidato identificado para cada cargo da organização. Mas não deviam. Uma escolha predeterminada ossifica o quadro de referência do cargo na altura da escolha. Num mundo empresarial em rápida mudança, a pessoa certa para um cargo hoje pode ser a errada um ano ou seis meses depois. Vários candidatos oferecem uma melhor hipótese de arranjar alguém mais apto para lidar com as novas condições.

Menos de 5% dos 600 líderes mais importantes da GE saem voluntariamente, pois têm uma variedade satisfatória de experiências numa cultura baseada na meritocracia. No entanto, outras empresas estão sempre à procura de um talento da GE, e pode ser difícil resistir à oferta de um cargo de topo. Quando um líder valioso deixa a empresa – mesmo que possa parecer indispensável nessa altura –, os responsáveis sabem o que fazer. Compreendem o negócio, conhecem as forças e as necessidades de desenvolvimento dos candidatos e estão bem preparados para preencher rapidamente a vaga com a pessoa certa – numa questão de horas. O objetivo é claro: não há interrupções, não há tempo para lamentações, não há laxismo na tomada de decisões e não há oportunidade para que a concorrência roube talentos.

Quando Larry Johnston se demitiu, a GE estabeleceu um novo recorde de velocidade, nomeando o sucessor e mais três pessoas em meio dia e anunciando as mudanças antes do final do dia. Desde então, este desempenho tem constituído um modelo. A GE não permite que haja um vazio de liderança, nem sequer durante um dia.

Enquanto esperava, Conaty não parava de pensar em Johnston. Poucas saídas críticas o haviam apanhado desprevenido na sua carreira de 40 anos e, ao recordar o telefonema de sexta-feira, culpava-se por não ter estado à altura da situação. Achava que Johnston estava disposto a dizer mais qualquer coisa. Pensava que as coisas poderiam ter sido diferentes se tivesse convencido Larry a continuar a falar.

O caso era especialmente doloroso porque Johnston estava a fazer um trabalho muito bom na direção da GE Appliances – e, há dois anos, Conaty tivera a oportunidade de o ajudar a conseguir o seu primeiro cargo na área de P&L. Johnston era diretor comercial na GE Appliances quando o seu diretor executivo se reformou, e tinha esperança de conseguir o cargo. «Nessa altura, eu e Jack Welch reconhecíamos que Larry era um homem de vendas e de *marketing* de classe mundial, mas tínhamos dificuldade em imaginá-lo a dirigir uma companhia da GE», diz Conaty. O cargo de diretor executivo da GE Appliances foi para Dave Cote, que, na altura, geria a GE Silicones. (Cote é agora presidente do conselho de administração e diretor executivo da Honeywell International.)

Conaty continua: «Cerca de seis meses depois de Cote ter assumido a direção da GE Appliances, decidimos, numa análise da Sessão C, dar a Larry a oportunidade de corrigir os problemas que havia no nosso setor médico europeu, que estava a correr mal.» A Sessão C é uma reunião anual na qual os mais altos dirigentes analisam a liderança da empresa. «Larry mostrou sempre que queria dirigir um departamento de P&L e esta foi a recompensa por ter ficado e ajudado Cote na GE Appliances, em vez de se queixar e de o prejudicar.»

«Lembro-me da reação de Larry quando lhe telefonei para saber do seu interesse no cargo do setor médico. Telefonei-lhe durante uma grande conferência de vendas e respondeu-me a partir de uma cabina telefónica da sala de conferências. Disse-lhe: "Tenho novidades interessantes. Temos finalmente uma empresa para si." Larry respondeu: "Está a gozar comigo!" Eu repliquei: "Não, mas está totalmente lixada." "Maravilha!", disse ele. "Não está numa boa situação e duas pessoas já falharam. Mas é em Paris", afirmei. Larry estava em êxtase: "Fantástico! Quando começo?"»

Johnston agarrou-se de unhas e dentes ao cargo e resolveu um problema empresarial cuja solução não fora encontrada por outros. Não só demonstrou ser um líder sólido, como também conquistou as pessoas com o seu encanto. Quando Cote se demitiu para se tornar diretor executivo da TRW, foi com prazer que Welch e Conaty ofereceram a Johnston a direção da GE Appliances.

E, agora, Johnston estava ali a dizer adeus. «Continuava na esperança de que Jeff Immelt exercesse a sua magia de vendedor», diz Conaty. «Mas, quando me chamou de volta ao gabinete, estavam lá sentados, num ambiente depressivo. Eram ambos de elevada estatura: Immelt tinha 1,95 metros de altura e Johnston mais uns centímetros, mas pareciam que tinham menos 30 centímetros. Estavam acabrunhados, com os cotovelos sobre os joelhos. "Ele vai-se embora", disse Jeff, olhando-me com ar desolado. "Não consigo demovê-lo."»

Conaty, já pouco entusiasmado e com algum humor, fez uma última tentativa. «"Vá lá, Larry, deixa-te de tretas", disse eu. "Vivias em Paris e agora vais para Boise, no Idaho, onde fica a sede da Albertsons?" Larry esboçou um sorriso e disse: "Bem, nem tudo é perfeito, mas tenho de fazer isto por mim e pela minha família." Jeff sorriu levemente, parecendo vencido.» Conaty e Immelt ficaram ali sentados durante alguns minutos, a abanar a cabeça, incrédulos.

Na altura em que Jeff Immelt estava a fazer a transição para o cargo de presidente do conselho de administração e de diretor executivo da GE, Jack Welch ainda estava na empresa, e Conaty e Immelt disseram a Larry: «Fica aqui no gabinete de Jeff, faz os telefonemas que tiveres de fazer – mas não queremos que se saiba da tua saída antes de falarmos com Jack e determinarmos o nosso plano de ação.»

UMA SESSÃO C IMPROVISADA

Com uma sensação de falhanço, Conaty e Immelt dirigiram-se ao gabinete de Welch; para este, seria também uma grande surpresa. Conaty recorda: «A resposta de Jack – com as imprecações apagadas – foi: "Está bem, quem vamos pôr no cargo?" Em seguida, acrescentou: "Quero que nomeemos o seu sucessor ainda hoje."» Conaty sugeriu que deviam esperar mais um dia para resolverem o assunto. «"Tretas", replicou Jack. "Vamos anunciar a sucessão hoje".» Assim, gizaram imediatamente um plano de ação, começando por chamar Larry ao gabinete de Welch. A primeira coisa que Welch disse foi: «Seu grande *****!» Mas não gastou um minuto a tentar demovê-lo. Welch já havia virado a página.

O grupo discutiu os quatro principais candidatos que haviam sido previamente apontados como sucessores potenciais. Johnston participou na discussão, embora se sentisse desconfortável; queria sair daquele gabinete e regressar a Louisville. Mas não podiam deixá-lo ir sozinho e anunciar a sua saída. «Toda a gente ficaria em pânico», afirma Conaty, «porque Larry era uma espécie de herói local, um grande homem em estatura e em presença, grande na comunidade e na empresa.» Welch disse a Johnston: «Larry, fique aqui no gabinete enquanto finalizamos o nosso plano. Já agora, Jeff e Bill irão acompanhá-lo na viagem de regresso a Louisville para anunciarem a sua saída e o seu sucessor.»

Como é que Welch tinha quatro potenciais candidatos ao seu dispor? A resposta demonstra a força e o poder do sistema de mestria de talento da GE, centrado no sistema da Sessão C. Enquanto a Sessão C e o seu ciclo de acompanhamento se estende ao longo do ano, o dinamismo do processo decorre das conversas informais e diárias entre o diretor executivo e o vice-presidente para os recursos humanos, nas quais avaliam constantemente os principais líderes da empresa. Estes diálogos frequentes expandem as suas bases de dados mentais com informações atualizadas recolhidas também por muitas outras pessoas. Não têm de andar às cegas no escuro para descobrirem quem está mais apto para um cargo específico.

Welch, Immelt e Conaty começaram com uma análise rápida da própria GE Appliances. Esta empresa fabricava produtos de pouca margem de lucro numa indústria altamente competitiva em que cada dólar ganho era uma luta. Embora fosse apenas uma pequena parte da carteira da GE, o seu enorme reconhecimento de marca tornava-a desproporcionalmente importante para a organização. A GE necessitava de proteger essa marca, mantendo-a nas mãos de uma liderança forte. (Além disso, era importante acabar com os correntes rumores exteriores de que a GE queria fechar a empresa, apesar de, nessa altura, não haver planos para tal.) O mais importante era impedir a destruição da imagem mais geral da GE com a perda de clientes como a Home Depot, a Lowe's e a Best Buy e com a perda de negócios para grandes concorrentes como a Whirlpool.

A GE desenvolve as pessoas com potencial de liderança oferecendo-lhes cargos cada vez mais desafiantes em diferentes áreas de negócio. Dos quatro candidatos de reserva, só um estava na GE Appliances: Jim Campbell, vice-presidente do departamento comercial e de *marketing*. Os outros três revelavam-se líderes de P&L noutras empresas e, em circunstâncias normais, um deles ficaria com o cargo. Mas esta não era uma circunstância normal. Para os mestres do talento da GE, a questão fundamental é escolher sempre alguém que se ajuste melhor aos desafios do ambiente corrente – neste caso, a proteção da marca e as relações com os clientes. O ambiente dos negócios não tinha mudado radicalmente: a verdadeira questão era a continuidade. Johnston era um bom gestor comercial, mas, sobretudo, os seus grandes talentos para vender e construir relações com os clientes eram fundamentais para o êxito daquela divisão da GE. Era um mestre a lidar com os problemas e as queixas dos clientes ao mais alto nível. A empresa precisava de mais do mesmo.

Campbell tinha muita da magia de Johnston, o que fazia dele um candidato favorito. Contudo, os decisores tinham muitos riscos a considerar. Sem grande experiência em P&L, seria ele capaz de lidar com a direção executiva de toda uma empresa? Se falhasse e tivesse de ser substituído, seria a terceira mudança de liderança na empresa em quatro anos, um sinal de instabilidade que poderia prejudicar a marca e o moral no seio da organização. Em segundo lugar, quais seriam as repercussões? Será que a escolha de alguém da Appliances iria transtornar os líderes de outras divisões da GE que já geriam com êxito outras P&L mais pequenas e que esperavam ser promovidos a cargos superiores, como a direção da divisão da Appliances?

Por isso, ser um mestre do talento é um trabalho de liderança total e não apenas a gestão de recursos humanos. O departamento de recursos humanos pode facilitar, ajudar e recolher informação, realizar uma avaliação geral e fazer perguntas desafiantes. No entanto, o preenchimento de um cargo fundamental requer um conhecimento íntimo da forma como as especificidades do negócio afetam os critérios de liderança numa dada altura. Os principais líderes não podem delegar este tipo de juízos.

A necessidade imperiosa de proteger as relações com os clientes parecia sobrepor-se aos riscos. Além disso, seria bom mostrar à equipa da Appliances que um dos seus era suficientemente apreciado para ser o próximo diretor executivo. Estes passaram a ser os critérios não negociáveis. De forma astuta, Jack Welch pensava da mesma maneira: *vamos aproveitar esta oportunidade para passar à ofensiva e agir rapidamente para promover alguns líderes da Appliances.* Seria uma maneira formidável de encorajar as estrelas em ascensão da empresa e de serenar os sentimentos sobre a saída de Larry.

No entanto, tinham de estar seguros de que Jim poderia lidar com este grande desafio de direção geral. Seria tão bom como Larry? E poderia ser ainda melhor? Jim era bem conhecido pelos principais executivos da empresa. Os três homens tinham diante de si muitas informações recolhidas na Sessão C e análises de operações, incluindo observações sobre as suas habilidades, a sua personalidade, as suas características, os seus julgamentos, as suas relações e aprendizagem contínua. Mas precisavam também de perceber melhor como a sua organização o apoiaria no papel de diretor executivo. Tinham de obter uma resposta rápida e informal de fontes fiáveis, que pudessem ser honestas e francas.

É aqui que uma relação de confiança entre o departamento de recursos humanos e os líderes da empresa, construída ao longo de muitos anos

– uma relação que garante às fontes que as suas confidências nunca serão violadas –, se mostra compensadora. Como veremos noutras histórias, os recursos humanos devem ser o garante do sistema social da empresa para tornar estas discussões válidas e produtivas.

Conaty começou rapidamente a recolher testemunhos sobre Jim Campbell dos líderes mais importantes em Louisville. Em conversas privadas, conseguiu mais três coisas: percebeu a química que poderia haver entre os líderes e Campbell no seu novo cargo; poderia explicar os méritos da sua seleção; e ficou mais esclarecido sobre as preocupações com algumas falhas nas suas capacidades – se, por exemplo, a falta de experiência de Campbell na produção o prejudicaria.

Os testemunhos foram excelentes: «Jimmy? É formidável!» e «Não consigo pensar em alguém que o mereça mais.» Pelo tom de voz e pela escolha das palavras, Conaty percebia que o pessoal de Louisville era fiel à cultura de franqueza da GE. Dick Segalini, vice-presidente das operações de produção, deu o testemunho mais reconfortante de todos: «Adoro Jim Campbell. Não terá de se preocupar com a questão das operações. Certificar-me-ei de que terá êxito.» A GE Appliances tinha um diretor financeiro forte e experiente na pessoa de Steve Sedita; por isso, o aspeto financeiro estava resolvido. E o próprio Larry Johnston estava entusiasmado com a escolha, pois sabia que Campbell iria prosseguir o trabalho com os clientes que ele iniciara.

As suas preocupações aliviaram-se, mas a equipa administrativa tinha ainda de lidar com o efeito de dominó causado pela promoção de Campbell. Conheciam os líderes de vários níveis da GE Appliances – as suas capacidades, as suas personalidades e os seus talentos potenciais. Quem ocuparia o cargo de Campbell? Decidiram rapidamente que seria Lynn Pendergrass, que respondia a Campbell como diretora-geral do setor da refrigeração. E quem ficaria com o cargo de Lynn? Len Kosar, um gerente comercial. Isto significava que três pessoas de Louisville obtinham promoções inesperadas dentro da empresa, e outras se seguiriam para preencherem os seus cargos vagos.

«A pessoa que ficou mais chocada em Louisville foi Jim Campbell», diz Conaty, «uma vez que estava ocupado com os seus afazeres, concentrado na sua aspiração de ser um dos melhores líderes de vendas da empresa. A avaliação pessoal no relatório anual que apresentou na sede da GE dizia que continuava a crescer e a desenvolver-se na sua função corrente, e não deu sinais de querer ser diretor executivo da

GE Appliances. Como «candidatar-se ao cargo» podia ser visto como o beijo da morte na GE, Campbell confiava no sistema da empresa para gerir a sua carreira.

UM CHOQUE TRANSFORMADO NUM TRIUNFO

Às 13:00, Immelt, Johnston e Conaty embarcaram num avião em direção ao Kentucky. Durante o voo, a conversa foi cordial, pois haviam definido os objetivos das mudanças da organização da GE Appliances. Jeff Immelt, que tinha jeito para perceber o que ia na mente das pessoas ao fazer-lhes perguntas incisivas, fez várias perguntas a Larry, como esta: «Quais seriam as tuas preocupações se continuasses a dirigir a GE Appliances?». Desejoso de ajudar, Larry enumerou os desafios e problemas com que lidava numa indústria dura.

Avisado no início da tarde de que Larry queria encontrar-se consigo, Campbell dirigiu-se ao gabinete de Larry no final do dia, à espera da exortação semanal para obter mais vendas. No entanto, no gabinete, além de Johnston, estavam Conaty e Immelt.

«O Larry vai sair e tu és o novo diretor executivo», disse-lhe Immelt.

Campbell ficou pasmado. «Estão a gozar comigo!», exclamou ele. «Diretor executivo?»

Pouco depois, Immelt, Conaty e Johnston reuniram-se com os executivos da GE Appliances e fizeram o anúncio. Bill Conaty descreve a cena: «Eu e Jeff usámos um tom tão animado quanto possível. "O Larry vai-se embora", disse Jeff; e, com um sorriso, acrescentou: "E é um parvo por fazer isso!" O pessoal riu-se. "Jim Campbell é o seu substituto." Aplauso geral. "Jim é substituído por Lynn." Mais aplausos. "Lynn é substituída por Len." Mais aplausos e sorrisos: *Fantástico, três pessoas foram promovidas, e todas da empresa!* As mudanças foram vistas como uma grande vitória para Louisville. Os *media* consideraram-nas boas notícias, com os três locais a serem promovidos, e grande parte da base de clientes disse que Campbell fora uma escolha acertada. Conclusão: *Lamentamos por causa de Larry, desejamos-lhe sorte, e é fantástico para Jim.* Ninguém pensou: *isto é muito mau.* Ao invés: *isto é excelente!*»

Foi também gratificante para Gary Richards, diretor executivo da P. C. Richards, empresa cliente da GE no valor de 100 milhões de dólares, que, num período passado da carreira comercial de Campbell, não tinha a certeza de que este estivesse preparado para ser o representante comercial da GE para a sua empresa. Recentemente, a P. C. Richards publicou uma história empresarial, a primeira em cem anos, e uma página inteira é dedicada a Jim Campbell e às relações extraordinárias que continua a manter com a sua empresa. A primeira reação de Campbell à página foi: «A P. C. Richards foi a única cliente que quase me levou a ser despedido.»

Campbell admite ter sentido alguma apreensão quando lhe foi oferecido o cargo. «Mas essa é a beleza do sistema da GE», diz ele. «Geri o departamento comercial e o de *marketing*, frequentei cursos de formação para executivos em Crotonville, desenvolvi um conjunto de aptidões, contactos e redes. De certo modo, estamos sempre mentalmente preparados para um desafio ou para uma mudança. Por exemplo, quem iria imaginar que Larry Johnston passaria das vendas para a direção da divisão médica em França? E quando eu sentia alguma dificuldade, tinha uma equipa forte a ajudar-me.»

Campbell acabou por reanimar e recuperar a empresa. Em 2002, quando a GE fundiu a divisão de aparelhos com a de iluminação, tornou-se presidente e diretor executivo das duas divisões, com oito mil milhões de dólares de receitas, 27 000 empregados e 100 estabelecimentos. Em 2007, quando a GE voltou a estar sob pressão dos investidores para vender a divisão Appliances, Immelt procurou compradores, mas não conseguiu fazer a venda. Havia várias partes interessadas, mas diziam: «Nunca conseguiremos gerir essa empresa melhor do que vós.» Immelt conclui: «Contra concorrentes numa indústria brutal, Jim está a fazer um trabalho extraordinário. Nenhum comprador nos daria aquilo que achamos que a empresa vale.»

EPÍLOGO

As relações baseadas na confiança e na franqueza desempenharam um papel importante na forma como a GE lidou com a demissão de Larry Johnston, e voltaram a desempenhar um papel ainda maior, cinco anos depois, numa situação similar em que havia muito mais em jogo. O vice-presidente do conselho de administração Dave Calhoun, de 47 anos de idade, era uma estrela em rápida ascensão e potencial sucessor do diretor executivo, que geria o segmento de infraestruturas, no valor de 70 mil milhões de dólares, constituindo assim a maior e mais lucrativa divisão industrial da GE. Numa manhã de segunda-feira de agosto, Conaty recebeu mais um daqueles telefonemas que ficam na memória para sempre. Calhoun disse-lhe que estava de saída para ir trabalhar para um consórcio de participações privadas da KKR, Carlyle, Blackstone e Thomas Lee Partners como diretor executivo da sua *holding* A. C. Neilsen. A saída de Calhoun seria uma perda importante para a GE, que seria certamente notada pela comunidade de investidores.

Jeff Immelt e Bill Conaty haviam aprendido muito com o caso Johnston-Campbell e agora, de forma instintiva, pensavam numa «sucessão imediata». A GE tinha um substituto preparado: John Rice, vice-presidente do conselho de administração que dirigia o segmento industrial. E é claro que havia também um substituto para Rice. No entanto, o melhor candidato no momento era Lloyd Trotter, vice-presidente que liderava a área do consumidor e industrial, parte do segmento industrial. Só havia um problema: Trotter queria reformar-se. O desafio era convencê-lo a ficar. Deu algum trabalho, mas Trotter acabou por aceder.

A GE anunciou então a saída de Calhoun e duas mudanças maiores para Rice e Trotter como vice-presidentes do conselho de administração da GE. A comunidade financeira aplaudiu as promoções. No seio da empresa ouviram-se alguns suspiros pela perda de uma pessoa com o calibre de Calhoun – ainda por cima para o mundo das participações privadas –, mas houve também um grande aplauso para John Rice e Lloyd Trotter e para o facto de a empresa ter planos de sucessão a todos os níveis e para todas as circunstâncias.

Estes triunfos constituíram o produto final de um sistema de gestão de talento sem paralelo. Em que consiste e como funciona? No próximo capítulo descreveremos as especificidades deste sistema.

Capítulo 3

Um sistema total de desenvolvimento da liderança: como a GE associa pessoas e números

Os processos, as relações e as interações que observámos no capítulo anterior constituem partes de um sistema total de desenvolvimento de liderança com características únicas e abrangentes. Este capítulo mostra de que modo os seus múltiplos componentes funcionam como um circuito contínuo de sistemas administrativos e sociais. Os seus alicerces são a franqueza nas conversas, a acumulação de observações através de múltiplas fontes e pontos de vista e as discussões entre indivíduos que se estendem ao longo de todo o ano para ligarem entre si os resultados de todos os componentes.

A maioria das empresas tem um ritmo para gerir a organização através de análises periódicas. Sete delas são usuais: talento, estratégia e planos de operação, bem como análises trimestrais do desempenho. Muitas empresas acrescentam outras, como a inovação, o risco ou análises da tecnologia. Combinadas, estas análises são aquilo a que chamamos sistema operativo. O problema em muitas empresas é que as análises tendem a ser isoladas – as análises estratégicas são ligadas apenas à próxima análise estratégica, as análises de talento são ligadas apenas à próxima análise de talento. Não são interligadas e, por isso, não integram nem reforçam o conhecimento adquirido com cada uma delas.

O que advogamos é aquilo que a GE faz: usar os resultados de um processo como dados de entrada para outro. Sempre que os líderes da GE empreendem, por exemplo, uma análise de estratégia, as questões que revelam ou as conclusões a que chegam refletem-se nas análises do talento e vice-versa. A informação e as ideias mantêm-se como tópicos prioritários durante o diálogo constante no qual os líderes associam continuamente e, depois, instintivamente os negócios e as pessoas.

O INTERIOR DO SISTEMA OPERATIVO DA GE

O diagrama seguinte é uma descrição muito simplificada do sistema operativo da GE. Mostra a calendarização de algumas grandes análises ao longo do ano e as suas interligações.

janeiro	julho		novembro
Pessoal	**Estratégia**		**Operações e orçamentos**
(Sessão C) $\rightarrow$	(Manual de Crescimento) e acompanhamento na Sessão C por videoconferência	$\rightarrow$	para o ano seguinte precedido por acompanhamento na Sessão C.

Estes são os pontos fundamentais do sistema da GE:

- Os líderes dedicam tempo e energia ao talento. Põem as pessoas à frente dos números.
- As análises são sérias, rigorosas e interligadas.
- O acompanhamento e o aconselhamento são constantes, diretos e substanciais.
- As observações são acumuladas a partir de múltiplas fontes ao longo do tempo e comparadas.
- O diálogo é franco e constante ao longo do ano.

Jack Welch elevou o sistema operativo da GE a outro nível e criou a cultura da franqueza, que Jeff Immelt continua a desenvolver. No entanto, os valores e processos fundamentais nasceram quase há um século com Charles Coffin, o sucessor de Thomas A. Edison. Coffin estabeleceu o princípio da meritocracia baseado na avaliação do desempenho – uma abordagem radical numa altura em que todos os homens de negócios escolhiam os substitutos segundo juízos rudimentares e considerações pessoais. Este princípio foi desenvolvido por cada nova geração de líderes da GE.

3 · UM SISTEMA TOTAL DE DESENVOLVIMENTO DA LIDERANÇA

O antecessor de Welch, Reg Jones, foi um financeiro e um dos últimos grandes homens de negócios e estadistas. Concentrou grande parte da sua energia na racionalização de um conjunto desordenado de negócios que a GE acumulara através de aquisições, agrupando-os em setores e organizando um processo disciplinado de planeamento estratégico. Além disso, fez um grande contributo para o desenvolvimento do talento com a escolha do seu sucessor. Sabia que a empresa necessitava de um tipo diferente de líder num ambiente económico que estava a ficar cada vez mais duro. O homem que escolheu tinha todas as qualidades desejadas e mais algumas. Jack Welch começou a sua ascensão na divisão de plásticos da GE. Chegou com o zelo de um revolucionário, a personalidade de um pugilista, uma vontade incontrolável de aumentar fortemente o desempenho da GE e ideias radicais que impulsionaram a GE para a liderança na mestria do talento.

Aquilo que a maioria das pessoas recorda dos primeiros anos da era de Welch é a reestruturação violenta que lhe valeu a alcunha pouco lisonjeira de «Jack Neutrão» (como a bomba de neutrões, cuja explosão deixa os edifícios de pé, mas elimina as pessoas). Qualquer divisão da empresa que não pudesse ser a primeira ou a segunda no seu domínio, declarou ele, seria alterada, fechada ou vendida. Algumas divisões foram abandonadas e a GE despediu milhares de pessoas. Welch ligava também mais fortemente a recompensa ao desempenho, juntando ações da empresa ao pacote de benefícios.

Contudo, para Welch, tão importante como a reestruturação, era o aperfeiçoamento da gestão de talento da empresa. Queria líderes e não gestores. Como é que este líder deve lidar com as pessoas e desenvolvê-las? Será que tem autoconfiança suficiente para encontrar e desenvolver pessoas melhores do que ele próprio? É capaz de ver o que vem de fora e lidar com isso? Welch queria líderes que pudessem pôr os seus interesses imediatos de lado para o bem da empresa. Para desenvolver este tipo de líderes, teria de criar uma nova cultura na GE. Aquilo que fez foi nada menos do que uma revolução, que cristalizou os valores e a cultura da empresa em mecanismos operativos e sistemas sociais rigorosos.

Welch utilizava ferramentas como o Workout e o Change Acceleration Process (CAP), que ele e outros líderes haviam formulado no centro de Crotonville. O Workout era uma forma de eliminar a hierarquia e de fazer chegar as vozes da fábrica até ao diretor executivo – e, de maneira não acidental, produzir franqueza no diálogo. O pessoal reunia-se em grupos de 50 a 100 trabalhadores de todos os níveis, desde os principais decisores até aos manobradores e operários das linhas de montagem. A GE recrutou

MESTRES DO TALENTO

formadores externos – professores de gestão e consultores. Inicialmente, as reuniões realizavam-se fora das instalações da empresa, em hotéis locais ou salas de conferências; mais tarde, à medida que a franqueza e a confiança se iam desenvolvendo, passaram a ser realizadas nas instalações de cada divisão. Atualmente, o conceito mantém-se vivo, mas é praticado de forma mais instintiva e informal e já não como um evento especial. O Workout foi a primeira salva da batalha de Welch para eliminar as típicas barreiras de comunicação – mentalidades fechadas, a tendência dos líderes para puxarem dos galões em vez de empreenderem um debate aberto e o diálogo que estabelece a harmonia acima da verdade. Foi um ataque em todas as frentes.

Bill Conaty recorda o ambiente extraordinário dessas sessões. «Nunca tinha havido nada parecido. Tratava-se, essencialmente, de reuniões quase camarárias, com combates verbais à medida que as pessoas perdiam a vergonha de falar. Havia operários a apresentarem blocos de cavalete, que mostravam aumentos potenciais de produtividade – por exemplo, quanto é que uma fábrica pouparia se as máquinas funcionassem no terceiro turno, quando não estavam em produção máxima. O gerente da fábrica tinha de reagir de imediato, concordando ou discordando, ou dizendo: "É uma boa ideia, mas tenho de estudar melhor o assunto, darei uma resposta na próxima semana."»

«Por vezes, os ânimos exaltavam-se. Havia aplausos se o líder aceitasse a ideia, e apupos se a rejeitasse. Em certos casos, os moderadores intervinham e diziam: "Por favor, pessoal, deixem-no concluir." Em seguida, o líder poderia ter de explicar a sua decisão. As questões eram resolvidas ali mesmo; nada era deixado de lado.»

«O diálogo era diferente em várias partes do país. Na altura em que eu trabalhava em motores de aviões em Lynn, no Massachusetts, onde estavam os funcionários mais exaltados da empresa, estes rejeitavam frequentemente os contratos sindicais que os outros sindicados da GE aprovavam. Para eles, todos os administradores eram maus. Por exemplo, se eu fizesse uma apresentação, não era capaz de mostrar a primeira folha do meu quadro sem haver primeiro seis pessoas a questionar-me. Era a ressurreição do Boston Tea Party*. Tratava-se de uma reação cultural

---

* Referência à ação de protesto executada pelos colonos ingleses na América contra o governo britânico, em 1773, que constituiu um dos primeiros eventos que desencadeariam a Revolução Americana. (N.T.)

do Nordeste, ao contrário de uma apresentação análoga no Midwest. Por exemplo, em Cincinnati, dizíamos qualquer coisa e as pessoas mostravam-se totalmente respeitosas. Embora fosse agradável, era também difícil, pois ninguém fazia perguntas. Não conseguíamos pôr as pessoas a falarem – pelo menos até à pausa para o café, quando vinham, uma de cada vez, falar em privado. Por conseguinte, o invento de Welch na zona de Boston deu origem às reuniões camarárias da GE para se perceber o que se passava desde baixo até cima.»

«Foi o início da sua tentativa de criar uma revolução na hierarquia; tratava-se de simplificar e eliminar a burocracia e de dar voz à organização. Reduziu muitos dos níveis da hierarquia. Achávamos que não eram necessários doze níveis entre a direção executiva e a fábrica. Idealmente, se os níveis pudessem ser reduzidos a quatro ou cinco, as comunicações seriam exponencialmente melhores, as pessoas sentiriam que faziam mais parte da empresa, e conseguimos. Portanto, foram tempos de coragem para muitas pessoas que haviam sido formadas para trabalhar segundo uma hierarquia bem definida. Aqueles que não conseguiram fazer a transição passaram à história.»

A REANIMAÇÃO DA SESSÃO C

O passo seguinte de Welch foi mudar radicalmente a Sessão C. Coração do processo de gestão de talento da GE, a Sessão C é uma análise profunda da liderança de cada negócio. É onde são tomadas e seguidas as decisões sobre desenvolvimento, colocação e retenção. Nestas reuniões, participam o diretor executivo e o diretor de recursos humanos da GE, o gerente da unidade de negócio e o diretor de recursos humanos dessa unidade. Quando se reúnem, têm grandes quantidades de informação sobre os líderes a todos os níveis. (Antigamente compilada em grandes «livros» – pastas com dados e fotografias –, esta informação está agora *online*.)

No entanto, as análises que Welch herdou eram exercícios formalizados, rígidos e delicados. Depois de olharem para o grande livro que continha análises de todos os talentos, os líderes diziam coisas como: «Fulano está a fazer um trabalho excelente e está em condições de ascender ao nível seguinte da organização.» Os outros raramente discordavam ou pediam informações mais específicas, e os administradores passavam à próxima pessoa.

Welch ressuscitou a Sessão C. «Conferiu ansiedade ao sistema», afirma Conaty. «Ele dizia: "Diga-me tudo o que sabe sobre fulano." Em seguida, punha em causa a resposta: "O que o leva a pensar isso? Não vejo as coisas assim. Ele não teve maus resultados no último trimestre? E ouvi dizer que é uma besta que maltrata os subordinados." De repente, estes simpáticos livros formais de páginas soltas transformaram-se por completo.»

«Muitas vezes, Welch provocava o debate para testar a convicção das pessoas. Se recuassem, concluía que, na verdade, não sabiam do que estavam a falar. No entanto, quando interpunham argumentos suficientemente fortes, era capaz de dizer: "Bem, talvez eu esteja errado." De um evento, converteu a Sessão C num processo institucionalizado que refletia e reforçava a cultura e os valores fundamentais da GE. E não havia maneira de esconder a verdade. Mais tarde ou mais cedo, as opiniões seriam verificadas ou rejeitadas à medida que se recolhiam mais informações.» O diálogo puro e duro tornava os líderes mais conscientes da sua acuidade observacional.

Com a sua linguagem dura, Welch ensinava às pessoas a arte de pesquisar profundamente as principais qualidades dos indivíduos. As suas inquirições combinavam os factos duros do desempenho profissional com as observações menos sólidas de outros, recolhidas através de um ouvido apurado. Esforçava-se por isolar o verdadeiro talento de uma pessoa do contexto em que esta trabalhava, com o objetivo de o reforçar e desenvolver. Numa ocasião, por exemplo, enviou uma mensagem a todos os funcionários da GE quando ofereceu o maior bónus da companhia ao líder de uma unidade que ficou aquém dos resultados esperados. Porquê? O líder superou um ambiente comercial terrível melhor do que qualquer outro nessa indústria. «Welch adorava aquilo a que chamava promoções no campo de batalha, que fazíamos frequentemente nas reuniões da Sessão C, destacando uma estrela futura e promovendo-a de imediato», diz Conaty.

Welch dispersou também a Sessão C, retirando-a da sede e fazendo reuniões em todas as unidades da empresa. A sua ideia era que os analistas observariam assim mais pessoas em cada negócio e mais líderes se envolveriam no processo. Sabia que quantas mais pessoas pudessem ver a sua intensidade e paixão no tópico do desenvolvimento da gestão e da sucessão, mais depressa se institucionalizaria na empresa. Os líderes das unidades da empresa ficavam impressionados com a sua capacidade inquisitiva e com a profundidade das suas ideias sobre os talentos da GE.

«Tínhamos este líder meio louco e apaixonado a dizer "vou levar-te ao topo da montanha, quer queiras, quer não"», afirma Conaty. «Era um modelo a seguir, que construiu a nova cultura e institucionalizou o rigor no seio da gestão de talento.»

REFORÇAR AS COMPETÊNCIAS

O estilo que Welch criou é a base daquilo que torna a Sessão C da GE tão especial. Afinal de contas, o programa nada tem de notável; cobre os pontos que quase todas as empresas tentam abordar quando analisam pessoas:

- As questões do negócio e o seu contexto externo.
- Desempenho geral e classificações de valor para todos os líderes.
- O plano de sucessão (substitutos para cargos essenciais), inicialmente preparado pelo diretor executivo e pelo diretor de recursos humanos para cada negócio.
- Identificar os líderes com maior potencial.
- Avaliação da diversidade em cada negócio.
- Escolha de pessoas para frequentarem cursos de gestão avançada em Crotonville.
- Análises dos resultados da sondagem aos diretores executivos, incluindo uma análise do progresso do empenho dos empregados – a satisfação geral das pessoas com o empregador.

Por detrás do programa está um foco singular, o vigor e a franqueza da discussão. Todas as Sessões C começam com uma análise do negócio e das perspetivas futuras. Esta análise é depois ligada à liderança. Como explica Bill Conaty, «Quando fazemos uma Sessão C e o negócio está a passar por alguma turbulência, não dizemos: "Estamos aqui apenas para falarmos sobre as pessoas." Começamos por afirmar: "O que se tem passado? O que tem aqui acontecido com a dinâmica da indústria? O que se passa com a concorrência? E o que se passa com as margens e as receitas?" E passamos algum tempo a tentar compreender, a chegar a um consenso sobre essas questões, pois, quaisquer que sejam os problemas – quer exista uma falha no conceito da organização, uma estrutura com problemas ou uma mudança importante nas necessidades futuras do negócio –, costumam estar relacionados com o âmbito pessoal.»

MESTRES DO TALENTO

Esta ligação é a razão por que a GE realiza a Sessão C antes da sessão de estratégia. A maioria das empresas faz o contrário, segundo a teoria de que a estratégia vem primeiro, pois determina a estrutura. A GE pensa de outra maneira. A estratégia decorre das mentes e da estrutura cognitiva das pessoas – das suas capacidades de distinguirem aquilo que importa, da compreensão das tendências no ambiente exterior, do apetite pelo risco e da capacidade de alterarem uma estratégia face a uma mudança. Uma estratégia só pode ter êxito se for concebida e executada pelas pessoas certas. Os líderes da Sessão C estão sempre atentos aos erros passados na atribuição de cargos às pessoas. Não têm medo de enfrentar o facto de todos cometerem erros; o pior erro é não corrigir os erros já cometidos. Os líderes investigam então profundamente as causas do erro e desenvolvem opções adequadas à pessoa e à empresa. Acumulam bancos de dados sobre a pessoa, e o conhecimento do negócio em toda a empresa confere rigor na tomada de decisões sobre pessoas – por exemplo, se uma pessoa deve ser afastada de um cargo; se uma pessoa deve ser ajudada com uma necessidade de desenvolvimento; se o cargo deve ser mudado para dar o melhor uso ao indivíduo; ou se a pessoa tem de abandonar mesmo a empresa por os seus valores e aptidões já não serem adequados.

Jeff Immelt, o diretor executivo atual, acrescentou um novo elemento à Sessão C: o equilíbrio e a química entre o diretor executivo, o diretor financeiro e o diretor de recursos humanos de cada área de negócios. Com isto, procura uma diversidade de pensamento e de características e uma disposição para o trabalho em colaboração. Por exemplo, nenhum negócio deve ter líderes que sejam uniformemente conservadores e pouco dispostos a correrem riscos (ou o contrário, todos dispostos a correrem riscos). Também não deve ser gerido apenas por pessoas obstinadas. Como explica Bill Conaty, «Immelt procura um equilíbrio entre "duros" e "brandos", e o ponto essencial é se um diretor de recursos humanos é suficientemente forte para enfrentar um diretor executivo e um diretor financeiro duros como um verdadeiro advogado dos empregados sem ser demovido». Conaty dizia que este foco particular não era necessário, pois a GE já fizera análises funcionais. Mas Immelt afirmou: «Bill, faz isso.» E assim fez Conaty. «E, para minha surpresa, descobrimos que tínhamos alguns problemas. Havia casos em que todos os três líderes eram duros e, por isso, os empregados não tinham hipóteses. Fizemos então mudanças para criar equilíbrio.»

A cultura da franqueza e a busca incansável de respostas asseguram discussões e conversas que aumentam a criatividade e melhoram os juízos dos líderes sobre os outros líderes. O que realizou o líder em discussão? Quais são os seus pontos fortes e os seus pontos fracos, qual é o seu potencial, que ajuda de desenvolvimento o permitirá realizar esse potencial? Estas discussões deram o tom a todas as outras discussões sobre liderança na GE. Lembremos, por exemplo, as reuniões após as demissões de Johnston e Calhoun: foram Sessões C informais e improvisadas.

A Sessão C, bem como os seus seguimentos, constitui o centro de cerca de meia dúzia de reuniões e processos que se estendem ao longo de cada ano e que orientam o sistema da GE. As outras duas sessões que desempenham papéis importantes no desenvolvimento de líderes são a S1 (agora chamada Growth Playbook), que é a análise de estratégia realizada no verão, e a S2, a análise do plano operativo realizada em novembro, depois combinada com o seguimento da Sessão C, designado por C2.

Quando os líderes falam sobre um negócio na análise de estratégia, envolvem-se em discussões animadas acerca das pessoas analisadas cuja tarefa é conceber e executar a estratégia do negócio. A mesma interligação ocorre durante a análise operacional, bem como nas análises trimestrais do desempenho.

SEGUIMENTO E REAJUSTAMENTO

A Sessão C tem um longo rasto. Como diz Bill Conaty, «existem três momentos ao longo do ano em que o processo é reajustado, e todos eles são orientados pela ação. Há sempre coisas que acontecem. A pergunta que se faz sempre é: "O que há de novo desde a nossa última reunião?" Talvez o Charlie nas turbinas não seja exatamente o que pensávamos. Ou um concorrente na indústria aeronáutica tenta subitamente contratar os nossos talentos e temos então de tentar fixar uma dúzia dos nossos principais funcionários. Não era um problema em abril, mas é agora um grande problema em outubro. E a discussão prossegue: "Está bem, temos de fixar uma dúzia de pessoas. Vamos a isso." As propostas são imediatamente implementadas e as pessoas selecionadas sabem que receberam um reconhecimento especial e que a GE quer conservá-las a longo prazo».

O processo de seguimento das análises da Sessão C começa quando o diretor executivo, o diretor de recursos humanos e o vice-presidente para o desenvolvimento de executivos viajam no avião após as suas reuniões. O vice-presidente para o desenvolvimento tirou notas na reunião e resumiu-as. Com base nestes resumos, o grupo concentra-se nas pessoas que merecem reconhecimento especial ou que podem ter necessidades de desenvolvimento – por exemplo, o líder que precisa de ser mais exigente para com os subordinados e de ter menos tendência para tentar resolver sozinho os problemas. Ou podem resolver acelerar o desenvolvimento de uma pessoa, dando-lhe experiência no mercado chinês, uma vez que, no futuro, serão necessários mais líderes nesse mercado. Aperfeiçoarão as ideias sobre as pessoas ao compará-las e analisá-las nos seus vários estádios de desenvolvimento. Os resumos das discussões da Sessão C são enviados no dia seguinte ao diretor executivo e ao diretor de recursos humanos do negócio em causa para serem utilizados nas suas análises e seguimentos.

Estas notas tornam-se a base das análises de atualização, começando com o Sumário da Empresa* em finais de maio, em que o diretor executivo, o vice-presidente para os recursos humanos e o vice-presidente para o desenvolvimento executivo consolidam todas as informações sobre todos os negócios das análises da Sessão C e determinam as mudanças entre negócios que a empresa necessita de empreender. Realizam também a Avaliação da Vitalidade Organizacional da Empresa**, que classifica os principais líderes nas categorias de «talento de topo», «valor elevado» e «menos eficiente», e determina que líderes frequentarão os cursos de executivos de topo em Crotonville. No seguimento da Sessão C, uma videoconferência realizada em julho com todas as áreas de negócio, os documentos das análises no terreno servem de base para os temas de discussão e de ação: «O que fez em relação a estas questões e planos de ação?» Perguntam aos líderes se houve alguma mudança desde abril – ambiente do negócio, talentos principais, planos de sucessão ou questões sobre retenções críticas.

Todas as questões sobre ações decorrentes da Sessão C – por exemplo, o envio de uma pessoa de um negócio para outro; a demissão de alguém; a mudança da estrutura organizacional; a necessidade de recrutar alguém do exterior – são analisadas antes da sessão de estratégia. Em novembro, quando os líderes dos negócios e as suas equipas se reúnem para a análise operativa S2, realizada na sede e que dura todo o dia, os primeiros

---

* No original, «Corporate Wrap-up». (N.T.)
** No original, «Corporate Organizational Vitality Assessment». (N.T.)

3 · UM SISTEMA TOTAL DE DESENVOLVIMENTO DA LIDERANÇA

90 minutos de reunião chamam-se Sessão C2, que é totalmente dedicada às questões do pessoal, desde o desempenho e a retenção até às promoções.

O empenho em identificar, desenvolver e empregar o talento é contínuo. Tudo se resume a isto: «As pessoas primeiro.» Jack Welch costumava dizer aos seus líderes: «Tomei mais decisões operacionais críticas na Sessão C do que nas análises operacionais.»

INTIMIDADE NO PLANEAMENTO DE SUCESSÃO

A intimidade que a GE desenvolve com os seus líderes estende-se ao conselho de administração, tornando excecionalmente argutos os seus juízos sobre possíveis líderes futuros. Recebem relatórios sobre o quadro geral de talentos da empresa e sobre líderes individuais. No entanto, na forma característica da GE, recolhem as suas melhores informações ao falarem informalmente e frequentemente com e sobre os líderes no contexto do negócio que gerem. O diretor executivo e o diretor de recursos humanos mantêm a direção atualizada sobre os progressos de alguns líderes que dependem dos relatórios diretos do diretor executivo e fazem questão de os verem pessoalmente tanto quanto possível. Além daquilo que veem nas apresentações dos líderes sobre os seus negócios, passam muito tempo com eles em situações sociais – por exemplo, um jantar na noite anterior à reunião da direção. Devem também visitar os líderes no terreno, onde podem vê-los em ação. Estas observações em primeira mão aprofundam as opiniões dos diretores sobre os indivíduos.

Ao conhecer profundamente os talentos dos líderes, a administração não limita demasiado cedo as opções de sucessão. Mesmo durante a sucessão de Welch, observada de perto, a administração manteve as suas opções em aberto até ao momento do anúncio. À medida que a o momento da sucessão se aproximava, emergiram três fortes candidatos – Bob Nardelli, Jim McNerney e Jeff Immelt. Esperava-se que continuassem a gerir os seus negócios e que não transformassem o processo de sucessão numa corrida de cavalos: fazer interna ou externamente pressão para ficar com o cargo seria fatal. Entretanto, a administração observou mais atentamente cada um dos candidatos durante visitas ao terreno e através de outras análises da direção.

Na altura da decisão, a administração tinha de levar em conta a sua melhor avaliação das necessidades emergentes do negócio. Em novembro de 2000, os diretores e Welch – cuja opinião tinha ainda muito peso – consideraram em tempo real os desafios empresariais que o panorama externo emergente apresentava.

- A empresa estava a tornar-se mais global, com uma parcela cada vez maior de receitas e de empregados provenientes do estrangeiro.
- Os negócios industriais e os serviços financeiros da GE tinham de ter o equilíbrio certo.
- Os círculos externos que representavam os interesses dos acionistas estavam a ganhar voz.
- O ativismo dos acionistas estava a aumentar, particularmente em relação às questões dos dividendos e da governação.
- A crise de liderança era grave (isto foi antes do 11 de setembro, que ocorreu no segundo dia de Immelt como diretor executivo).
- A dinâmica da força de trabalho estava a mudar, com questões relativas a carreiras duplas, flexibilidade do tempo, teletrabalho e diversidade.
- Fazer crescer uma empresa já grande era um desafio especial.

Esta avaliação desempenhou um papel importante na decisão final. Outra ferramenta útil foi um perfil do «diretor executivo ideal» preparado há cerca de cinco anos por Welch, Conaty e Chuck Okosky, vice-presidente para o desenvolvimento executivo. Apesar de se reconhecer que ninguém poderia preencher todos estes requisitos, a lista definia qualidades a procurar e fornecia um modelo com o qual as pessoas podiam ser comparadas. Podemos ver a lista completa na secção deste livro intitulada «Instrumentos para o domínio do talento».

Welch e o conselho de administração sabiam que, quando um sucessor fosse anunciado, os outros dois líderes abandonariam quase de certeza a empresa. Afinal de contas, tinham grande procura e ambições ao cargo de diretor executivo. Assim, seis meses antes, Welch disse aos candidatos que os dois que não fossem escolhidos deveriam sair e todos deviam iniciar o processo de passagem do testemunho aos seus sucessores. Deste modo, os líderes que se perfilavam atrás dos candidatos tinham bastante tempo para ficarem a par das coisas e a GE tinha muito tempo para observar como cada candidato a diretor executivo assimilava o seu sucessor. Esta abordagem arrojada funcionou bem. Poucos dias após o anúncio, Nardelli aceitou um cargo de diretor executivo no Home Depot e McNerney tornou-se diretor executivo da 3M. A GE desejou-lhes boa sorte e manteve boas relações com ambos. Entretanto, cada um dos seus antigos negócios ficou em boas mãos e a empresa não perdeu ritmo.

CROTONVILLE, A ENCRUZILHADA DA CULTURA

Tal como o sistema geral de gestão de talento da GE, Crotonville é geralmente admirada e frequentemente referenciada – da mesma maneira que é muitas vezes mal interpretada por observadores que pensam nesta instituição como apenas um centro de formação em gestão. Na verdade, o nome oficial de Crotonville é John F. Welch Learning Center, e oferece cursos de nível básico e executivo a estrelas em ascensão, mas esta é apenas uma das suas funções. Crotonville é também um impulsionador da inovação, mudança e adaptação da gestão, um cadinho que junta pessoas e negócios – e é a estação central de transmissão da cultura e dos valores da GE.

Localizada em Ossining, no estado de Nova Iorque, a cerca de uma hora de viagem da sede da GE, Crotonville é o local onde se realizam várias reuniões da empresa, incluindo as reuniões trimestrais de dois dias do Conselho Executivo da Empresa e a reunião anual dos administradores. É onde a GE introduz iniciativas importantes da empresa, como a Workout. É também um lugar para traduzir a estratégia da empresa em ações de curto prazo através de exercícios orientados para a execução de ideias de forma a melhorar o desempenho empresarial. É um local também usado para receber clientes importantes da GE, para trabalharem em conjunto com os seus homólogos, a fim de resolverem verdadeiros problemas empresariais e fortalecerem as relações.

Quando a GE adquire uma empresa, costuma juntar as novas equipas de liderança da GE e da empresa adquirida em Crotonville, uma espécie de campo neutro, para discutirem as eventuais diferenças culturais e aquilo que é esperado na cultura da GE. Quando a GE faz a ocasional contratação de um alto executivo externo à empresa, a sua ida para Crotonville é uma forma garantida de acelerar a adaptação dessa pessoa.

Grande parte dos quase mil milhões de dólares que a GE gasta anualmente no ensino e na formação vai para Crotonville. Não é barato, mas a GE considera que vale a pena. (Ver a parte IV, «As Ferramentas do Mestre do Talento», para saber como outras empresas obtêm quase o mesmo valor com menor custo.)

MESTRES DO TALENTO

A parte de formação de Crotonville não é aquilo que a maioria das pessoas pensa de uma formação de executivos. De facto, existem cursos para executivos a todos os níveis, de gestores principiantes a líderes experientes, sobre tópicos desde o desenvolvimento da liderança à especialização em gestão. Contudo, são cursos específicos da GE, que fornecem aos líderes formação prática e experimental sobre questões diretamente relacionadas com as prioridades da empresa. Os estudantes são um grupo de elite, mil por ano, escolhidos entre os mais de 300 000 funcionários da GE num processo da Sessão C e considerados merecedores desse investimento significativo nas suas carreiras.

Os cursos podem produzir resultados palpáveis. Um exemplo notável surgiu de um estudo de finais de 1990 sobre o papel que a GE devia desempenhar em países como a China, a Rússia, o México e a Índia. Durante o Curso de Gestão Empresarial, frequentado por equipas de altos funcionários da GE para estudarem as perspetivas da empresa nesses países, Bob Corcoran, um participante do departamento dos recursos humanos, fez um apelo apaixonado a Jack Welch e ao Conselho Executivo no sentido de haver uma presença maior no México. Welch não só concordou com a ideia como também disse a Corcoran: «Já que está tão interessado no México, terá a função de nos ajudar a desenvolver aí a nossa presença.» Corcoran aperfeiçoou o seu espanhol e mudou-se com a mulher e os dois filhos para a Cidade do México, onde passou três anos – fazendo um trabalho tão bom que, mais tarde, acabou por ascender à liderança de Crotonville.

Cerca de 80% dos formadores são líderes seniores da GE. (Os formadores externos são os melhores que a GE pode encontrar – grandes pensadores e especialistas em áreas como estratégia, finança, *marketing* e inovação.) Os que dão formação aos executivos de topo são o diretor financeiro, o chefe do departamento legal, o diretor do departamento de informação, o diretor de recursos humanos, o chefe do desenvolvimento dos negócios da empresa, presidentes e diretores executivos dos vários negócios, vice-presidentes e o diretor executivo da GE. Não são participações casuais; os líderes participam pelo menos uma vez por mês. Orientam sessões de duas a três horas, com um diálogo interativo e um período de perguntas e respostas, ao mesmo tempo que avaliam os conteúdos dos programas e o calibre dos participantes. Na maioria das empresas, por contraste, a participação dos principais administradores consiste geralmente num discurso de 20 minutos do diretor executivo sobre o estado da empresa, seguido de um breve período de perguntas e respostas antes de regressar ao gabinete.

Há aqui também uma lição implícita: ao participarem na formação, os líderes mostram que sabem realmente do que estão a falar. São os modelos vivos do que os participantes dos cursos sonham vir a ser um dia. Ao mesmo tempo, através dos participantes, os líderes ficam mais esclarecidos sobre o que se passa na empresa: Crotonville expõe-nos a cerca de mil potenciais futuros líderes durante um ano.

Os formadores têm de estar bem preparados, pois são avaliados pelos participantes, e a resposta é contundente. Durante o segmento de recursos humanos, os formandos ficam com algumas luzes sobre o que acontece nas discussões de carreiras entre o diretor executivo, o diretor de recursos humanos e os seus líderes dos negócios. Percebem a importância do diálogo franco e o quão seriamente é considerado desde a base até ao topo da empresa.

Cada administrador fala da sua área de especialidade. O diretor executivo fala sobre o quadro geral da empresa, aborda a estratégia e a direção futura da liderança. Por exemplo, pode perguntar: «Se fossem diretores executivos da GE, o que fariam de diferente?» Isto tem grande valor de desenvolvimento para os formandos, alarga-lhes as perspetivas e aumenta-lhes a conetividade de diversos pontos de vista. Entretanto, o diretor executivo avalia a qualidade do pensamento e da perspetiva dos formandos sobre o tema abordado.

Como as sessões duram todo o dia, muitos dos administradores que fazem apresentações à tarde ficam para beberem um copo e falarem informalmente sobre o que se passa na empresa, movendo-se entre grupos e recebendo reações mais profundas que os ajudam a unir vários aspetos. Os formandos ficam a saber quem são os administradores e como estes pensam, e os administradores ficam a conhecer melhor a organização a um nível mais baixo. Estas interações são ligações preciosas entre o topo da empresa e os níveis organizacionais mais baixos.

Bill Conaty, obviamente, ensinava na área de recursos humanos e orientava a discussão dos temas. Um dos seus objetivos consistia em desmistificar o processo da Sessão C, explicando como os líderes são selecionados, desenvolvidos e promovidos, e, por outro lado, alertando os formandos para as potenciais armadilhas na carreira. «O vosso envolvimento pessoal na Sessão C pode desaparecer após o primeiro trimestre de cada ano», dizia ele, «mas quero mostrar-lhes como o processo se desenrola ao longo de todo o ano. Não se trata de um único acontecimento, mas sim de um processo quotidiano.»

«Passava com eles todo o ano em revista», afirma Conaty, «e mostrava--lhes as conclusões da Sessão C em maio, os seguimentos por teleconferência em julho, o processo C2 em novembro antes das análises operativas e as nossas interações íntimas com o conselho de administração ao longo do ano. Queria que ficassem a saber como este processo era crítico para a GE e a importância dos contributos pessoais que fazem para o resumo interno que apresentam no início de cada ano. É um processo vivo e vigoroso, e não apenas burocracia.»

IR AO FUNDO DO POÇO: A DINÂMICA DE UM CURSO DE DESENVOLVIMENTO DE GESTÃO

Não há melhor sítio para estudar a alma da GE do que o Curso de Desenvolvimento de Gestão* (CDG), o curso de primeiro nível para executivos e um dos principais programas de desenvolvimento da empresa. Não menos importantes que os conteúdos dos cursos são as discussões e a socialização que ocorrem em torno das sessões de formação. É uma imersão total nos elementos fundamentais da cultura da GE. As aulas são dadas num anfiteatro espaçoso chamado «o Poço», com várias salas de conferência adjacentes. O centro de residência assemelha-se a um hotel de primeira classe, que acomoda até 200 participantes, com uma bonita sala de jantar e um centro de *fitness* topo de gama. Ali perto, existe um descontraído espaço de lazer conhecido como a «Casa Branca», com um bar aberto para que todos socializem.

A GE administra cerca de dez cursos de Desenvolvimento de Gestão por ano, com 80 ou 90 alunos em cada curso. Os critérios de participação no CDG são ter já acedido ao estatuto de executivo ou ter potencial para se tornar executivo num futuro próximo. O participante médio deverá ter trinta ou quarenta e poucos anos, e oito a dez anos na empresa. Cerca de 40% dos formandos são de fora dos Estados Unidos. Geralmente, três ou quatro serão de um dado negócio, embora uma área de negócios como os Serviços Financeiros, com a sua dimensão e importância, possa enviar mais participantes. É um quadro de honra – os poucos eleitos são vistos como detentores de um grande potencial de crescimento e são

---

* No original, «Management Development Course». (N.T.)

3 · UM SISTEMA TOTAL DE DESENVOLVIMENTO DA LIDERANÇA

sancionados pelo diretor executivo e pelo diretor de recursos humanos do negócio.

Os formandos recebem boas bases em finanças, *marketing* e outros temas, mas os conteúdos concentram-se especialmente em fornecer aos alunos uma compreensão profunda dos valores, da liderança e da cultura da GE. Por exemplo, como observa Conaty, «os participantes ficam espantados com a franqueza dos formadores e com o facto de nem sempre concordarmos totalmente uns com os outros. É claro que todos nos movíamos filosoficamente na mesma direção, mas não marchávamos como soldados de brincar: podíamos ter diferenças de opinião, o que era apreciado na GE. Achavam isso refrescante e revigorante.»

Juntos durante três semanas, entre sessões de formação, no ginásio ou no bar, os formandos tornam-se uma comunidade. À medida que as sessões se sucedem, aprendem a ser cada vez mais francos sobre os seus negócios e sobre a empresa. São incitados a pressionarem e desafiarem os formadores. Acabam não só por se sentirem à vontade ao fazer isso, mas também por exultarem ao fazê-lo. Poucos saem inalterados da experiência.

«Uma das maiores coisas que os participantes experienciam é a expansão exponencial das suas redes internas na GE. Chegam ao curso com uma rede muito limitada. Começam por gravitar em torno das pessoas ligadas aos seus negócios e, depois, expandem as suas redes durante as sessões de estudos de caso e entre as bebidas na Casa Branca. O fim do curso é sentido como uma experiência catártica e familiar, e depois mantêm os contactos entre si. Por exemplo, frequentei este curso em 1980 e ainda me lembro dos meus colegas e companheiros de quarto. De facto, quando frequentei o curso, as residências eram mais parecidas com dormitórios, com três ou quatro pessoas por quarto. Um dos meus colegas de quarto que continuou a ser um amigo íntimo foi Lloyd Trotter, que se reformou recentemente do cargo de vice-presidente do conselho de administração da GE, um dos cinco principais funcionários da empresa. Por isso, acho que era mais inteligente que eu.»

«Na última semana do curso», continua Conaty, «quando o diretor executivo e o diretor de recursos humanos entram no programa, a turma já está junta há três semanas, exposta a todos os principais líderes da empresa, e os formandos sentem-se muito fortes e com grande autoconfiança. Levava comigo o diretor para o desenvolvimento executivo – ao longo de 15 anos, trabalhei com três grandes diretores desta área, Chuck Okosky, Bob Muir e Susan Peters. Passávamos cerca de duas horas a falar sobre conteúdos e uma hora numa sessão de perguntas e respostas com o grupo. Marcava sempre a minha sessão para a parte da tarde, pois assim podíamos terminar e passar hora e meia a beber um copo com eles logo à saída do Poço. Nessa altura, sabiam que queríamos ouvir o que pensavam realmente e eu queria certificar-me de que eram tão francos quanto possível. Durante a sessão, eu afirmava: "Servimos o soro da verdade mais tarde, portanto, se não o puderem fazer agora, tenho a certeza de que arranjarão maneira de o fazer quando formos beber um copo." Todos se riam e ansiavam pela oportunidade de nos conhecerem.»

«Costumava levar comigo alguns jovens administradores dos recursos humanos para que pudessem intervir nas conversas após a sessão. Tinham a mesma idade dos formandos e podiam acrescentar uma perspetiva contemporânea ao diálogo. Quando a sessão no Poço terminava e subíamos as escadas, os círculos formavam-se – íamos beber um copo e, de repente, tínhamos 20 ou 30 pessoas à nossa volta. Depois, circulávamos pelo bar e tentávamos certificar-nos de que falávamos com todos os formandos. Nestes diálogos, falavam a um nível muito mais pessoal, normalmente sobre ideias para melhorarem os seus negócios em particular e a empresa em geral.»

«Queríamos incitá-los a dizerem o que pensavam. Por exemplo, uma queixa comum era a falta de clareza nas promoções ao nível executivo. Alguém dizia: "Bill, disse que os negócios controlam o número de vagas abertas para executivos, mas os diretores dos nossos negócios dizem-nos que é o senhor que faz isso em Fairfield." Outros concordavam – "Acontece o mesmo no meu negócio." Depois, as coisas aqueciam. Eu dizia: "Veja, é fácil culpar a sede e a maioria das pessoas acredita nisso, mas não é verdade. Pode ir dizer a toda a gente que não é assim que funciona. E têm a obrigação de nos criticar se estivermos a fazer coisas estúpidas e a desmotivar as pessoas que tentamos motivar.»

«Outros falavam-nos de um líder que achavam muito bom e que merecia maior reconhecimento por parte da sede – ou de um líder que consideravam uma besta. Ficavam extraordinariamente gratos pela atenção e todas as conversas faziam crescer a nossa base de dados de conhecimento sobre as pessoas e os líderes – tanto sobre os líderes que não estavam a obter reconhecimento suficiente como sobre aqueles que, segundo eles, devíamos manter debaixo de olho.»

Conaty recorda que «quando Welch subia ao palco, agitava sempre as coisas. Era um mestre na linguagem corporal; observava atentamente

3 · UM SISTEMA TOTAL DE DESENVOLVIMENTO DA LIDERANÇA

todas as pessoas na sala, quer estas o percebessem quer não. Se alguém revirava os olhos, ele dizia: "Parece que não acredita naquilo que estou a dizer." Toda a turma se virava e, de repente, um deles tornava-se o centro das atenções. O participante poderia dizer: "Estou a ouvi-lo. Jack, mas, sabe, aquilo que dizem aqui em Crotonville não funciona assim onde trabalho. O meu chefe é uma espécie de Neandertal e não percebe; não acredita nessas coisas."

«Welch virava-se para ele e dizia: "Não quero que esteja aqui a pensar que é uma vítima. Tem uma hipótese. Corrija as coisas mudando as regras do jogo, pois tem a obrigação de criticar o sistema quando as coisas não estão a funcionar." Lembro-me de um formando que estava sempre a queixar-se, e Jack acabou por dizer: "Sabe o que eu faria no seu lugar?" Depois de despertar a atenção de toda a turma, afirmou: "Demitir-me-ia. Não era capaz de trabalhar nesse ambiente que descreve." Esse aluno pensava que Welch iria ficar e ser um sacrificado. Estava à espera de que Welch dissesse: "Onde é que trabalha? Quem é o seu chefe? Vou falar com ele." De modo algum. Se não é capaz de perceber o que dizemos e usá-lo para influenciar ou convencer, então é melhor sair.»

«E o resto da turma adorava, porque era sempre o indivíduo que dominava a sessão de perguntas e respostas e que pensava que sabia mais do que os professores. Normalmente, apercebemo-nos deste tipo de pessoas nos primeiros três dias e ignoramos grande parte do que dizem, embora considere que existem agora muito menos do que nos meus primeiros anos na GE.»

A interação com as estrelas em ascensão da GE implica um enorme dispêndio de tempo, mas os ganhos são bastante compensadores. A prova é clara: o tempo despendido a desenvolver o talento cria uma intimidade que melhora o desempenho da empresa. «Nos cursos de três semanas, ficamos a conhecer bem as pessoas e estas adquirem uma perspetiva sobre a liderança de topo da empresa», diz Conaty. «Podemos descobrir alguém nas aulas ou no bar que é genuinamente acutilante; guardamos isso no nosso banco de memória, o que irá aumentar o nosso conhecimento para as discussões na Sessão C. Antes de visitar as aulas em Crotonville, falava com outros diretores na sede durante a hora de almoço e informava-os de que, nessa tarde, iria a Crotonville fazer uma apresentação no CDG. Perguntava se alguém já lá tinha ido, o que pensavam dos formandos e se tinham alguma coisa em mente que eu pudesse abordar e acrescentar algum valor. Ao longo dos anos, estas turmas tornaram-se cada vez melhores – por exemplo, "turma explosiva", "realmente animada", "uma das melhores que já vi". Dizíamos muitas vezes: "Não sei como conseguiremos superar esta turma", mas depois víamos que a seguinte era ainda melhor.»

Immelt iniciou um novo curso em 2007 chamado Liderança-Inovação--Crescimento, que leva diretores de vários negócios a Crotonville para aprenderem como grupo e aplicarem as lições aos seus problemas e desafios correntes, por exemplo, a equilibrarem resultados a curto prazo e crescimento a longo prazo. No fim da sessão, cada diretor de negócio recebe a incumbência de escrever uma «carta de compromisso» a Immelt, pormenorizando os resultados da sua aprendizagem e um plano de ação de melhoramento. Assim se evita que a chama de entusiasmo se extinga quando as pessoas regressam às suas secretárias. «Obviamente, é um enorme investimento retirar do terreno um punhado de líderes do mesmo negócio», diz Conaty. «No entanto, o esforço compensa ao ajudá-los a aplicarem o que aprenderam aos negócios como uma equipa unida. Por exemplo, as equipas diretivas dos negócios de Aviação, Cuidados de Saúde e Energia podem juntar-se para aprender com um grande professor de gestão e com Omar Ishrak, presidente e diretor executivo da GE Healthcare Systems, sobre a dinâmica e a análise do mercado. Ao trabalhar como uma unidade e em sessões abertas, a equipa pode capitalizar o que aprende e tornar o seu negócio mais produtivo e competitivo.»

Fazer apresentações em Crotonville é por si só uma experiência de aprendizagem, como indica Bill Conaty: «Não há dúvida de que melhorou o meu desempenho. Quando fiz a minha primeira apresentação num CDG, em 1993, recebi reações diretas sobre aquilo de que gostaram e de que não gostaram na apresentação. De início, fiquei zangado. No entanto, quando refleti sobre isso, achei que tinham razão; fora demasiado cauteloso nas minhas respostas. Depois disso, fiquei ansioso por estar à frente desses grupos e dizer-lhes: "Bem, vamos lá, em que estão a pensar – algumas observações, rumores, questões, alguma coisa? Nada é descabido. Esta é a vossa grande oportunidade de me confrontarem."»

Crotonville funciona também como um sistema de retenção. Aqueles que são escolhidos para frequentarem um curso de nível executivo, ao saberem que são considerados os melhores e mais inteligentes da empresa, não pensam em abandonar a empresa nessa altura nem num futuro próximo após a conclusão do curso.

VALORES QUOTIDIANOS

Quase todas as empresas têm um conjunto explícito de valores. A GE tem valores funcionais – aqueles que influenciam realmente o modo como as pessoas apresentam resultados. Fazem parte da linguagem quotidiana: «Ele tem valores da GE» é uma afirmação tão rotineira como «ele fez um bom trabalho». As pessoas não são promovidas se não os exibirem, e todos os líderes são, em parte, recompensados pela forma como vivem esses princípios. O desempenho – a obtenção de resultados – é visto como o bilhete de ingresso; é naturalmente esperado. No entanto, os valores de liderança determinam se uma pessoa ascenderá ou não na organização.

Mas nem sempre foi assim. Bill Conaty recorda: «Quando comecei a trabalhar na empresa, em 1967, não me lembro de ouvir alguém dizer: "Isto é o que esperamos de si." É verdade que havia um código de ética, coisas que se deviam fazer e coisas que não se deviam fazer, mas não determinavam aspirações nem inspirações. Mais tarde, tornou-se claro que, para haver uma cultura do desempenho, tinha de haver um conjunto bem compreendido de valores da empresa para impedir que as pessoas se desviassem dos carris em termos éticos ou comportamentais.»

Em 1993, Welch incumbiu uma equipa da empresa de construir um conjunto de valores que fossem funcionais. Esses valores foram depois inscritos num cartão plastificado e distribuídos a todos os empregados da GE. Definiam os comportamentos que eram ou não tolerados. Tornavam claro para todos os funcionários aquilo que deles se esperava e aquilo que estes podiam esperar da empresa. A integridade, obviamente, encabeçava a lista; Welch afirmava claramente que uma falha seria suficiente para demitir alguém. Um valor mais distintivo era o conceito de Welch de «ausência de fronteiras». Podia confundir as pessoas de fora, mas era claramente compreendido no seio da GE. Welch queria dizer que não devia haver fronteiras que impedissem a partilha de informação e a colaboração entre silos, organizações e níveis – desde o topo até ao nível da fábrica. A ausência de fronteiras, afirmava ele, era necessária para tomar rapidamente as melhores decisões, e dava mais importância ao bem da empresa do que à proteção dos setores. Também se aplicava à livre movimentação de pessoal entre áreas de negócio, que é essencial para fornecer aos líderes uma variedade de oportunidades de desenvolvimento. Já não se ouve muito este conceito porque deixou de ser necessário: a ausência de fronteiras faz parte da cultura da empresa.

Para se certificar de que os valores da GE eram levados a sério, diz Conaty, «Jack sublinhou-os bastante na reunião anual de liderança global com os principais 500 líderes da empresa» e fez uma sondagem entre os empregados para ver como os valores estavam a ser aplicados. Welch chamou-lhe a sondagem CEO para lhe dar algum peso e fez questão de pedir às pessoas que respondessem. Outra maneira de lembrar ao pessoal que os valores eram tão importantes quanto os números consistiu em fazer dos resultados da sondagem CEO parte da ordem de trabalhos da Sessão C, em que cada área de negócio apresentava os pontos fortes e os pontos fracos e explicava o que estava a fazer em relação aos pontos fracos.

A GE incluía também os valores numa ferramenta analítica que fazia parte do processo de avaliação da gestão: uma simples matriz de quatro blocos, com o desempenho no eixo horizontal e os valores no vertical. Isto tornava a mensagem clara e simples: quem não tiver os valores e não apresentar resultados, vai-se embora. Quem tiver valores e resultados, pode ascender à glória. Se uma pessoa apresentar os valores, mas se tiver problemas com o desempenho, a GE tenta ajudá-la a subir no quadrante superior direito da matriz com formação adicional, mais recursos ou uma reestruturação de funções.

A categoria mais difícil de enfrentar, afirma Conaty, «era a inferior esquerda – "Estou a produzir resultados e não quero saber dos vossos valores; desde que apresente resultados, nunca serei despedido!" Este era o grupo que Welch identificou como gestores do Tipo IV – informalmente, chamávamos-lhes o grupo dos graxistas. Usávamos informações da Sessão C e avaliações gerais do desempenho para localizar estes indivíduos. Avisávamo-los para que mudassem de atitude, mas acabámos por demitir cerca de meia dúzia de líderes, em meados dos anos 90, que não acreditavam que estávamos a falar a sério. Welch fez grande caso disso numa das grandes análises para explicar por que razão havia alguns "soldados em falta" – ou seja, pessoas que haviam sido afastadas. Pode dizer-se que havia aqui alguma intimidação, mas, se alguém não acreditasse na importância dos valores antes dessa reunião, passava certamente a acreditar depois.»

Atualmente, os valores estão de tal forma enraizados na cultura que não há praticamente um líder que tenha sido afastado por não os ter aplicado. De facto, pouco depois de Immelt se ter tornado diretor executivo, remodelou e simplificou os valores de modo a refletirem os desafios mais contemporâneos. Os novos valores entram no quadro dos quatro temas: «imagina», «resolve», «constrói» e «lidera».

CONCLUSÕES

O sistema de gestão de talento da GE é uma mistura complexa de *software* e de *hardware*. No entanto, quando a reduzimos aos seus elementos essenciais, a lista resultante é relativamente simples. Mais importante, é funcional e adaptável: pode começar a pensar como implementar estes elementos na sua própria organização e à sua própria maneira.

- **Um mecanismo formalizado de avaliação** (Sessão C), com seguimentos (Sessão C2). Este elemento é fundamental para a construção do talento de uma empresa. Várias empresas noutras partes do mundo emularam e adotaram as suas próprias variações.
- **A busca de conhecimento rigoroso sobre os indivíduos.** É feita não só em reuniões e avaliações formais, mas de forma contínua. Os líderes conhecem os talentos naturais do seu pessoal e aperfeiçoam coletivamente os seus juízos através da verificação cruzada de múltiplas observações e através de vários pontos de vista.
- *Feedback* oportuno e construtivo oral e escrito, recolhido ao longo do ano. É assim que a GE acaba com a maldição da avaliação típica, geralmente um evento insatisfatório e inútil em muitas empresas. Raramente há surpresas nas sessões formais.
- **Ligações entre as pessoas e os números** em todas as análises, associadas a causas e a resultados.
- **Autoavaliação.** Todos os anos, os líderes devem citar uma ou duas necessidades cruciais de desenvolvimento pessoal e um plano de ação associado para as abordar.
- **A responsabilidade dos líderes para desenvolverem outros líderes.** O modo como o fazem influencia as suas perspetivas de promoção e de compensação.
- **A prática dos valores da GE.** Os líderes só progridem se adotarem estes princípios.

Se chamarmos «humanista» ao sistema da GE, as pessoas que não o conhecem irão olhar-nos de forma estranha. No entanto, esta é uma das suas grandes forças. Não se pode ser mais humanista do que prestar grande atenção ao desenvolvimento de cada ser humano. O próximo capítulo mostrará exatamente aquilo de que estamos a falar.

Capítulo 4

Como a intimidade compensa: o desenvolvimento das carreiras de Mark Little e de Omar Ishrak

Com o conhecimento acumulado que têm dos indivíduos, os líderes da GE não estão apenas familiarizados com o seu pessoal: conhecem-no intimamente. Neste capítulo, veremos dois exemplos de como a rigorosa intimidade criada no sistema de talento da GE funciona na prática.

A nossa primeira história é sobre um homem que se viu num cargo que, de repente, se tornou maior do que aquilo com que podia lidar. A maioria das empresas tem uma forma simples de resolver este tipo de problema: o líder é afastado. Em muitos casos, trata-se de um desperdício terrível de talento. O êxito raramente é uma linha reta. De facto, muitos dos maiores talentos são aqueles que progrediram através de curvas e altos e baixos. Um revés pode ser um teste para uma pessoa, e a reação da pessoa a esse revés diz muito sobre o seu caráter. Se a pessoa aprender alguma coisa com isso, a experiência reforça-lhe a força emocional e a capacidade de lidar com o desconhecido e com a adversidade. Por conseguinte, quando os mestres do talento veem um indivíduo reconhecidamente talentoso a tropeçar, analisam as razões desse fracasso, avaliam a sua reação e reorientam-no de maneira a que o seu talento se possa desenvolver. Por vezes, descobrem que o problema não reside no próprio líder, mas na relação entre os seus talentos e os novos desafios criados por uma mudança no negócio ou no seu contexto.

UM RENASCIMENTO A MEIO DA CARREIRA

«Foi a pior coisa que alguma vez me aconteceu», diz, com a sua voz rouca, Mark Little, atualmente líder do Global Research Center da GE. «Ainda hoje me comovo quando falo disso.» Em 1995, aos 41 anos de idade, fora nomeado para um alto cargo da empresa – vice-presidente da engenharia no grupo Power Systems da GE, um negócio de 5 mil milhões de dólares ligado à produção de energia. Não só era um excelente técnico, como também demonstrara, em vários cargos de gestão, ser capaz de gerir um negócio. Este facto posicionou-o entre os 125 líderes de topo da GE e Mark Little parecia destinado a chegar ainda mais além.

Então, a Power Systems ficou aquém dos resultados esperados – não uma vez, mas três vezes de seguida, um fracasso grave em qualquer empresa, mas mais ainda na GE de Jack Welch. Os muitos talentos de Little não haviam desaparecido, mas o setor necessitava de conhecimentos específicos que ele não detinha. Os seus chefes dividiram o cargo de maneira que um executivo mais experiente pudesse intervir e resolver o problema, deixando Little a gerir uma parte mais pequena do setor da tecnologia. «Foram todas as emoções que se podiam esperar», recorda Little. «Senti-me magoado, discordei da forma como chegaram àquela conclusão e fiquei realmente chateado.» O pior era que Little suspeitava de que a sua carreira na GE havia acabado.

Mas não era o caso. Atualmente, Little é o vice-presidente do Centro de Pesquisa e Desenvolvimento da GE, um dos 25 executivos de topo da empresa. Os pormenores deste processo revelam como um mestre do talento é capaz de resolver um problema empresarial e, ao mesmo tempo, conservar os seus talentos preciosos.

A GE recrutou Mark Little como engenheiro investigador em 1979, vindo da Northeastern University, onde estava a concluir o mestrado. Ao falarmos com ele, percebemos que era um homem que iniciou a carreira com mais talentos do que pensava ter. De facto, Little reconhece que, enquanto jovem, «não sabia o que queria fazer. Achava que era bom em ciências e em matemática, mas só tive a certeza disso depois de concluir o mestrado.»

Trabalhou cerca de um ano na área de turbinas da GE em Lynn, no estado do Massachusetts, e depois – com o apoio total dos chefes – pediu uma licença para fazer o doutoramento no Rensselaer Polytechnic Institute. No entanto, quando regressou à GE, percebeu que o negócio

4 · COMO A INTIMIDADE COMPENSA

de turbinas não lhe ofereceria o tipo de pesquisa avançada que imaginava realizar. Solicitou então que o mudassem para o setor industrial como engenheiro projetista, com a ideia de que este trabalho lhe ofereceria maiores desafios. Mais uma vez, a GE aceitou: já o haviam assinalado como alguém de talento excecional, que valia a pena conservar.

Little continuou a trabalhar na investigação, mas, pouco depois de ter regressado do seu doutoramento, os chefes escolheram-no para frequentar o curso de Desenvolvimento de Gestão em Crotonville, uma honra conferida apenas a pessoas que a GE considerava terem elevado potencial de liderança. No fim do curso de quatro semanas (atualmente, o curso é de três semanas), para grande surpresa de Little, a sua turma votou nele como «o colega que mais provavelmente viria a ser diretor-geral». À medida que ia avançando por vários cargos ligados à engenharia, a ideia de trabalhar em gestão tornava-se cada vez mais atraente. «Manifestei-lhes o meu interesse», diz ele. «Quando recebi o meu primeiro cargo de chefia, a liderar um grupo de dez engenheiros, foi uma grande oportunidade de trabalhar num sistema multifuncional, e adorei.»

Em 1989, apesar de estar a gostar de trabalhar em gestão, pediu para ser considerado para um cargo de gestão financeira. Não demorou muito para que a direção da Power Systems lhe arranjasse um cargo com o qual pensava que ele poderia lidar, mas que também lhe criaria desafios. A chamada veio de Dennis Donovan, diretor dos recursos humanos da empresa, e, pouco depois, Mark Little estava em Schenectady, no estado de Nova Iorque, como líder da linha de produtos do negócio de geradores. «Passei de um técnico especializado para a gestão financeira, o que foi muito excitante. Familiarizei-me com o sistema operativo da empresa e percebi o quadro geral.»

Em 1994, Little recebeu outra chamada de Donovan, desta vez completamente inesperada. «Dennis disse-me que a direção de engenharia da Power Systems necessitava de uma mudança e que os líderes da empresa queriam nomear-me vice-presidente para a engenharia. Achavam que eu podia trazer trabalho de equipa e maior concentração.» Apesar de o cargo de vice-presidente para a engenharia da Power Systems o retirar do setor financeiro e o levar de volta ao setor funcional – «uma reviravolta interessante», recorda Little –, ficou muito satisfeito. Nessa altura, o setor de serviços públicos estava a investir fortemente em novas fábricas e a Power Systems era uma unidade importante, que apresentava um crescimento superior ao de todas as unidades industriais da GE.

Quando o próprio Jack Welch contactou Little, tornou-se claro que era uma das estrelas em ascensão da GE. Passou pelo nível executivo, que incluía os principais 5000 executivos da GE, e pelo nível executivo sénior – os principais 500 executivos. Foi então que Welch e Conaty se começaram a envolver profundamente no acompanhamento da sua carreira, observando-o cuidadosamente durante a Sessão C e nas análises operacionais. Haviam concordado com a recomendação dos líderes da Power Systems de oferecerem a Little um cargo na direção da GE. Com esta mudança de cargo, Little passaria a fazer parte de um grupo de elite de líderes de topo da GE, cerca de 125 nessa altura, e ocuparia uma posição proeminente na maioria das reuniões que envolvessem a Power Systems.

«À BEIRA DA MORTE PROFISSIONAL»

«E, depois, tudo se desmoronou», diz Little. O produto principal da Power Systems era a turbina F, uma enorme máquina de 200 megawatts, vendida a cerca de 40 milhões de dólares e que valia aos seus proprietários um bom rendimento em taxas de serviço. Passados seis meses no cargo, as turbinas começaram a falhar nas fábricas dos clientes.

Tratava-se de grandes falhanços técnicos, os maiores que a GE já vira. «Foi uma perda enorme face ao mercado e, ao longo de vários anos, provocou grandes perdas financeiras. Enviávamos turbinas de substituição para todo o mundo por aviões russos, pois eram os únicos capazes de as transportarem; em certa altura, tivemos clientes parados durante meses. Era absolutamente terrível. O *Wall Street Journal* publicava notícias negativas sobre nós. Lembro-me de ir a uma reunião de diretores da GE, em Crotonville, e ouvir toda a gente a dizer: "Nunca mais irá vender uma dessas turbinas."»

Na mesma altura, a Power Systems estava a passar por um ciclo negativo. A empresa voltou a falhar os seus objetivos financeiros e a GE substituiu o seu líder por Bob Nardelli, que vinha fazendo um excelente trabalho a reanimar o setor de transporte ferroviário. (Mais tarde, Nardelli foi um dos candidatos à sucessão de Welch como diretor executivo, depois foi diretor executivo da Home Depot e da Chrysler, e agora faz parte da direção do grupo de participações privadas Cerberus.)

Nardelli chegou otimista e entusiasmado, com o objetivo de recuperar a glória da Power Systems. Contudo, a empresa continuava aquém dos resultados esperados. «Assim, tornámo-nos um desastre financeiro e, ao mesmo tempo, continuávamos a lidar com aquele grande problema no produto. Falhámos mais duas vezes o nosso plano financeiro.»

«Fomos à sede da GE falar com Welch. Recordo-me perfeitamente – foi logo depois de ele ter regressado de uma cirurgia ao coração – e íamos dizer-lhe que estávamos a falhar o nosso plano financeiro. Welch gritou-nos e saímos dessa reunião a pensar: "Bem, sobrevivemos a isto, foi o pior que nos podia ter acontecido." Regressámos a Schenectady e dissemos: "Agora só nos resta recuperar."»

«E então, talvez três meses depois – também nunca me esquecerei disto –, eram cerca de 19h30 de quarta-feira, estava no meu gabinete com Steve Bransfield, vice-presidente para as operações, quando Ron Pressman, vice-presidente das centrais elétricas, entrou pálido como a morte, a dizer que o nosso plano financeiro tinha mais de cem milhões de dólares de desvio, o que, na altura, era muito. Eu disse: "Não pode ser." Mas era verdade e tínhamos de informar o Bob. Então, o Bob perdeu a confiança em toda a equipa e, bem, foi a pior coisa que se pode imaginar.»

Ninguém culpava Little pelos problemas, mas as circunstâncias haviam transformado a sua tarefa difícil numa missão impossível. Nardelli achou que o problema com as turbinas exigia o melhor especialista disponível, e Welch e Conaty concordaram. Na primavera de 1996, Nardelli recrutou Jon Ebacher, especialista em turbinas de gás, para dirigir a maior e mais importante parte da engenharia da Power Systems. Ebacher passara mais de duas décadas a trabalhar em turbinas de gás de tecnologia de ponta no setor da aviação da GE e era diretor das Aircraft Advanced Technology Operations. Construíra a reputação do homem que resolvia os problemas da GE ligados à tecnologia; entre outras coisas, fora emprestado à GE Appliances para resolver um grave problema nos compressores dos frigoríficos e enviado para a Motors para resolver problemas ligados ao *design* e à produtividade.

Nardelli pediu a Little para ficar e chefiar a departamento menor de engenharia de turbinas a vapor. «Deixei de dirigir todo o departamento de engenharia para passar a chefiar uma parte muito mais pequena do departamento. Intelectualmente, compreendia isso», diz Little, «mas, em termos emocionais, detestei profundamente a situação, e ainda hoje me sinto mal quando penso nisso».

A resolução do problema da companhia criava um problema no pessoal. Conaty recorda: «Tínhamos promovido Mark a diretor e, depois, ele teve de fazer um desvio rápido na carreira. Para ele, teria sido lógico demitir-se. É embaraçoso e desmotivante perder o que se ganhou e, normalmente, isso significa que as hipóteses de regressar às promoções rápidas diminuem. Além disso, não podemos esquecer os danos psicológicos – a diminuição da autoconfiança, que mina a capacidade de liderança.

«No entanto, adorávamos o Mark», continua Conaty. «Era um técnico brilhante e percebia realmente do negócio. Mais importante, tinha a ética e os valores em que acreditamos; por isso, fizemos tudo o que podíamos para lhe mostrar que queríamos mantê-lo na empresa.»

ENCORAJAMENTO DO DIRETOR EXECUTIVO

Nardelli assegurou a Little que este tinha ainda um futuro e informou-o de que Welch e Conaty queriam falar com ele na sede da GE. Sabiam que uma mensagem de encorajamento seria mais credível se viesse diretamente deles. Conaty diz: «A menos que sintam ter realmente o apoio íntimo da administração, a maioria dos líderes da GE não acredita. No sistema da GE, dizemos que os 600 funcionários principais são nossos – são ativos da empresa. Enquanto o desempenho imediato, o reconhecimento e a carreira de uma pessoa dependem do setor em que trabalha, a sua verdadeira carreira e o seu futuro estão nas mãos do diretor executivo da GE.»

Little saiu da reunião de Fairfield com a mensagem percebida, mas não era capaz de a aceitar. «Eu tinha confiança suficiente no sistema para saber que estavam a falar a sério», explica Little. «E isso era muito importante. Contudo, sentia-me embaraçado e desconfortável por estar ali. Odiava aquilo. Assim, pensei que, provavelmente, a mudança de cargo não seria boa para mim.»

No entanto, ficou. «Eu queria ficar e, pelo menos, resolver parte do problema», diz ele. Além disso, tinha algum dinheiro a receber no ano seguinte, decorrente do Plano de Incentivo a Longo Prazo da GE – uma compensação somada ao salário base e aos bónus, recebida ao fim de três anos. «Depois disso, eu podia fazer o que quisesse.»

Mark conservou a agitação interior para si e para a sua família. «Emocionalmente, foi um período terrível para mim, mas estava totalmente concentrado em certificar-me de que a equipa que eu chefiava – e ainda era uma equipa com alguma dimensão – sentia que iríamos conseguir fazer alguma coisa excecional.»

«E trabalhei no duro para me certificar de que Jon Ebacher se sentia confortável quando chegasse, para que tudo fosse fácil e agradável para ele. Eu tinha muitos amigos na companhia e queria ter a certeza de que não pensavam que eu era uma pessoa má. Nunca houve qualquer problema entre nós. E sei muito bem que as equipas reagem a isso.»

Ao observarem Little nas turbinas a vapor, Nardelli e o diretor da empresa ficaram impressionados tanto com a qualidade do seu trabalho como com a sua maturidade face à adversidade. E à medida que foi recuperando, Little ganhou confiança suficiente para solicitar um cargo executivo. Quando abriu uma vaga na chefia das centrais elétricas, Little fez uso de toda a sua coragem para abordar Nardelli. «Tendo-me sentido à beira da morte profissional, foi, para mim, um momento emotivo dizer ao Bob: "Quero ocupar este cargo elevado." O cargo tinha a ver com todos os novos produtos ligados a turbinas a gás, turbinas a vapor, hidroturbinas. Construíamos centrais elétricas em todo o mundo.»

Nardelli considerou que Little tinha tanto a experiência técnica como a experiência de liderança necessárias para o cargo – um forte voto de confiança de um dos principais líderes da empresa. Welch e Conaty haviam observado Little e concordaram rapidamente. Foi uma história emocionante de triunfo: depois de ter estado à beira do fim da carreira, um líder regressa para a chefia financeira de uma companhia importante. Aquilo que impressionou toda a gente, diz Conaty, «foi a maneira como Mark revelou as suas características e os seus valores de liderança ao lidar com a adversidade».

«Nunca me esquecerei da felicidade que senti», afirma Little. «Foi um renascimento.»

Por seu lado, Ebacher reconhece que foi inicialmente estranho partilhar a responsabilidade da engenharia com o homem que antes dirigia todo o departamento. No entanto, quando chegou, diz ele, «Mark recebeu-me bem e de forma sincera e fez-me sentir que teríamos uma boa relação de trabalho». Depois de Little ter ficado com o cargo financeiro, Ebacher passou a chefiar todo o departamento de engenharia. «Fomos ambos recompensados pelos nossos esforços», afirma ele. «Continuámos a manter uma excelente relação de trabalho, que nos permitiu desenvolver as nossas capacidades e lidar com as oportunidades de crescimento que iam surgindo.»

O novo cargo nas centrais elétricas não era parco em desafios. «Nessa altura, estávamos a perder cerca de 200 milhões de dólares», diz Little.

MESTRES DO TALENTO

«O segmento de serviços pós-venda era a joia da empresa e fazia muito dinheiro. Nós éramos a ovelha negra. Por conseguinte, estabelecemos o objetivo de gerar lucros no ano 2000, objetivo que ninguém fazia ideia de como haveríamos alcançar.»

«No entanto, os problemas da turbina F estavam a ser resolvidos. Lembro-me de, nos primeiros tempos, quando ainda trabalhava na engenharia, ir a Fairfield e ter de explicar a Jack Welch os vários problemas destas belas turbinas. Não era apenas uma falha; era um conjunto de problemas realmente difíceis de resolver. Welch disse-me: "Quero que use todos os recursos possíveis, gaste o que for necessário, mas certifique-se de que isto é resolvido para que os nossos clientes possam dizer: 'Foi um problema complicado, mas esta é a melhor empresa do mundo, pois eles resolverão o assunto.'"»

«E foi exatamente o que fizemos. Mantivemo-nos ao lado desses clientes e apoiámo-los em tudo o que podíamos. Foi um esforço tremendo, mas, no fim, ficaram exatamente com essa sensação. Entretanto, tivemos de fazer grandes aquisições globais – por exemplo, integrar com êxito a empresa francesa que adquirimos. Fizemos tudo isso antes de o mercado começar realmente a emergir e, por isso, tínhamos capacidade e pessoal suficiente para nos ajudar a executar os planos. E depois adquirimos o negócio das turbinas eólicas, que começou por ser um desastre, mas que é agora um negócio glorioso da GE.»

«Quando o mercado emergiu, em particular nos Estados Unidos, tínhamos uma quota gigantesca, aumentámos os preços e reduzimos os custos. Tínhamos tudo aquilo de que precisávamos e aproveitámos isso da melhor maneira possível. Tornámo-nos rentáveis em 2000 e, em 2002, tivemos um lucro de quatro mil milhões de dólares. Passámos a ser um dos sectores mais lucrativos da empresa. Atualmente, temos uma base instalada que constitui o verdadeiro centro da rentabilidade do setor da energia da empresa.»

UMA PROMOÇÃO INESPERADA

Little foi gerindo partes cada vez maiores do negócio da energia. Então, em 2005, a GE ofereceu-lhe uma promoção inesperada: a direção do Global Research Center (GRC), onde trabalhava a maioria dos principais cientistas doutorados da GE. Esta oferta criou alguma ansiedade em Little: voltar à investigação? No entanto, a GE não nomeia os líderes sem muito cuidado e ponderação. Encontrar a pessoa certa é fundamental, e ninguém era mais acertado do que Little. Na GE, as chefias funcionais e a chefias administrativas não estão tão separadas como acontece na maioria das empresas. Jeff Immelt vê os líderes funcionais como participantes do negócio, que, no sistema da empresa, estão ao mesmo nível que os líderes administrativos. Agora, Little iria fazer parte do círculo restrito da GE, a dúzia de executivos de topo que responde diretamente a Immelt. E o cargo iria pô-lo no centro da visão de Immelt para o futuro da GE.

Sob a direção de Scott Donnelly, o Centro de Pesquisa e Desenvolvimento estava a sofrer uma grande viragem em termos de objetivos. No passado, funcionara como a maioria das organizações do mesmo género, onde as companhias iam procurar ideias e produtos úteis. No entanto, Jeff Immelt, que assumiu a direção executiva em 2001, achava que o futuro da GE estava na inovação tecnológica, que daria solução a algumas das maiores necessidades mundiais, desde energia não poluente até água em abundância e melhores cuidados de saúde. A missão da GE, declarou ele, seria «redefinir o que for possível». Afetou 100 milhões de dólares para a remodelação das instalações do centro, perto de Schenectady, no estado de Nova Iorque, em Bangalore, na Índia, e para a abertura de novos centros em Xangai e em Munique. (Considerou-se também a abertura de um centro no Médio Oriente.)

Donnelly liderou todos estes desenvolvimentos e acabou com o velho modelo operacional. Deu um novo foco ao cliente, reforçando as relações do negócio com as atividades do centro. Algo que facilitou a aproximação dos negócios à tecnologia foi o novo centro do tipo da residência de Crotonville, junto ao rio Hudson, adjacente aos laboratórios de pesquisa em Schenectady. Os líderes das companhias subsidiárias podiam levar as suas equipas e trabalhar com os tecnólogos em assuntos ligadas às suas empresas; os clientes, por vezes em conjunto com as equipas das empresas, podiam ver e perceber o que se fazia no Centro de Pesquisa e Desenvolvimento. Conaty diz que «o centro conferiu um novo sentido de orgulho aos cientistas e tecnólogos da GE – podiam mostrar o seu trabalho e exibir as suas descobertas. Para eles, é muito entusiasmante ver líderes das empresas a levarem as suas equipas para explorarem novas possibilidades tecnológicas. Diziam: "Hoje vêm cá altos dirigentes. Temos de lhes mostrar que estamos a trabalhar naquilo de que necessitam para melhorarem os seus negócios"».

Por conseguinte, Donnelly fizera um trabalho excelente, mas a GE queria pô-lo à frente de uma grande empresa, a Aircraft Engines, para testar todo o seu potencial na companhia. A mera descrição dos factos em mudanças executivas raramente abrange as forças e os fatores que as determinam, e a história de Donnelly ilustra as muitas coisas que a liderança da GE tem de levar em conta. Enquanto primeiro não doutorado a dirigir o centro, Donnelly não estava inicialmente interessado no cargo – estava à espera de um lugar na administração. No entanto, Conaty e Immelt achavam que era a pessoa certa para dirigir o centro e disseram-lhe que, se fizesse um bom trabalho, oferecer-lhe-iam um alto cargo na administração.

Finalmente, chegara o momento de Donnelly – e ele recusou. Conaty diz: «Ainda era jovem e escolhemo-lo para a Aircraft Engines, um alto cargo de administração – e não aceitou! "Sim, sempre quis um cargo na administração", disse ele, "mas, sabe, penso que terei mais valor para a empresa aqui no Centro de Pesquisa e Desenvolvimento." Nem sei dizer quantas discussões tive com ele. Mas acabámos por convencê-lo de que tanto ele como a empresa ganhariam se aceitasse a mudança. E foi assim que aconteceu. Após uma passagem bem sucedida pela Aircraft Engines, Scott Donnelly tornou-se diretor de operações da Textron e foi depois nomeado presidente do conselho de administração e diretor executivo.»

«Tudo isto faz parte do processo de desenvolvimento da GE, e nunca nos sentimos mal durante muito tempo quando um dos nossos executivos passa a ocupar um cargo elevado fora da empresa.»

Normalmente, o sucessor de Donnelly no GRC viria dos quadros da Pesquisa e Desenvolvimento e Little passaria para um cargo mais elevado na administração. No entanto, as mudanças que Immelt tinha em mente exigiam uma reavaliação dos critérios centrais para esse departamento. Queria que a missão do centro consistisse na resolução dos problemas técnicos mais essenciais e difíceis do mundo – por exemplo, energia, fornecimento de água e problemas ambientais. Queria também que o centro fosse proativo, concebendo produtos que pudessem fazer crescer novos segmentos. Para tal, era necessário estabelecer parcerias mais intensas com os negócios. Isto requeria um líder que pudesse falar facilmente tanto com os tecnólogos como com os líderes das empresas, alguém que pudesse pensar de forma suficientemente abrangente para fazer da tecnologia da GE a base da estratégia de crescimento concebida por Immelt. Dos vários candidatos considerados nas análises dessa primavera, só Little preenchia todos os requisitos – e bem. As suas credenciais técnicas eram impecáveis e, tendo dirigido o maior centro de lucro nos negócios industriais da GE, detinha enorme credibilidade pessoal nos vários setores da empresa.

Sob a liderança de Little, o GRC está a cumprir o objetivo estabelecido por Immelt de se tornar um poderoso motor de inovação e crescimento. «É provavelmente o trabalho mais intelectualmente estimulante que se pode ter», afirma Little, «pois tentamos associar a tecnologia de ponta aos desafios e problemas empresariais. As nossas equipas técnicas estão profundamente envolvidas em tudo o que de novo acontece em todos os negócios da empresa. Fornecemos conhecimentos técnicos e práticos. E é muito divertido.»

«Se eu for tecnólogo neste tipo de cultura, estarei normalmente numa situação em que o pessoal das empresas me dará orientações e responderei a essas pessoas. Estar aqui como alguém do negócio é psicologicamente muito significativo na nossa cultura. Por isso, não olho com medo para os líderes da empresa. Cheguei aqui com a compreensão do tipo de problemas com que essas pessoas lidam e, antes de vir para cá, mantinha um relacionamento forte com elas enquanto colega.»

«Deste modo, nunca senti uma perda de filiação com um negócio quando fui para o GRC. Aquilo que senti foi que ganhei mais uma dúzia de negócios.»

Será que o diretor executivo ou o diretor de recursos humanos da *sua* empresa estenderia a mão a uma pessoa dois níveis abaixo e cujo chefe decidira que o cargo era demasiado elevado para ele? Penso que não. Em muitos casos, nem sequer o chefe se aproximaria com medo de apanhar o germe do fracasso. Então, por que razão Jack Welch e Bill Conaty se esforçaram por encorajar Mark Little e tentaram restaurar-lhe a confiança após a sua queda em desgraça?

Em primeiro lugar, a GE reconhece que os grandes líderes são capazes de emergir mais fortes após um revés. Em segundo, a GE conhece realmente os seus principais talentos. A disciplina e o rigor dos sistemas operativos da GE levam as pessoas a focarem-se nos principais talentos, observando-os várias vezes ao longo de um ano. Muitas pessoas, e não apenas o seu patrão ou o diretor dos recursos humanos, sabiam que tipo de líder era Mark Little e tudo o que este fizera, graças às análises realizadas ao longo do ano (Sessão C, análises de operação, de orçamento e de estratégia a longo prazo) e aos encontros pessoais em Crotonville e noutras reuniões sobre liderança global da GE em várias partes do mundo.

Conaty diz: «O Mark não era apenas um nome na nossa lista, mas uma pessoa que conhecíamos profundamente. Sabíamos aquilo por que estava a passar. Tentámos pôr-nos no seu lugar e dissemos: "Como nos sentiríamos se isso nos acontecesse?" E como achávamos que se tratava de um bom homem com grandes valores da GE, quisemos conversar com ele, olhos nos olhos, e dizer-lhe que falávamos a sério sobre o nosso desejo de que permanecesse nesta empresa e continuasse a crescer e a desenvolver-se, e que iríamos apoiá-lo. Se esta mensagem lhe tivesse sido transmitida apenas pelos responsáveis da sua unidade, sem o toque pessoal da sede de Fairfield, Little ter-se-ia ido embora.»

INSERIR NA CULTURA ALGUÉM DE FORA

Nem o melhor produtor de talentos locais é capaz de garantir internamente todas as necessidades da sua liderança. O truque é fazer todo o possível para ajudar o recém-chegado a ser bem sucedido. Muitas das grandes organizações que admitem um novo líder limitam-se a assinar a papelada e a pô-lo a trabalhar. Se tudo correr bem, excelente. Se as coisas não correrem bem, despedem-no. Por contraste, os principais líderes da GE reconheciam que qualquer forasteiro que se juntasse à cultura altamente institucionalizada e agregada da empresa necessitaria de forte apoio, e estavam abertos a que esse recém-chegado desafiasse vacas sagradas. Quando admitiram Omar Ishrak pelo seu conhecimento especializado do setor do ultrassom, todo o sistema se pôs em movimento para inseri-lo na cultura da GE, formando-o e ensinando-o nas práticas e culturas da GE – em suma, fazendo tudo o que fosse necessário para replicarem uma experiência de carreira da GE, incluindo a construção da intimidade e da confiança o mais depressa possível.

PREENCHER UMA LACUNA NA LIDERANÇA

Em meados dos anos 90, a GE Medical Systems tinha um problema. De uma forma geral, este setor de negócios tinha um dos melhores desempenhos da empresa. As suas unidades de raios-x, ressonâncias magnéticas e TAC – chamadas «modalidades» no jargão da Medical Systems – lideravam as respetivas indústrias, preenchendo assim os requisitos exigidos por Jack Welch, segundo os quais qualquer negócio devia ser número um ou número dois no seu setor, ou então deveria ser reestruturado, fechado ou vendido. No entanto, uma das modalidades, a Ultrasound, estava a arrastar-se e encontrava-se muito abaixo dos principais concorrentes da indústria. A maioria dos líderes da GE que tentou resolver o problema era composta por altos funcionários licenciados, com elevado potencial, que haviam recebido formação intensiva em finanças e liderança. Normalmente, concluíam os seus programas de formação e passavam rapidamente para uma série de missões desafiadoras de gestão. Mas a Ultrasound confundia-os a todos; apesar do talento e formação destes gestores, a especialização específica deste ramo de negócio estava fora do alcance dos seus conhecimentos. Após algumas tentativas falhadas, a GE decidiu que necessitava de um perito em tecnologia de ultrassons, alguém conhecido na indústria. Chegara a altura de procurar, fora da empresa, a pessoa certa.

Omar Ishrak, que trabalhava então na Diasonics, um pequeno fabricante de máquinas de ultrassons na área da baía de São Francisco, tinha um conhecimento profundo da sua indústria e era tanto tecnólogo como homem de negócios – um especialista técnico que era capaz de falar em termos não técnicos –, e tinha uma personalidade de vencedor. Acima de tudo, era movido por um sentido apaixonado de finalidade: queria construir a maior empresa de ultrassons do mundo.

A paixão de Ishrak tornou-o um candidato invulgar. Ao contrário da maioria dos forasteiros contratados, que estavam mais interessados em subir rapidamente e em ficar com o cargo do chefe, Ishrak concentrava-se no próprio negócio. «Quão séria é a intenção da GE de tornar a Ultrasound a principal empresa da indústria?», perguntou ele. «É que, se quiserem fazer isso, temos muito trabalho pela frente e necessitaremos de muito apoio vosso.»

No entanto, tinha algum receio de se juntar a uma empresa gigante. Já havia trabalhado para uma empresa deste género e achara-a demasiado burocrática e não suficientemente empenhada na indústria dos ultrassons. Contudo, percebeu que as intenções da GE eram muito sérias e recebeu garantias de que o deixariam fazer o seu trabalho como bem entendesse. «Jack Welch e a equipa de gestão em geral foram claros quanto ao facto de que eu iria ser contratado com carta branca para fazer tudo o que achasse necessário», diz Ishrak.

FALAR CLARAMENTE

Ainda antes de começar, Ishrak sabia o que estava mal na GE Ultrasound e exprimiu claramente o que pensava. Os produtos eram demasiado caros, com muitas características desnecessárias, e a equipa de vendas da Medical

Systems não sabia como vendê-los. Vender aparelhos de raios-x, de TAC e de ressonâncias magnéticas implicava geralmente trazer um cliente para lhe mostrar como funcionavam. Na Ultrasound, era diferente. As empresas especializadas em equipamento de ultrassons levavam os aparelhos aos clientes e, frequentemente, envolviam-se numa competição direta. «Levamos o sistema a um sítio e fazemos uma demonstração, que é confrontada com a de um concorrente: usamos a nossa tecnologia num paciente e a concorrência usa a sua noutro paciente, e a comparação confere grande dramatismo ao evento», explica Ishrak. «As pessoas usam a psicologia e é um dia intenso. No entanto, a GE esperava levar os clientes a Milwaukee, mostrar-lhes a máquina e receber uma encomenda, o que não ocorria na realidade. Os vendedores eram rapidamente ultrapassados. As empresas especializadas em ultrassons eram muito mais hábeis.»

«Os elementos básicos estavam lá todos, mas não eram usados da forma correta e não eram apontados numa direção que podia inverter o mercado. Tinha a ideia de que antes havia comissões e reuniões de pessoas e ninguém tinha realmente certezas; alguém queria fazer um estudo de mercado, alguém queria fazer isto ou aquilo, e ninguém fazia nada. Não hesitei e disse: "É isto que temos de fazer e é assim que se faz."» Tratava-se de uma crítica ousada de um recém-chegado, mas as pessoas ouviram com respeito. «Parecia que toda a gente estava à espera de alguém que dissesse aquilo. E deram-me apoio total.»

Durante os primeiros seis meses na GE, os colegas de Ishrak na Medical Systems providenciaram uma importante rede de apoio. «No início, sentia-me um tanto perdido nesta grande estrutura, mas percebi rapidamente que podia aprender imenso com as outras modalidades, incluindo o facto de estas serem tão boas. A CT Scan, por exemplo, era um negócio que rendia 600 milhões de dólares, enquanto a Ultrasound era um negócio de 130 milhões de dólares e estava a perder dinheiro. Para mim, era óbvio que tinha de perceber a razão do êxito desses negócios. E quando falei com eles e lhes fiz perguntas, os meus colegas foram amigáveis e solícitos, e explicaram-me os seus negócios. Todos foram muito prestáveis, queriam realmente que eu fosse bem sucedido e deram-me conselhos muito bons.»

Tinha também um bom mentor na pessoa de John Trani, diretor executivo da Ultrasound, que ajudou Ishrak a aperfeiçoar os conhecimentos de finanças, redução de custos e produtividade. Trani reparou que Ishrak era excelente no desenvolvimento de produtos. Aquilo que tinha de aprender era como tornar a Ultrasound rentável, compreender o plano multianual do produto e como evoluiria ao longo do tempo. A sua perspicácia para o negócio desenvolveu-se rapidamente.

Com a sua franqueza total, o desenvolvimento e a reiteração constantes, a cultura da GE requer uma certa habituação. Quando Ishrak se iniciou nos processos administrativos e sociais, incluindo as rigorosas sessões de análise da GE, Trani ensinou-o a trabalhar no sistema. «Ir a uma reunião com Jack Welch ou a uma análise de estratégia ou de operações é como ir a um jogo do campeonato e é bom que esteja preparado», explicou Trani. «Nunca é um encontro amoroso e, por vezes, pode até haver uma guerra. E tem de aprender coisas, e pôr as coisas num contexto no qual pode nunca antes ter pensado. Com o tempo, Omar aprendeu a desenvolver o seu jogo.»

Uma coisa aparentemente simples era o domínio da linguagem empresarial da GE. «Eu tinha muitas ideias, que estavam provavelmente certas, mas não sabia como comunicá-las na linguagem da GE. Sabia o que tínhamos de fazer, mas John ajudou-me a enquadrar isso na linguagem correta. Não era muito fácil perceber o jargão. A linguagem fornecia um contexto empresarial e uma visão sistemática de como as iniciativas podiam ser empreendidas, e, para mim, isso tornou-se claro.»

O rigor dos processos da GE funcionou bem para Ishrak, cujas ideias naturais e pessoais sobre a gestão do negócio se ajustavam à forma como a GE operava. Ishrak diz: «Era extremamente proveitoso assistir a várias reuniões e fazer parte dos mecanismos operativos uma vez por trimestre, uma vez por mês, e ouvir como as outras unidades funcionavam, receber as reações de John e as perguntas que me faziam quando eu fazia apresentações. Acabei por assimilar este casamento entre o conhecimento profundo da indústria e a disciplina do processo.»

A frequência de um curso de quatro semanas sobre desenvolvimento executivo, em Crotonville, deu a Ishrak a oportunidade de construir relações fora do setor médico e de perceber a dimensão da GE. Neste curso, fazia parte de uma equipa cujos membros vinham de diversos setores da GE. Encarregada de fazer um projeto que seria depois apresentado a Welch, a equipa viajou a vários sítios da GE. Ishrak afirma que essa experiência aumentou o seu conhecimento da empresa e o ajudou a «perceber o quão sistemática era a GE».

No entanto, o apoio vindo do topo foi fundamental para uma pessoa com planos ambiciosos que desafiam o *status quo*. Na primeira reunião de análise em que Ishrak participou, juntamente com os líderes do setor médico e da GE, Welch pôs-lhe o braço no ombro e disse: «Quero apresentar-vos o meu amigo Omar.» A mensagem não se perdeu e Welch reforçou-a durante algum tempo, noutras reuniões, ao pedir a opinião de Ishrak sobre vários assuntos. Welch também desafiava Ishrak. «Nas suas análises, fazia-me perguntas contundentes a que eu tinha inicialmente dificuldade em responder. Coisas como: "Está a olhar corretamente para o custo? Está a dar ao seu chefe de vendas uma equipa de vendas dedicada? É o que ele quer."»

DESAFIAR O SISTEMA

Não foi preciso muito tempo para que Ishrak fizesse a diferença na Ultrasound. «Quase duas semanas depois de ter entrado, eu já sabia quais eram as cinco coisas principais que tinham de ser feitas. Seriam necessários dois ou três anos para reduzir os custos e otimizar os nossos produtos, mas, entretanto, tínhamos produtos fortes no Japão e na Índia. Eram produtos muito bons e cobiçados por todos. Contudo, em Milwaukee, o fascínio recaía sobre um produto construído nos Estados Unidos, que, na verdade, era demasiado caro e devia ser otimizado.»

«O produto japonês era muito bom. Reconheci imediatamente o seu valor, otimizei-o um pouco e comecei a vendê-lo de forma agressiva em todo o mundo. Isto causou crescimento e lucros imediatos na empresa. Em seguida, procedi a mais otimizações e vendi-o também nos Estados Unidos, o que perturbou um pouco o mercado, mas que nos ajudou», afirmou ele com a sua ironia habitual. No fim do seu primeiro ano na empresa, a Ultrasound apresentava resultados positivos, e era a primeira vez, em vários anos, que ganhava dinheiro.

A segunda grande oportunidade demorou mais tempo e dependeu em grande medida do apoio de Welch e de Immelt, que adquiriram a Medical Systems em 1996. Tratou-se de uma reestruturação completa da organização comercial. A Medical Systems tinha uma equipa de vendas que vendia todos os seus produtos, desde equipamentos de raios-x e ressonâncias magnéticas a aparelhos de ultrassons, mas os vendedores não aplicavam grande esforço nos produtos da Ultrasound: não eram muito populares e a proposta de venda era difícil de entender. Graças à sua experiência na Diasonics, Ishrak sabia que os clientes de equipamentos de ultrassons estavam habituados a vendedores de empresas de nicho, com conhecimentos profundos e especializados.

4 · COMO A INTIMIDADE COMPENSA

Ishrak desejava criar uma equipa de vendas separada ou paralela, constituída pelas melhores pessoas com talentos especializados que pudesse encontrar em cada país. Além disso, queria coordenar os esforços destas equipas de vendas em todo o mundo. «Queria que a Ultrasound fosse um negócio muito focado, com vendedores e departamentos comerciais dedicados, para competir com as empresas especializadas no setor», diz ele. «Precisávamos de posicionar corretamente os produtos e de pôr a equipa japonesa, em particular, bem como as equipas da Coreia, da Índia e dos Estados Unidos, a trabalharem juntas para olharem em paralelo para o mercado global, ao contrário de uma abordagem centrada nos Estados Unidos.»

No entanto, a ideia de um departamento comercial paralelo enfrentou resistência interna. Desafiava a base sobre a qual se organizavam as outras modalidades de cuidados de saúde e que obtiveram grande êxito. Tinham um departamento comercial centralizado, que apoiava as economias de escala e mostrava um rosto ao cliente. O modelo de Ishrak consistia em abandonar as economias de escala em proveito da atribuição de maior flexibilidade aos gestores locais da Ultrasound. Considerava que a velocidade e a capacidade de reação desses gestores iriam expandir a distribuição e aumentar as receitas.

Welch apoiou aquilo que Ishrak tentava fazer. Ishrak afirma: «Percebeu a ideia, mesmo sem me dizer nada, e apoiou-me realmente. Só mais tarde é que percebi como ele me ajudou.» O mesmo fez Immelt, com a sua experiência em vendas. «Jeff ajudou-me muitíssimo: em primeiro lugar, ao encorajar-me e ao validar o facto de se tratar da estratégia certa; em segundo, com uma boa estrutura organizacional e, em terceiro, ao pressionar toda a empresa para procurar os talentos certos em todo o mundo e levá-los a responderem-me diretamente.» Foi fundamental, pois, normalmente, os líderes locais não contratavam pessoas que podiam ser seus concorrentes, que tinham estatuto igual e que, por vezes, ganhavam mais do que eles. «Para serem contratados, foram necessários o encorajamento e a intervenção de Jeff. Ele próprio fez chamadas convincentes a muitas das pessoas que queria contratar.»

De facto, o departamento comercial paralelo seria um golpe estratégico. Agora, a GE podia não só ultrapassar os concorrentes, como também rivalizar com a agilidade dos pequenos concorrentes e superá-los com a artilharia pesada que estes não tinham. «Usaríamos o poder financeiro da GE e ascenderíamos inteligentemente no mercado global,

MESTRES DO TALENTO

em conformidade com uma visão rigorosa da indústria dos ultrassons», diz Ishrak. «Podíamos executar o que planeávamos e, ao mesmo tempo, exercitávamo-nos, em vez de estarmos às cegas a experimentar coisas novas e a investir nelas. Era uma estratégia muito rigorosa, e não teria sido possível sem o apoio de Jeff Immelt, especialmente a nível global, pois ninguém o teria feito sozinho.»

Ishrak comparava a sua situação na GE com os seus concorrentes em operações muito mais pequenas de fabrico de equipamento de ultrassons. Um concorrente tão pequeno a tentar criar uma organização de distribuição na China enfrentaria todo o tipo de obstáculos, incluindo a falta de conhecimento sobre o ambiente cultural e legal e o facto de não saber em quem confiar.

«Na GE, eu podia ir à China e ter um exército de pessoas e um gabinete à minha disposição», exclama Ishrak. «Sabia quais eram os bons ou maus distribuidores e como avaliá-los. Tinha uma equipa de advogados que me resolvia rapidamente os problemas. Podia arranjar uma solução e depois ter ajuda da equipa local para a aplicar, confiante de que não estávamos a fazer nada de mal. Uma empresa pequena nunca pode fazer isto. Reconhecer esse aspeto e apoiá-lo, sem perder a perícia nos ultrassons, foi realmente a chave do êxito.»

No terceiro ano de Ishrak no cargo, as receitas da Ultrasound haviam mais que duplicado para 300 milhões de dólares.

APRENDER COM UM MESTRE

Enquanto o interesse de Ishrak passava do aperfeiçoamento dos produtos para a construção da sua organização comercial paralela, a habilidade de Immelt nas vendas e no *marketing* tornou-se para ele cada vez mais importante. Immelt podia ajudar a Ultrasound ao nível estratégico e ao nível do terreno. «Havia sempre pressão», recorda Ishrak. «Faziam sempre as mesmas perguntas: "Por que motivo temos três equipas de engenharia? Junte todas numa e poupará dinheiro." Ou: "Porque tem esta pequena filial na Índia?" Eu respondia: "Preciso de engenheiros perto do mercado indiano." Mas eles replicavam: "Não vale a pena, sabe. Junte-os em Milwaukee e poupará um dinheirão."»

«Jeff ajudou-me a resistir. Compreendeu o problema, era muito intuitivo sobre isso e tinha um sentido apurado de como apresentar estas

4 · COMO A INTIMIDADE COMPENSA

questões na GE. Ajudou-me a articular como a duplicação providenciava velocidade e como esta providenciava margem, e isso daria mais dinheiro e mais alavancagem do que a mera redução de custos. Ajudou-me a otimizar a equação sobre quando reduzir custos e quando duplicar e ganhar velocidade.»

Immelt tinha muito a ensinar sobre vendas, e fê-lo passando tempo com o seu protegido. Parte do ensino mais intensivo decorria daquilo a que Ishrak chama «o tempo informal» passado a observar Immelt na linha da frente. «Immelt passava dois dias por ano comigo no terreno. Pode não parecer muito, mas, se levarmos em conta o tempo que ele tinha, é bastante – dois dias por ano dedicados a mim e à equipa de vendas.»

«Corríamos os Estados Unidos e visitávamos os clientes. Muitos dos ensinamentos vieram apenas de observá-lo enquanto averiguava como corria o negócio, não tanto em avaliações, mas de maneira mais informal: "Como funciona isto? Que querem estes clientes? Quais são as suas diferenças? Como funciona o processo de vendas? Como decorreu a demonstração?" Via a interação a funcionar, a ligação entre a equipa de vendas no terreno, o diretor executivo da empresa a falar confortavelmente com um técnico a fazer uma demonstração. E Jeff aparecia sempre com novas ideias. Estava sempre a pensar em como podia a GE fazer alguma coisa que os outros não pudessem.»

Ishrak também visitava os clientes com Immelt. «Costumávamos visitar oito ou nove clientes em várias cidades, uma variedade de clientes, diversos tipos de disciplinas, falar com os utilizadores, com os técnicos de ultrassonografia e até com o diretor executivo do hospital. Para mim, já era muito bom observá-lo nessas conversas e aprender com ele. Desde então que eu próprio faço o mesmo nos Estados Unidos e no resto do mundo, um misto de ligação aos funcionários, aos vendedores e aos clientes. E, ao mesmo tempo, providenciava valor, porque eu podia fazer coisas que percebia que os vendedores locais não eram capazes de fazer. Portanto, isso foi muito importante.»

Os administradores da GE são conhecidos pela capacidade de resumirem a essência de uma proposta numa única página, e Immelt treinou Ishrak nessa capacidade. «Deu-me grandes conselhos sobre como simplificar um caso e apresentar um conceito através de quatro pontos simples, com seis palavras cada um. Apresentava três ou quatro frases pequenas, que captavam realmente a essência daquilo que tentava dizer, e depois podíamos falar sobre isso.»

MESTRES DO TALENTO

Aquilo a que se pode chamar a aprendizagem de Ishrak na GE prolongou-se por quatro anos, durante os quais a Ultrasound passou de uma situação em que não ganhava quase nada para gerar receitas e lucros significativos. «Depois, a empresa pôde aguentar-se sozinha e tornei-me muito mais forte enquanto líder», diz ele. «Compreendia a GE e sabia como me adaptar confortavelmente ao sistema.»

Assim parece. O homem que não procurava promoções foi nomeado vice-presidente e administrador da GE em 1999 e, em 2005, tornou-se presidente da Clinical Systems. A Healthcare Systems, cuja direção assumiu em 2009, é um negócio de 12 mil milhões de dólares cuja missão consiste em desenvolver tecnologias inovadoras que aumentem o desempenho clínico e tornem os cuidados de saúde acessíveis a mais pessoas em todo o mundo. Em 2007, Ishrak foi admitido no elitista Conselho Executivo da GE, presidido por Immelt, que reúne trimestralmente os principais 40 líderes da empresa em Crotonville, para discutirem as operações e estratégias gerais da GE. É escusado dizer que até a mais robusta empresa mestre de talentos deve estar sempre a equilibrar os melhores talentos da casa com os melhores talentos de classe mundial, seja qual for a sua proveniência.

CONCLUSÕES

O poder da intimidade. Os líderes da GE esforçam-se sempre por encontrar o verdadeiro talento e potencial de uma pessoa. Na cultura da intimidade e da confiança, podem investigar as causas profundas do desempenho, bom ou mau, e aperfeiçoar os seus juízos ao compararem observações. Welch, Immelt e Conaty sabiam qual seria o ponto fraco de Jim Campbell na direção do setor dos aparelhos elétricos, e quando Dick Segalini afirmou que se certificaria de que Campbell teria êxito no setor operativo, a sua promessa foi cumprida. Mark Little permaneceu na empresa, apesar de uma mudança dececionante de cargo, porque acreditou nas promessas de Welch e Conaty; estes convenceram Little a ficar porque o conheciam suficientemente bem para confiarem no seu talento potencial. Omar Ishrak aprendeu rapidamente que podia confiar nos colegas e nos superiores que conheciam os seus pontos fortes para o ajudaram, ainda que as suas ideias desafiassem algumas crenças e alguns modelos de negócio bem enraizados.

O **poder dos processos sociais.** A gestão do talento decorre dos processos sociais da GE – ou seja, das discussões formais e informais nas quais os líderes apelam à franqueza e ao rigor e ligam as pessoas aos números. Os mestres utilizam os processos sociais para tornarem o negócio e o talento um círculo contínuo, usando os resultados de uma avaliação como premissas de outra, e para se concentrarem no talento entre as reuniões formais. Ao longo do tempo, os líderes acumulam observações através de várias perspetivas e testam os seus juízos. Este conhecimento profundo dá-lhes confiança para agirem de forma decisiva quando é necessária rapidez, como fez a GE quando Larry Johnston e, mais tarde, Dave Calhoun se demitiram, ou para afastarem líderes que já não se integram.

Intensidade do desenvolvimento do talento. Os líderes da GE consideram que um aspeto importante das suas funções consiste em desenvolver o talento de outras pessoas. Dedicam a essa tarefa tempo e energia mental com regularidade e não apenas ocasionalmente. Fazem críticas francas e construtivas em momentos oportunos, concentram-se nos aspetos positivos de uma pessoa e tentam perceber como a poderão desenvolver. As nomeações são cuidadosamente feitas no sentido de reforçarem e desenvolverem o talento, e as pessoas são frequentemente transferidas entre áreas de negócio a fim de enfrentarem novos desafios. O resultado é uma reserva enorme de líderes preparados para ocuparem cargos em vários setores da empresa.

Aprendizagem contínua. Os líderes da GE devem continuar a crescer. Apesar da sua ênfase na aprendizagem pela experiência, a GE despende recursos consideráveis para fornecer outros tipos de estímulos. Os líderes são expostos a outros líderes fortes alheios à empresa e a líderes superiores da empresa em Crotonville, com a finalidade de alargarem as suas perspetivas e de aprofundarem a sua compreensão do negócio e do seu contexto externo. Os líderes devem criar e seguir um plano anual para o seu próprio desenvolvimento.

Percebe-se facilmente por que é a GE tão imitada: é um modelo de gestão geral de talento. No entanto, observe-se que não digo que é *o* modelo. Dos muitos modelos de êxito existentes, nenhum é mais diferente que o da Hindustan Unilever, que será o tema o próximo capítulo.

PARTE 2

A ESPECIALIDADE DOS MESTRES DO TALENTO

Embora os mestres do talento partilhem princípios básicos e elementos fundamentais, cada qual tem a sua própria ênfase e, em certos casos, até as suas próprias ferramentas e técnicas. Cada um dos quatros capítulos seguintes levará o leitor ao interior de uma empresa cujas práticas consideramos invulgares e úteis. A maioria destas empresas já desenvolve há muito a sua mestria do talento. Adquiriram vários níveis de reconhecimento por aquilo que fizeram, mas, de uma forma geral, quem está no lado de fora não compreende claramente as suas abordagens específicas.

A Hindustan Unilever (HUL), a Procter & Gamble (P&G), a Agilent Technologies e a Novartis destacam-se pela forma como moldam tipos específicos de gestores: líderes com um empenho singularmente intenso no desenvolvimento de outros líderes na HUL; líderes globais com profundo conhecimento dos consumidores na P&G; diretores-gerais com grande experiência técnica na Agilent. O vasto leque de práticas destas empresas pode gerar ideias válidas para a sua própria busca da mestria do talento – por exemplo, o «livro de contactos do estagiário de gestão» que a HUL utiliza para acelerar o desenvolvimento do talento. No entanto, devemos ter em mente que os princípios são mais importantes do que os mecanismos: o rigor, a disciplina e a franqueza constituem a base da mestria do talento.

Capítulo 5

Construir uma via de talento até ao topo. Hindustan Unilever: a aprendizagem começa logo no primeiro dia

A menos que o conheçamos de vista, não imaginaríamos que o homem de negócios pequeno e ativo que está sentado ao nosso lado num restaurante de Salem, uma pequena cidade do sul da Índia, é alguém digno de nota. Ouve atentamente um jovem gestor a descrever o seu trabalho recente. Pelo pouco que percebemos, podemos inferir que o jovem gestor está há pouco tempo no cargo. A conversa é cordial, mas intensa. O executivo mais velho ouve com atenção e, frequentemente, faz perguntas incisivas. Por vezes, parece satisfeito com a resposta. Noutras, dá conselhos ou pede mais informações, inquirindo com a madura familiaridade de um experiente homem de negócios. Quando acabamos de comer e saímos, os dois homens continuam a sua franca conversa.

Contudo, se tivéssemos reconhecido o homem de negócios, poderíamos perguntar o que Nitin Paranjpe – diretor executivo da poderosa Hindustan Unilever (HUL), subsidiária indiana da Unilever avaliada em 3,5 mil milhões de dólares, e uma contribuinte cada vez mais importante para a sua estratégia e êxito globais – estaria a fazer neste local afastado e a falar com um jovem. No entanto, é algo que Paranjpe faz cinco ou seis vezes por mês: visita jovens gerentes comerciais, muitos deles estagiários que são os futuros líderes da HUL no terreno. O mesmo fazem os outros diretores da

HUL, que despendem entre 30% e 40% do tempo a «criar líderes», como dizem, para enfrentarem os desafios futuros da empresa.

«Enquanto presidente do conselho de administração, costumava ir praticamente a todos os programas de iniciação ao estágio de gestão e passava lá uma tarde», diz Vindi Banga, presidente do conselho de administração da HUL entre 2000 e 2005 e, até recentemente, membro do conselho executivo global da Unilever e agora sócio da firma de participações privadas CDR. «Costumava também ir muitas vezes ao terreno, por duas razões. Em primeiro lugar, não há maneira melhor de saber o que se passa na empresa do que falar com os clientes. Em segundo, conhecia muitos dos gestores comerciais estagiários. Os diretores têm de fintar a hierarquia para interagir com os funcionários mais jovens, quer nos seus cargos, quer nos programas de formação.» Paranjpe continua a tradição.

Não conhecemos mais nenhuma empresa que recrute e forme as pessoas logo a partir do primeiro dia com o objetivo específico de ajudar os líderes a alcançarem os mais elevados níveis. E em mais nenhuma empresa os administradores trabalham tão diretamente com esses líderes em ascensão. A HUL acredita que esta é a forma mais importante de construir e de sustentar uma organização, de a renovar constantemente com energia fresca, perspetiva, capacidade e criatividade. «Não há melhor investimento do que melhorar a qualidade dos nossos líderes futuros», diz Banga.

A maioria das empresas procura licenciados brilhantes, põe-nos a trabalhar o tempo suficiente para que demonstrem as suas capacidades e, depois, testa os mais promissores em cargos de liderança. Trata-se de um desperdício de tempo de desenvolvimento insubstituível para aqueles que têm potencial. Tal como os primeiros três anos são fundamentais para o desenvolvimento de uma criança, os primeiros três anos de uma carreira são fundamentais para o desenvolvimento de um líder. A HUL acredita que os líderes nascem e não se fazem; vê a liderança como uma competência específica que pode identificar e desenvolver desde o início. O Dr. A. S. Ganguly, que dirigiu a empresa nos anos 80, costumava dizer aos jornalistas e aos rivais que se maravilhavam com a excelência consistente da liderança da empresa: «Não se pode fazer líderes. Tudo o que podemos fazer é procurar, encontrar e aperfeiçoar líderes.» Quando as pessoas têm vinte e poucos anos, mostram sinais visíveis – ou subtis – do seu potencial de liderança. A HUL despreza esses sinais. Ao longo das décadas, desenvolveu técnicas para identificar e desenvolver o talento natural para a liderança com uma ênfase dupla nas qualidades que descreve como o *quê* e o *como* da liderança. O *quê* da liderança consiste em desempenhar as tarefas. O *como* consiste em agir de maneira a que outros admirem e desejem seguir essa ação. A HUL quer que os seus líderes tenham ambas as qualidades em abundância.

Começando nos primeiros três anos críticos, insere os líderes promissores numa via especial de desenvolvimento que vai até ao topo. Das cerca de 900 pessoas que contrata anualmente para todos os níveis, os mais importantes para o seu futuro a longo prazo são os 35 ou 50 jovens recrutados para frequentarem o programa Business Leadership Training (BLT). A diferença entre os líderes futuros e os outros recrutados, diz Paranjpe, é que «não recrutamos esses líderes potenciais para o primeiro ou segundo cargo que ocuparão. Recrutamo-los tendo em vista o facto de possuírem a capacidade intelectual e a capacidade de liderança para chegarem ao topo ou, pelo menos, lá perto.»

A HUL torna os administradores responsáveis, individual e coletivamente, pela identificação e desenvolvimento desses líderes de elevado potencial a partir do momento em que são recrutados. Um departamento de recursos humanos sofisticado e competente apoia o processo, mas este é dirigido pela administração. Os recursos humanos e os administradores da HUL investem três dias e meio por ano por cada estagiário de gestão. Esta atenção não é dada às custas da concretização dos objetivos da empresa. Pelo contrário, orientar e formar expande a capacidade de liderança, aumenta o desempenho em todos os níveis da organização e melhora as transições de liderança. Em consequência, os administradores têm menos fogos para apagar. O círculo vicioso da aprendizagem e da orientação constrói e renova continuamente o músculo organizacional à medida que as gerações sucessivas de líderes progridem da aprendizagem para a orientação.

Algum deste tempo é passado com recém-licenciados que ainda nem foram contratados. Esta responsabilidade, segundo Paranjpe, «é demasiado importante para ser delegada a subordinados». O recrutamento é a fase mais crítica do processo de gestão de talento, e os administradores mais velhos, com toda a sua experiência, inteligência e capacidade cognitiva, estão melhor equipados para identificarem o talento de liderança quando o veem.

MESTRES DO TALENTO

RECRUTAR NOVOS TALENTOS

A competição por licenciados das escolas de gestão de elite e dos institutos técnicos da Índia é de tal forma intensa que muitas empresas não conseguem garantir um lugar no *campus* nos dias de recrutamento, quando os estudantes andam de sala em sala a reunir-se com os representantes das principais empresas da Índia e com as divisões indianas das grandes multinacionais. Enquanto outras empresas de topo oferecem empregos imediatos aos estudantes com boas notas, a HUL demora-se a analisá-los. Seleciona em três fases os candidatos aos estágios de gestão – discussão de grupo, entrevista preliminar e entrevista final –, todas com caráter eliminatório. No entanto, a mestria do desenvolvimento de liderança da HUL deu-lhe uma extraordinária vantagem competitiva no recrutamento dos melhores licenciados em gestão da Índia, muitos dos quais lhe chamam «a empresa de sonho para trabalhar». Quem procura emprego só tem de entrar no *website* da HUL para ver que o seu diretor executivo e os membros do seu conselho de administração ascenderam rapidamente: todos eles estão ainda na casa dos quarenta.

A HUL aperfeiçoou uma ferramenta poderosa e original para avaliar candidatos. Reúne vários candidatos com gestores dos recursos humanos e outros administradores para discutirem em grupo uma questão específica relacionada com a empresa. Trata-se de uma inovação singular na nossa experiência. As discussões revelam se os indivíduos «têm tudo o que é preciso» – não só as aptidões funcionais, mas também a capacidade de julgar, a integridade e o temperamento requeridos para tomarem boas decisões e construírem e manterem relações. Em particular, dão ênfase ao modo de resolução de problemas que os outros poderão admirar e desejarão seguir.

Para se compreender como tudo funciona, imagine que é um estudante brilhante e de êxito do último ano de um MBA interessado em trabalhar na HUL. Entrou na lista de finalistas (após um escrutínio rigoroso do seu extenso questionário) e foi convidado para participar numa discussão de grupo, de cerca de uma hora de duração, com outros que podem ser amigos ou rivais. Não deixa de pensar que a discussão será avaliada como um debate e que se espera que marque pontos contra os outros estudantes. Quer triunfar sobre todos eles na corrida a um bom emprego, mas, ao mesmo tempo, não deseja perder os amigos por causa disso e quer continuar a falar com toda a gente.

5 · CONSTRUIR UMA VIA DE TALENTO ATÉ AO TOPO

Quando se senta na sala de seminários, pergunta-se se não deveria ter aceitado a oferta de trabalho imediato de uma grande firma de consultadoria que lhe foi feita nessa manhã após uma breve entrevista. Mesmo que fique com o emprego na HUL, passará por um período de formação que pode prolongar-se de 15 a 18 meses, mais tempo do que em qualquer outro lado.

Um homem bem vestido, com cerca de 40 anos, entra na sala e senta-se. Entram depois outro homem e uma mulher. Todos parecem muito próximos e desfrutar de um estatuto elevado. Não sabe bem explicar, mas há qualquer coisa na linguagem corporal dessas pessoas. O quarentão dirige a reunião. Dá as boas-vindas a todos e apresenta-se a si próprio e aos seus colegas. Tem razão quanto ao estatuto deles – o homem é o subdiretor dos recursos humanos. Os outros são altos administradores do departamento comercial e do departamento de *marketing*.

Não há tempo agora para pensar nisso. O dirigente dá início à reunião e afirma: «Nunca perdemos uma oportunidade de aprender com as melhores mentes jovens. Todos vocês têm uma excelente formação e portaram-se extremamente bem nos vossos estudos. Por conseguinte, gostaríamos de vos falar sobre um desafio atual na nossa empresa e obter as vossas reações e sugestões. Trata-se do mercado de pastas dentífricas em Bombaim e noutras grandes áreas urbanas. Como podemos aumentar a quota de mercado da *Pepsodent* neste ambiente comercial muito competitivo?»

Antes de dar por isso, já está a olhar para um *slide* que resume o mercado de pastas dentífricas e a tentar pensar numa boa resposta. Lembra-se dos conceitos das aulas de *marketing*, mas não tem ideia de como aplicá-los a este problema. O coração começa a bater mais depressa enquanto põe o cérebro a trabalhar. O *slide* mostra um forte uso da pasta dentífrica pela classe média e pelos consumidores abastados. Como convencer mais pessoas a usarem *Pepsodent*? Começa a seguir esta linha de pensamento, mas vê também que o quadro mostra um uso relativamente pequeno, mas crescente, da pasta dentífrica pelos consumidores de baixos rendimentos, que constituem a maioria da população. Vem-lhe à cabeça o lema da HUL, «Doing well by doing good». O lema não fazia parte da apresentação, mas se um maior número de pessoas da vulgar classe operária desenvolvesse o hábito de lavar os dentes com pasta dentífrica, poderia ser uma situação claramente vencedora para eles, para a Índia e para a HUL. No entanto, como fazer isso e como pôr a *Pepsodent* no centro de tudo? Estaria a HUL disposta a oferecer uma grande quantidade do produto para semear o mercado?

O breve período de reflexão termina e o diretor dos recursos humanos quer respostas. Deverá apresentar a sua ideia vaga antes que alguém fale? Demasiado tarde. Outro candidato começa a falar, com autoridade, sobre publicidade urbana e custos por milhar de impressões. É um discurso muito bom. Olha para os executivos de *marketing*. Não há reação. Esta gente é fria como gelo.

O líder dos recursos humanos diz: «Muito bem, obrigado. Que mais ideias têm?» Começa a sentir-se menos confiante e pensa se não deveria pensar em ideias específicas para uma campanha de educação de lavagem dos dentes antes de falar. O líder dos recursos humanos olha em redor da sala, mas toda a gente parece um pouco intimidada. Exceto o candidato que falou em primeiro lugar; está ansioso por falar mais.

Bem, pensa você, é agora ou nunca. Respira fundo, capta a atenção do líder dos recursos humanos e explica a sua ideia. Pelo canto do olho, vê os dois executivos de *marketing* a trocarem olhares. Será um sinal de aprovação? Não pode concentrar-se nisso; outro candidato sugere uma forma de convencer os grupos comunitários e de caridade a participarem na campanha. O resto dos 90 minutos passa tão rapidamente como o melhor seminário a que já assistiu. Sai da sala excitado, esperando que a HUL o selecione para a entrevista.

A qualidade das ideias e do estilo interpessoal dos candidatos revela-se claramente à medida que os líderes da HUL observam o desenrolar do debate. Esta pessoa fala muito, mas não diz nada. Aquela é realmente criativa; não tem a resposta, mas é capaz de abrir a mente dos outros. A outra só se interessa por si própria e não quer saber daquilo que os outros pensam. Outra pessoa mostra capacidade para criar consenso em torno da melhor solução. Os candidatos não podem evitar o desafio de mostrarem quem realmente são enquanto pessoas, e não podem fingir. Igualmente importante, o facto de haver vários gestores da HUL na sala garante que nada de importante, por muito fugaz que seja, passa despercebido ou é mal interpretado – um sorriso encorajador de um candidato para outro, uma expressão cabisbaixa, um sorriso de autossatisfação, uma expressão facial de condescendência.

Como diz Banga ao recordar a sua experiência de procura de emprego e já como administrador, «a discussão de grupo é uma oportunidade para ver como uma pessoa pensa sobre alguma questão e como interage com os outros. A pessoa domina a conversa? Há tendência para ser o primeiro a falar, que é uma característica importante, mostra iniciativa, mas apenas se

5 · CONSTRUIR UMA VIA DE TALENTO ATÉ AO TOPO

a pessoa tiver alguma coisa a dizer. O tom de voz também é importante. Foi demasiado dominador? Permitiu que outros também falassem? Raciocinava a partir daquilo que os outros diziam ou só queria exibir a sua esperteza?

«É muito importante a forma como os indivíduos constroem consenso e fomentam o trabalho de equipa. Dirigem as outras pessoas numa determinada direção? Ou será que as podem dirigir graças ao poder de argumentação? Igualmente importante, estarão dispostos a ser influenciados pela boa argumentação de outra pessoa? As pessoas que são individualmente brilhantes, mas que não conseguem trabalhar em equipa são afastadas.»

Os candidatos que sobrevivem à sangria após a discussão de grupo têm ainda de passar por duas rondas de entrevistas com quatro ou cinco administradores da HUL, incluindo executivos dos recursos humanos, um ou dois que respondem diretamente à comissão de gestão e um membro da própria comissão. Baseados numa avaliação de todos os dados sobre o candidato, em especial sobre o seu comportamento em termos de liderança durante a discussão de grupo, os executivos da HUL decidem quem dirige as várias linhas de inquérito. Para testar as capacidades funcionais, um gestor da HUL pode propor o tópico da discussão de grupo ou introduzir uma questão similar. Para explorar as capacidades de liderança e o estilo interpessoal, outros gestores podem inquirir o candidato sobre a sua ação mais significativa ou sobre a sua posição em relação a certos aspetos da discussão de grupo.

A entrevista final inclui pôr o candidato sob pressão. Os entrevistadores introduzem um tema para verem se há alguma coisa a que o candidato seja sensível, testando a sua maturidade. Nesta fase, a questão mais importante é saber se o candidato possui os valores certos para se integrar na cultura da empresa. «Procuramos consistência nas respostas e honestidade intelectual», diz Banga. «Procuramos pessoas que não se limitem a dizer: "sim senhor, não senhor, como queira, senhor", pessoas que tenham convicções pessoais.»

Nas raras ocasiões em que a pressão do tempo não permite a realização de uma discussão de grupo, a HUL baseia-se em várias avaliações feitas pelos administradores durante as entrevistas.

Os membros da comissão de gestão tomam as decisões finais sobre as contratações, depois de estarem a par das observações realizadas por altos funcionários. Se já parece muito trabalho e despesa ter tanta gente envolvida no recrutamento – incluindo altos funcionários –, é muito pouco comparado com o custo cumulativo de uma má contratação. A HUL raramente faz uma oferta de emprego de que se possa arrepender.

APRENDER A PARTIR DE BAIXO

Antes de serem formalmente contratados, todos os futuros líderes têm de dar provas em ação. Alguns dos mais promissores vão frequentar um programa interno de formação durante o verão, onde poderão mostrar e desenvolver as suas aptidões ao lidarem com problemas da empresa. Paranjpe recorda o que aprendeu quando, em 1986, frequentou um desses cursos. «Passei dois meses nos distritos mais atrasados de Maharashtra a trabalhar com uma carrinha de vendas, a vender sabonetes de aldeia em aldeia. Pediram-me também para arranjar uma estratégia para aumentar o alcance rural a um custo reduzido.» A combinação do trabalho diário na linha da frente com o estímulo intelectual de desenvolver a estratégia tornou esse verão uma experiência memorável, e deu a Paranjpe uma amostra das oportunidades de aprendizagem oferecidas pela HUL.

Todos os participantes do programa BLT passam por um período de formação que se prolonga de 15 a 18 meses. O programa acelera o desenvolvimento da carreira dos formandos através de uma série de períodos orientados por um tutor (um gestor experiente que analisa e avalia o progresso em cada período), um formador (um alto gestor na área funcional que serve de âncora durante todo o período de formação) e um mentor (um membro da comissão de gestão que, periodicamente, avalia os progressos). Cada período remete os líderes futuros para as frentes da batalha da empresa por vantagem competitiva e desafia-os a demonstrarem o valor em trabalhos exigentes.

As oportunidades de liderança surgem em «períodos cruciais» na área de especialização do futuro líder. Os «períodos interfuncionais» mostram como se interligam as várias áreas funcionais da empresa; um «período internacional», baseado nas operações globais da Unilever, dá-lhes experiência em culturas diferentes. Em seguida, há o período da «responsabilidade empresarial». Há várias décadas que a HUL envia todos os futuros líderes para trabalharem em zonas rurais da Índia. Banga, por exemplo, vendeu produtos em aldeias rurais no estado central indiano de Madhya Pradesh em 1977. Dez anos depois, Paranjpe fez o mesmo numa região remota do estado nortenho de Uttar Pradesh, perto da fronteira com o Nepal. Estas zonas rurais são excelentes cadinhos de aprendizagem e muito importantes para o futuro tanto da HUL como da Índia. 70% dos mil milhões de habitantes da Índia vivem em mais de 625 000 aldeias camponesas e, por isso, o desenvolvimento económico rural é uma grande prioridade nacional. A HUL criou o lema «Doing well by doing good», e melhorar a qualidade da vida rural, pelo maior acesso a bens de consumo, é uma forma de realizar esse lema. Outra forma é o Projeto Shakti («Força»), com o qual a HUL estende o financiamento de microcrédito, por meio de formação e de outros apoios, a aldeãs que queiram vender localmente os produtos da empresa. Muito popular e em crescimento, o programa conta agora com dezenas de milhar de empresárias, muitas delas analfabetas, em mais de 100 000 aldeias. A HUL contribui também com apoio financeiro e administrativo para pequenas empresas e projetos de infraestruturas através do seu programa de responsabilidade empresarial.

Na vertente da marca e do produto, o lançamento, em finais dos anos 80, do *Wheel*, um detergente de baixo preço, criou muitos consumidores fiéis da HUL entre as dezenas de milhão de mulheres de baixos rendimentos da Índia rural, que lavam a roupa à mão em lagos e rios e em baldes junto a poços e bombas de água, e que não têm condições para usarem outros produtos. A Unilever capitalizou a experiência da HUL na Índia rural para a sua estratégia de crescimento global. Mais de 50% do crescimento das vendas da Unilever decorre agora dos mercados em desenvolvimento e emergentes. Por último, fazer o bem na Índia rural tem uma enorme atração para os jovens que a HUL deseja recrutar como líderes futuros. Costumam vir de meios relativamente abastados, e ir viver e trabalhar em pobres aldeias rurais pode ser, para eles, um grande choque. No entanto, a grande maioria abraça com entusiasmo as missões, que geram um intenso espírito de união.

Para os futuros diretores executivos da HUL, Banga e Paranjpe, o tempo passado a trabalhar na Índia rural foi formativo. No seu período em Madhya Pradesh, após uma semana de formação com outros estagiários, Banga passou duas semanas atrás de um vendedor veterano para aprender os fundamentos. Em seguida, trabalhou sozinho num território desocupado durante oito semanas. Os gestores visitavam-no durante esse período para saberem como se estava a portar, mas, na maior parte do tempo, segundo ele, «geria o território de forma totalmente independente e havia objetivos específicos de vendas que eu tinha de cumprir». O passo seguinte foi trabalhar com um supervisor de vendas durante duas semanas, a observar o que ele fazia. Tornou-se depois supervisor de sete vendedores – durante mais oito semanas – e passou por vários períodos multifuncionais, nos quais lhe foram dados projetos analíticos e estratégicos para além das suas funções de gestão. Depois de tudo isto, foi-lhe conferida responsabilidade independente por uma área de vendas no leste da Índia, que cobre mercados urbanos e rurais.

Paranjpe, que seguiu mais ou menos o mesmo caminho dez anos depois, sublinha o valor de trabalhar a partir de baixo. «Vender sabonetes a lojistas em aldeias remotas dá-nos lições valiosas», diz ele. «Começamos a ouvir o mercado, adquirimos empatia com os problemas que os vendedores enfrentam. São lições que nenhuma escola de gestão nos pode dar.» As fases seguintes desenvolveram rapidamente as aptidões em gestão. «Gerir uma equipa de vendas de 500 ou 800 vendedores de aldeia confere-nos rapidamente uma grande responsabilidade de liderança», afirma ele. As contrapartes dos vendedores noutras áreas funcionais também têm oportunidades e desafios de liderança, quer a trabalharem com supervisores fabris, a implementarem um programa piloto para aumentar a produtividade, quer liderando equipas de tecnologias de informação e de projetos de financiamento.

FORMAR A PARTIR DO TOPO

Os líderes mais velhos aceleram as experiências de aprendizagem pela formação, avaliação e reação direta. Cada jovem líder tem um «Livro de Contactos do Estagiário de Gestão», no qual os gestores registam as suas impressões depois de visitarem o local de trabalho do estagiário. O livro passa a ser um registo escrito (agora eletrónico) do crescimento do jovem líder. Os líderes mais velhos podem ter de fazer viagens duras para acederem a alguns dos locais mais remotos, mas fazem-no de boa vontade, em parte porque eles próprios beneficiam pessoalmente com essas viagens.

Consideremos o exemplo de Banga, que passou oito semanas sozinho num território de vendas desocupado, após uma semana de orientação e de duas semanas a acompanhar um vendedor. «Várias pessoas vinham visitar-me: o supervisor de vendas, o diretor local de vendas, o diretor-geral comercial», recorda ele. «Quem me visitava tinha de deixar uma avaliação no meu livro de contactos. Assim, eu tinha uma resposta imediata sobre aquilo que eu estava a fazer corretamente, o que era encorajador, e sobre o que podia fazer mais e onde me concentrar. Normalmente, os visitantes mais velhos passavam comigo o dia inteiro e a noite. Havia muitas conversas ao jantar e bebíamos um copo. De certa forma, esse era o tempo mais valioso, das sete às onze da noite.»

Paranjpe, que passou por experiências similares em Uttar Pradesh, recorda uma grande lição que aprendeu. O seu diretor regional de vendas passara um dia com ele na pequena cidade de Chutmalpur. Ao olhar para as contas, o diretor reparou num erro de matemática. No final do dia, escreveu no livro de contactos de Paranjpe: «Está a fazer um trabalho excelente, mas deve ser mais rigoroso. As vendas perderam-se por causa do registo defeituoso das encomendas.» Sobre este comentário, Paranjpe diz: «Aquilo que escreveu há 20 anos ficou-me gravado na memória. Era específico e não vago. A lição que aprendi foi a preocupação e o cuidado que essas pessoas tinham, o quão valioso me sentia durante essas visitas e o quão importante isso era para a empresa.»

Normalmente, estes contactos diretos com os gestores ascendem até à comissão de gestão e ao diretor executivo, que são particularmente valiosos para os líderes futuros enquanto modelos a seguir. Para além do diretor de vendas, entre os visitantes de Paranjpe ao terreno durante o seu primeiro período de vendas, incluíram-se o Dr. Ganguly, diretor executivo, e Sushim Datta, que era então o número dois da HUL e, dois anos depois, foi o sucessor de Ganguly na direção executiva. «O Dr. Ganguly [um bioquímico que começou por trabalhar na área de pesquisa e de desenvolvimento da HUL] passou o dia inteiro comigo, primeiro em Allahabad, a andar de loja em loja a inquirir sobre as nossas marcas e negócios. Foi então que nos deparámos com um *paanwala** num pequeno quiosque. Vendedores de *snacks* e de outros produtos de conveniência, os *paanwala* não são meros comerciantes de rua, mas constituem também ligações sociais importantes na vida quotidiana da Índia. O pequeno *paanwala* disse ao Dr. Ganguly que vendia os nossos produtos há décadas e perguntou-lhe se lhe podia oferecer uma montra, que aumentaria as suas vendas. O Dr. Ganguly respondeu: «Sim, Sitin, é uma boa ideia. Porque não faz isso?»

«Mais tarde, nesse dia, visitámos uma pequena aldeia chamada Jasra, perto da fronteira entre Uttar Pradesh e Madhya Pradesh. O Dr. Ganguly perguntou-me por que motivo o sabão *Lifebuoy* não estava a vender bem em Jasra. O comércio entre estados indianos era então fortemente

---

* Literalmente, «vendedor de folhas de bétele». Geralmente, um *paanwala* explora uma pequena venda de rua. Estes quiosques são extremamente populares na Índia, onde os locais se reúnem para mascar a folha de bétele e conversar. (N.T.)

regulamentado e dei-lhe uma resposta desenvolta sobre o facto de o *stock* vir pela fronteira de Madhya Pradesh. O Dr. Ganguly não perdeu tempo a observar que eu devia investigar a questão e não aceitar as coisas pela aparência.»

«Quatro meses depois, tive a minha entrevista de confirmação. O Dr. Ganguly era quem conduzia sempre as entrevistas e, para mim, tinha apenas duas questões substantivas. Tinha eu percebido melhor porque as vendas do *Lifebuoy* eram fracas em Jasra? Tinha eu honrado o compromisso de montar a montra? Felizmente, cumprira as duas missões, pois, de outro modo, tenho a certeza de que seria o meu fim.»

Nesse momento, diz Paranjpe, «o Dr. Ganguly demonstrou a importância do acompanhamento dos estagiários para a empresa.» Uma montra de quiosque por si só não faria grande diferença para a empresa. No entanto, «o facto de os administradores acompanharem os estagiários e de não deixarem de os criticar faz toda a diferença do mundo».

Ao passarem tempo com o maior número possível de líderes futuros e não apenas com as estrelas óbvias como o futuro diretor executivo Paranjpe, a administração mantém bem aguçado o seu sentido de comparação e de contraste. Uma pessoa que visitou Paranjpe pouco depois de este se tornar gestor de vendas foi Banga, que estava então em plena ascensão e que, em 2000, viria a ser o mais jovem diretor executivo de sempre da HUL aos 45 anos de idade (até Paranjpe ter estabelecido um novo recorde, ao ascender ao mesmo cargo com 44 anos de idade em 2008). A descrição que Banga faz do encontro com Paranjpe ilustra a capacidade incisiva de comparação produzida pela metodologia da HUL:

> Quando me encontrei com ele, Nitin estava a trabalhar há cinco ou seis meses na operação de vendas no leste de Uttar Pradesh, no norte da Índia, uma região com enorme potencial rural. Passei o dia com ele e com a sua equipa no mercado e depois jantámos. Queria saber o que tinha ele aprendido e como era enquanto pessoa.
>
> A primeira coisa que me impressionou foi o facto de ele ter já uma boa compreensão de como funcionava todo o nosso modelo de negócio. Normalmente, com pessoas novas, tenho de passar muito tempo a explicar porque fazíamos as coisas de certa maneira. Mas ele já percebera essas razões. De facto, já passara à fase seguinte. Nitin estava a pensar sobre o que poderia ser melhorado e que desafios poderiam estar a bloquear-nos numa ou noutra direção.

5 · CONSTRUIR UMA VIA DE TALENTO ATÉ AO TOPO

E não ficara por aí. Já começara a experimentar com alguns parceiros de negócios para aumentar a frequência da distribuição nas aldeias da região, contrabalançando o aumento das receitas com o custo mais elevado da distribuição. Abordava assim o problema de os consumidores rurais só comprarem quando têm dinheiro na mão decorrente da venda das colheitas, e os nossos parceiros comerciais não podiam dar-se ao luxo de lhes dar crédito. No entanto, como os camponeses são basicamente autossuficientes em comida e habitação, costumam ter mais rendimentos disponíveis do que os trabalhadores urbanos com baixas qualificações na Índia, e encomendas mais frequentes significavam que os nossos produtos estavam mais disponíveis para os camponeses em mais ocasiões em que tinham dinheiro para comprarem aquilo de que necessitavam.

Por conseguinte, vi que ele estava a pensar profundamente sobre problemas comerciais e tinha ideias criativas. E que não era apenas alguém que falava bem; estava disposto a correr riscos bem calculados para aumentar o negócio.

Por último, reparei na forma como interagia com o resto da equipa de vendas. Havia alguns jovens na equipa, mas a maioria era constituída por veteranos experientes. No dia e meio que passei com ele, vi que se dava muito bem com a equipa. Era respeitoso para com a idade, antiguidade e experiência dos colegas, mas, pela linguagem corporal de toda a gente e pela química que se sentia na sala, era claro que Paranjpe era o líder. O olhar dos vendedores veteranos e o tom das suas vozes mostravam-me que viam Nitin como líder e que gostavam dele nesse papel; percebia-se também que, embora tivesse apenas vinte e poucos anos e aquele fosse o seu primeiro emprego, não o viam apenas como um estagiário que estava de passagem.»

Podemos retirar daqui algumas lições.

- Observe-se como Banga comparava implicitamente Paranjpe com os cerca de 20 jovens estagiários desse ano e com os resultados de outros estagiários que conhecera e avaliara em anos anteriores. Em segundo lugar, a base de comparação era quantitativa e qualitativa, o «quê» e o «como».
- Os impressionantes resultados comerciais de Paranjpe e as suas ideias para os melhorar mostravam que integrara os pormenores do seu primeiro cargo numa compreensão mais geral do negócio.

Olhava para o negócio com uma concentração externa nas necessidades dos clientes retalhistas e dos consumidores finais, e esforçava-se por desenvolver os outros – a marca essencial de um líder. Igualmente importante, a avaliação que Banga fazia da informação qualitativa, como as suas observações da linguagem corporal, estava de tal maneira desenvolvida por observações repetidas em situações análogas que se tornou tão rigorosa e fiável como um número de quota de mercado.

- Dado que Banga era apenas um dos muitos administradores que acompanharam Paranjpe durante este tempo, ele e os colegas podiam comparar as opiniões respetivas para produzirem uma imagem rigorosa e tridimensional do desempenho corrente de liderança e do potencial a longo prazo de Paranjpe. Podiam fazer o mesmo com todos os outros estagiários e criar um registo alargado de cada desempenho individual e dos seus pontos fortes e fracos.
- Graças a uma prática continuada, os administradores da HUL desenvolvem essencialmente um sexto sentido para o potencial de liderança.

Esta última lição é, de todas, a mais importante. «É extraordinariamente fácil identificar as pessoas que são verdadeiros líderes», diz Banga. «Destacam-se pelos resultados e pela forma como cumprem as suas funções. Só há uma chave para isto: os administradores têm de descer dois, três ou mais níveis hierárquicos para passar tempo com os mais novos.»

Ora, é extraordinariamente fácil se prestarmos muita atenção. De facto, torna-se intuitivo. As pessoas desenvolvem intuições sobre as coisas e sobre os indivíduos com quem estiveram profundamente envolvidas durante muito tempo. Entretanto, o subconsciente ou o inconsciente acumula informações, incluindo pequenos dados cujo sentido só mais tarde se pode tornar claro, quando se juntam a outras informações. Os líderes da HUL desenvolveram as suas intuições através de envolvimentos prolongados, íntimos e repetidos com os seus protegidos e entre si. Efetivamente, construíram vastas bases de dados às quais podem aceder de forma muito rápida.

PASSAGEM EM REVISTA

O estágio termina numa entrevista de confirmação com um membro executivo do conselho de administração da HUL. A aprovação do estagiário pelos formadores, tutores e mentores é um pré-requisito. Se for confirmado, o estagiário torna-se um gestor habilitado. Caso contrário, pode ser afastado do programa, mas, mais provavelmente, receberá mais formação e oportunidades de aprendizagem; o período de estágio pode ser alargado. Os recursos humanos, que organizam o sistema de desenvolvimento de liderança da HUL, asseguram que as avaliações sejam objetivas e profundas e que nenhum promissor talento de liderança seja negligenciado.

Os gestores recentemente confirmados são imediatamente incumbidos de tarefas de liderança, que incluem mais experiência entre funções e entre divisões. Além de desenvolver o talento, esta medida evita que se tornem prisioneiros de um chefe de vistas curtas. Embora se espere que os gestores mostrem sucessos rápidos, têm alguma margem de manobra para se desenvolverem em ritmos e vias individuais. Por outro lado, as colocações iniciais dão margem suficiente para que nem os mais hábeis subam demasiado depressa.

Os líderes mais velhos continuam a agir como formadores e mentores, observando cuidadosamente o padrão e a velocidade de crescimento. «Um ano pode ser de êxito efémero», diz Paranjpe. «Em três anos, já vemos o suficiente – não só o registo do desempenho, mas também os comportamentos e outras qualidades de liderança – para formarmos uma opinião sobre quão longe e rápido pode ir um indivíduo.»

A HUL continua a compilar múltiplas avaliações sobre o «quê» e «como» dos jovens gestores durante os seus primeiros três anos de trabalho. Depois, os administradores, bem como os chefes imediatos, avaliam os resultados dos líderes e comparam-nos com os dos colegas e dos seus antecessores.

Os fatores quantitativos e qualitativos, o desempenho e o potencial determinam se um gestor se tornará aquilo que a HUL define como um «alistado» – alguém com potencial para ascender a um nível superior da organização. Os gestores podem tornar-se alistados no quarto ou quinto ano após a entrevista de confirmação, como aconteceu com Banga e Paranjpe, ou até no oitavo ano. Os gestores selecionados como tutores, formadores e mentores são geralmente pessoas de elevado desempenho e muitos deles são alistados. O seu desempenho nessas funções é avaliado a par dos seus resultados. Diz Paranjpe: «Se eu recebesse informações de alguns estagiários de que tal pessoa não era suficientemente acessível e prestável, esse gestor podia ser afastado. Fazer parte desta lista tem de ser uma aspiração para os nossos gestores.» Os líderes que saem da lista podem voltar se melhorarem o desenvolvimento dos funcionários que normalmente respondem perante eles. De outro modo, têm de aceitar que chegaram ao limite da sua ascensão na HUL.

Uma vez por ano, cada membro da comissão de gestão prepara-se para falar dos gestores da sua área diante dos colegas naquilo a que Paranjpe chama «um diálogo colaborativo para aferição dos indivíduos». Os líderes são assinalados numa matriz codificada com cores que destaca o diálogo, categorizando-os no topo, na média ou atrasados em termos de desempenho. O diálogo é franco e o inquérito rigoroso. Por exemplo, diz Paranjpe, «um membro da comissão pode dizer para outro: "Acha realmente que esta pessoa deve estar na caixa verde? Pode pensar que é muito bom, mas considero-o terrível quando trabalha noutras funções. As suas aptidões colaborativas são horríveis; metade da minha equipa queixa-se dele." Se alguém está na caixa vermelha, perguntamos: "Está realmente no vermelho? Recebeu apoio suficiente? Ele não sabe que, se estiver mais um ano no vermelho, será afastado?" A conversa era assim. Fazemos uma comparação entre pessoas e entre funções, aferimos quem pode desenvolver-se mais com algum apoio e quem não pode.»

O diretor executivo e a comissão de gestão tomam coletivamente conta dos 100 cargos de topo da empresa, «que identificámos como "cargos importantes" por causa da sua escala, complexidade ou importância estratégica», diz Paranjpe. Uma grelha «cargos importantes/pessoas importantes» mostra que proporção destes cargos é preenchida por alistados e quantos recém-promovidos se lhes juntarão em breve. «Queremos certificar-nos de que as melhores pessoas estão nos cargos mais importantes para o atual êxito operativo. Contudo, a administração tem também a responsabilidade de dar às pessoas importantes as funções mais entusiasmantes, complexas, desafiantes e de criação de valor, porque isso ajuda-as a desenvolverem-se e a progredirem mais.»

Se o leitor tivesse uma lista semelhante na sua empresa, utilizá-la-ia para produzir uma correspondência de 100% entre cargos importantes e pessoas importantes? Uma correspondência de 100% não deixa espaço de manobra para movimentar os líderes à medida que estes se desenvolvem.

5 · CONSTRUIR UMA VIA DE TALENTO ATÉ AO TOPO

Por isso, a HUL gosta de ter uma correspondência entre 80% e 85% e, diz Paranjpe, «se for menor, sentimo-nos desconfortáveis».

Por último, a comissão de gestão reúne-se duas vezes por ano para, durante quatro ou cinco horas, falar dos 50 gestores de topo da empresa que estão abaixo dos membros da comissão. São pessoas que estão num bom nível de desempenho e potencial. Na primeira reunião do ano, a comissão passa em revista as suas medidas quantitativas e qualitativas relativas à liderança. Seis meses depois, conclui o planeamento de carreiras e as decisões sobre as próximas funções de cada gestor.

Um momento, diz o leitor – uma reunião de quatro ou cinco horas sobre 50 pessoas dá uma média de seis minutos por pessoa no máximo! No entanto, é aqui que entra em ação a informação a nível intuitivo. Todos os membros da comissão de gestão conhecem os 50 gestores graças a interações frequentes e informais. Não é necessário muito tempo para filtrar a informação coletiva e chegar a um consenso. Podem ratificar eficientemente os juízos e os planos sobre os gestores recém-promovidos, ficando ainda com tempo para discussões mais demoradas sobre casos difíceis.

Como todos os 50 gestores de topo são grandes produtores, os casos difíceis têm mais a ver com questões qualitativas do que quantitativas. A informação qualitativa emerge quando um membro da comissão de gestão relata como viu um certo gestor a lidar com um desafio específico de liderança, e os outros executivos oferecem perspetivas concordantes ou discordantes. Os executivos analisam as impressões uns dos outros para encontrarem nelas uma verdade comum, estabelecendo e confirmando progressivamente um consenso rigoroso e seguro.

Nestas discussões, sublinha Banga, «o mais importante é a integridade do gestor». Paranjpe acrescenta mais alguns pormenores: «O caráter e a integridade determinam se uma pessoa deve ascender a uma posição de liderança mais elevada. Em primeiro lugar, não quero passar noites em branco preocupado com a possibilidade de as ações de alguém comprometerem a empresa. Se tiver de estar sempre de olho em alguém, esse indivíduo não pode passar para um nível mais elevado. A outra razão por que enfatizamos o caráter e a integridade é o facto de moldarem a capacidade de uma pessoa para se relacionar autenticamente com os outros. O carisma e a facilidade de discurso são qualidades úteis de liderança, mas não são suficientes se uma pessoa não se consegue ligar autenticamente aos outros para criar consensos e trabalho de equipa.»

«Só se desenvolve um sentido do caráter e da integridade das pessoas se as conhecermos e virmos como lidam com os problemas. Responsabilizam-se pelas dificuldades? Confessam os grandes problemas? Ou serão o tipo de pessoa que, numa situação difícil, começa a transferir a pressão para os subordinados e a culpar os outros?»

Como exemplo, Paranjpe faz referência a um «gestor de grande desempenho cujo registo escrito não indicava que tivesse de ser observado com atenção». No entanto, quando a comissão debateu sobre esse gestor, começaram a surgir dúvidas. «Ninguém sabia apontar exatamente o que estava errado. Ninguém tinha um exemplo concreto a dar, mas não nos sentíamos confortáveis. Passámos uma hora e meia a discutir se haveria alguma base para essa nossa sensação. E não conseguíamos perceber. «Dissemos: "Bem, hoje não temos uma base, mas temos uma sensação. Seria injusto para este indivíduo afastá-lo apenas por causa de uma sensação. Do mesmo modo, seria injusto para a empresa não aprofundar a questão."»

«Decidimos que, nos próximos seis e doze meses, cada um de nós iria interagir com esse gestor. Se não encontrássemos qualquer fundamento para as nossas dúvidas, passar-lhe-íamos um atestado de saúde. Mas, se houvesse qualquer coisa, seria isso mesmo e, independentemente do desempenho, não poderia avançar mais.»

É digna de nota a concentração consistente naquilo que mais interessa para o futuro da empresa. Note-se também como os administradores assumem a responsabilidade pessoal de recolherem informações, as suas próprias observações e impressões, que podem coletivamente comparar para ter factos concretos sobre o gestor em reuniões futuras.

OS GRANDES DESAFIOS DESENVOLVEM OS GRANDES LÍDERES

Subjacente ao sistema de gestão de talento da HUL está a crença de que os líderes, para se desenvolverem, devem ter missões difíceis. As funções mais árduas vão para os mais promissores, mesmo durante o período de estágio de gestão.

Seria difícil imaginar uma missão mais difícil do que aquela que Banga recebeu como estagiário durante um período interdepartamental na sede da HUL em Bombaim. Certo dia, T. Thomas, então presidente do conselho de administração, chamou-o ao gabinete, bem como a outros dois estagiários. Thomas disse que os escolhera para demonstrarem a sua ideia de que a HUL seria capaz de acelerar o desenvolvimento rural na Índia. Cada um dos jovens devia ir para uma das três aldeias camponesas perto da pequena cidade de Etah, numa zona remota de Uttar Pradesh. Deviam permanecer nas suas aldeias durante dois ou três meses, com a missão de conceberem e orientarem projetos de melhoramento da vida dos aldeãos e que pudessem depois ser adotados no resto da Índia. Thomas visitá-los-ia algumas vezes para observar os seus progressos.

Banga recorda que «Thomas disse-nos: "Usem a vossa imaginação ao máximo. Podem fazer tudo o que acharem que ajude as vossas aldeias. A única coisa que não podem fazer é gastar dinheiro da empresa. Cada um de vocês tem de se desenrascar com os recursos próprios e com os que encontrarem na aldeia." E foi tudo. Depois, saímos do seu gabinete.»

No início, a experiência era «como estar em Marte» para Banga, um jovem citadino de uma família abastada. A HUL tinha uma fábrica de produtos lácteos em Etah, e o gerente da fábrica providenciara para que cada um dos estagiários tivesse um lugar para dormir e uma família que lhe desse comida na respetiva aldeia. «Esta era toda a estrutura de apoio. Isto e um pequeno *kit* de sobrevivência, com materiais de primeiros socorros, roupa de cama, rede de mosquitos e lanterna.» Largado a meio da noite em Sirsabadan, uma aldeia com cerca de 1500 habitantes, Banga descobriu na manhã seguinte que as condições eram tão primitivas que os aldeões faziam toda a higiene pessoal na rua. Havia também uma barreira étnica a transpor, pois era um sikh numa comunidade que nunca lidara com sikhs.

Durante o primeiro mês, Banga ultrapassou as suas barreiras pessoais, acostumou-se a viver como os aldeões e passou horas a falar com eles sobre a aldeia, as suas famílias, o seu trabalho e as suas aspirações e preocupações. Um dos maiores problemas que observou na aldeia foi a falta de esgotos cobertos: havia grandes poças de águas paradas vindas de toda a parte, que se tornavam um *habitat* para insetos. Tendo obtido uma licenciatura em engenharia antes de fazer o MBA em *marketing*, sabia que seria relativamente simples construir fossas de drenagem para resolver o problema.

Recorda-se de que os aldeões estavam céticos. «Eles diziam: "Que importa a água no chão? Foi sempre assim." Não eram capazes de estabelecer a ligação entre as águas paradas e o seu impacto na saúde. Por fim, convenci o chefe da aldeia a deixar-me mostrar-lhe como isso seria útil.» Banga, o chefe da aldeia e outro aldeão escavaram três fossas de drenagem, buracos circulares com cerca de três metros de profundidade e 15 centímetros de diâmetro, em redor do poço da aldeia. Em seguida, encheram as fossas com pequenos pedaços de tijolo e cascalho para evitar que se voltassem a encher de lodo e areia. Banga fez isto em redor do poço, um local bastante público onde havia grande quantidade de águas paradas.

No dia seguinte, a área em redor do poço havia-se transformado. Os aldeões começaram a dizer uns aos outros para irem ao poço ver o que acontecera. Banga e o chefe da aldeia convocaram então uma reunião da comunidade. O chefe foi o primeiro a intervir, falando sobre os benefícios que eles e os filhos poderiam obter com a construção de fossas de drenagem em toda a aldeia. Quando chegou a vez de Banga falar, explicou-lhes que teriam de ser eles a fazer o trabalho. «"É muito fácil", disse-lhes eu. "Mostro-vos como se faz. Mas não posso ser eu a fazê-lo e não tenho dinheiro para isso. Têm de ser vocês a fazê-lo para benefício da vossa aldeia." Os aldeões perceberam a ideia. Antes da reunião, eu tinha dado uma volta pela aldeia e fizera um mapa dos locais onde as fossas deviam ser escavadas. Assim, as pessoas que viviam numa ruela particular, construiriam uma fossa para essa ruela e eu ficaria a supervisionar. Este trabalho demorou quatro semanas, após as quais toda a aldeia ficou completamente transformada em termos do nível de saneamento.» Banga fez depois um esforço análogo em relação à escola da aldeia, que se encontrava fortemente delapidada. O chefe da aldeia tinha à sua disposição um pequeno fundo de desenvolvimento para comprar tinta e broxas. Banga e o chefe começaram a limpeza e a pintura e, depois, confiaram o trabalho aos aldeões. A escola deixou de ser o pior edifício da aldeia para se transformar na melhor edificação da localidade, «com melhor aspeto do que a casa do agricultor mais rico», diz Banga com prazer.

Quando Thomas chegou, ficou muito impressionado. Escolhera pessoalmente as aldeias para esta experiência e guardava delas uma imagem viva do que eram «antes». Ficou de tal maneira impressionado com os resultados da liderança de Banga que o convidou para dirigir um projeto de desenvolvimento rural, respondendo diretamente ao presidente, em vez de passar para um cargo normal de vendas e *marketing*. Banga opôs-se, pois estava comprometido com uma jovem cujo emprego a obrigava a viver numa das grandes cidades da Índia. Thomas ficou furioso e Banga pensou que seria despedido. No entanto, revelara-se demasiado valioso para ser afastado e depressa foi nomeado para um cargo de *marketing* em Bombaim. Graças aos obstáculos que teve de ultrapassar, ganhou uma enorme autoconfiança. Aprendeu também as principais lições de liderança sobre ouvir

5 · CONSTRUIR UMA VIA DE TALENTO ATÉ AO TOPO

as pessoas, compreender as suas necessidades e conquistar o seu apoio para um projeto importante – uma das aptidões mais valiosas de um líder.

Um desafio intimidante de um género muito diferente surgiu quatro anos depois, no início dos anos 80, quando o Dr. Ganguly, sucessor de Thomas, enviou Banga para trabalhar na Lever Brothers em Londres. Banga chegou com a esperança de ser nomeado imediatamente para um cargo, mas – ecos de Sirsabadan – soube depois que tinha ser ele próprio a arranjar trabalho. O único gestor indiano (de facto, o único asiático) da Lever Brothers, na altura, reuniu-se com todos os gestores de *marketing* naquilo que, essencialmente, constituía uma série de audições. «Uma semana depois, ofereceram-me o cargo de gestor de marca para uma marca de dimensão média. Respondi que aceitava com prazer. A discussão do plano anual para a marca deveria realizar-se dali a três semanas e o meu chefe, um australiano, disse que faria ele a apresentação, pois eu tinha acabado de chegar. Insisti em fazer a apresentação e trabalhei dia e noite durante as três semanas seguintes para conceber o plano, que apresentei a todo o departamento de *marketing* no prazo previsto. Foi um acontecimento muito importante. De uma assentada, provoquei impacto em toda a gente e fui aceite.»

Dois anos depois, Ganguly chamou Banga de volta e ofereceu-lhe a missão mais difícil e dura da empresa: dirigir o projeto STING, acrónimo para «Strategy to Inhibit *Nirma* Growth»*. O *Nirma* era um detergente de baixo preço inventado por um químico empreendedor, que começou a vender o produto de aldeia em aldeia em 1969. Enquanto indústria caseira, a Nirma não tinha de pagar o salário mínimo obrigatório e estava isenta de vários impostos e regulações que afetavam a HUL, incluindo restrições de descontos nos preços contra os pequenos concorrentes. A HUL nem sequer tinha um produto de baixo preço que pudesse vender com desconto. Pior, à medida que o *Nirma* crescia, começava a ameaçar a principal marca de detergentes de roupa da HUL, o *Surf*. Em 1985, o *Nirma* era tão bem sucedido junto dos consumidores de toda a Índia, e não apenas nas zonas rurais, que vendia três vezes mais do que o *Surf*. O detergente *Wheel* foi lançado pela equipa de Banga em 1987, como um produto concebido para ser superior ao *Nirma* e vendido ao mesmo preço. Quando foi lançado, deu prejuízo. Uma equipa multidisciplinar criou um novo modelo de negócio para apresentar lucros num prazo de 18 meses.

---

* Literalmente, «Estratégia para Impedir o Crescimento do *Nirma*». (N.T.)

Apesar de o *Nirma* ter um avanço de 16 anos, a HUL tinha recursos que poderiam ajudá-la a recuperar o atraso. Um desses recursos era a experiência no terreno que os seus líderes adquiriam na Índia rural, que dava à empresa uma visão clara sobre a base de clientes do *Nirma*. Alguns anos depois, o *Wheel* ultrapassou o *Nirma* e tornou-se a maior marca da carteira global da Unilever.

Houve então um revés na carreira. Após o período global do estágio, Paranjpe foi chamado de volta para liderar o negócio de detergentes de roupa da HUL. Chegado no meio de uma batalha intensa entre a HUL e a Procter & Gamble, falhou pela primeira vez a missão de alcançar os seus objetivos de crescimento de vendas. Desde cedo que era um alistado e, embora ainda tivesse o «como» do comportamento e potencial de um líder, não tinha o «quê» do desempenho da liderança. Paranjpe recorda o momento em que o seu chefe, o diretor executivo do setor de produtos de higiene doméstica e pessoal da HUL e membro da comissão de gestão, o chamou ao seu gabinete e lhe disse: «Apesar do potencial e do comportamento de liderança que demonstra, o seu desempenho recente não o coloca na categoria superior. Terá de sair da lista.»

Paranjpe respondeu ao chefe, dizendo: «Não posso opor-me à decisão e, em muitos aspetos, concordo, pois é objetiva e transparente.»

Apesar de ter sido afastado da lista, permaneceu na direção do setor de detergentes de roupa e continuou sob forte pressão para desenvolver o negócio. Depois de refletir, concluiu que fora lento a perceber que o negócio requeria uma mudança estrutural e que «precisava de fazer muito mais para galvanizar e reformar toda a organização». Começou a trabalhar nisso, ao mesmo tempo que se certificava de que «não transmitia a pressão aos subordinados e não provocava pânico». Conseguiu desenvolver o negócio e, dois anos depois, a comissão de gestão não só o reinseriu na lista como o nomeou diretor dos produtos de higiene doméstica e pessoal – e também membro da comissão de gestão. Três anos depois, com o «quê» e o «como» finalmente equilibrados, foi nomeado diretor executivo.

CONCLUSÕES

À medida que gerações sucessivas de líderes progridem de aprendizes a mentores, o círculo vicioso do desenvolvimento de liderança da HUL constrói e renova constantemente o seu músculo organizacional. É um processo social invisível e qualitativo, mas os seus elementos específicos podem ser definidos:

- A via especial para os líderes, desde o recrutamento.
- O foco consistente no *quê* e no *como* da liderança.
- A comparação conjunta que os administradores fazem das suas observações frequentes e diretas, avaliações e acompanhamento dos futuros líderes.
- A atenção que os gestores de todos níveis dão à formação.
- A abordagem sempre exigente ao percurso de desenvolvimento dos líderes, com oportunidades significativas de liderança e experiências entre funções e divisões nos primeiros três anos cruciais da carreira de um futuro líder.
- O desenvolvimento de grandes líderes através de grandes desafios.

Tal como West Point, que forma não só generais, mas também um corpo ímpar de oficiais, a HUL busca a excelência na liderança em todos os níveis da organização – incluindo uma sucessão de soberbos diretores executivos. Os líderes que se desenvolvem rapidamente fornecem uma enorme vantagem competitiva em mercados que se modificam também rapidamente, e, todos os anos, a HUL vai ficando mais jovem e mais fresca sem nunca perder os benefícios da experiência profunda.

O próximo capítulo apresenta uma empresa com uma longa história de desenvolvimento de líderes verdadeiramente globais. A Procter & Gamble é uma empresa de classe mundial no que diz respeito à gestão de marca e à concentração no consumidor, e tem um conjunto de líderes que recebem atenção especial, incluindo funções globais que os testam até aos limites.

Capítulo 6

Desenvolver aptidões e capacidades através de experiências importantes: como a Procter & Gamble desenvolve os líderes globais

As empresas que se adaptam a um mundo em mudança atualizam constantemente as qualidades que querem ver nos seus líderes. A Procter & Gamble (P&G) sempre esteve na vanguarda do desenvolvimento de talentos, e o êxito desta empresa ao longo de décadas reflete em boa medida a sua força na escolha de líderes em harmonia com os tempos.

Quando A. G. Lafley se tornou diretor executivo em 2000, percebeu que as grandes oportunidades de crescimento da empresa estariam nos países e nas regiões em desenvolvimento e, por isso, afinou os seus processos de talento para se concentrarem na estratégia, na inovação e na perceção do mercado e dos consumidores. O «acervo genético» da liderança tinha de acompanhar o ritmo para concretizar esse futuro. A perspetiva global foi sempre uma das maiores forças dos líderes da P&G e, atualmente, as missões globais são cada vez mais urdidas no tecido dos processos de desenvolvimento de liderança da P&G. De facto, a missão global (ou experiência global alargada) é uma das principais vias que a P&G utiliza para desenvolver as aptidões e capacidades de uma pessoa e prepará-la para funções mais elevadas. Em 2009, quando a P&G precisou de um sucessor para substituir Lafley, já tinha um candidato: Bob McDonald, um líder criado internamente cuja experiência global e resultados lhe haviam dado a preparação ideal para impulsionar a P&G. E quando Dick Antoine se reformou do seu cargo de diretor dos recursos humanos, Moheet Nagrath, quadro já antigo da empresa que vivera em muitas partes do mundo antes de se mudar para Cincinnati, introduziu um caráter decididamente global no desenvolvimento da geração seguinte de líderes. Sob a direção de Bob McDonald, a P&G continua a desenvolver líderes com perceções profundas sobre o consumidor, que compreendem a inovação e apreciam o valor da aprendizagem experimental em missões globais.

Por muitas visitas que se façam, nada se compara à experiência de viver em locais desconhecidos. A imersão em múltiplas coisas novas e diferentes testa um líder em muitos níveis e cria enormes oportunidades de crescimento. Ao retirar os indivíduos das suas zonas de conforto, essa experiência desenvolve sensibilidades pessoais, aguça os juízos e fornece uma oportunidade única para construir relações com grande variedade de pessoas de diversos meios e culturas. Aumenta a capacidade, que é a possibilidade de trabalhar mais, e a aptidão, fornecendo mais resultados graças a um nível mais elevado de trabalho. Por último, fomenta o género de colaboração e de trabalho interdisciplinar, que é um dos objetivos de McDonald para aumentar o poder da organização global da P&G.

Como Lafley recorda, o desenvolvimento do talento não consiste apenas em desenvolver e formar líderes, mas também em testar os melhores por meio de tarefas desafiantes e duras que revelarão aqueles que têm potencial de diretores executivos. «Trabalhar num país difícil, como a Coreia, a Indonésia, a Rússia ou a Nigéria, num negócio árduo onde não somos líderes, gerir uma empresa recentemente adquirida num setor que não dominamos, ou uma empresa com baixos desempenhos crónicos – são todas tarefas difíceis», diz ele. «Mas temos de ter o cuidado de não queimar funcionários muito bons e com forte potencial ao enviá-los para uma "ponte demasiado longínqua" ou sujeitá-los a tarefas mais desafiantes, complexas e difíceis do que aquelas com que podem lidar.»

Eis como a P&G os pressiona até ao limite. Iremos conhecer duas pessoas em particular que mostram como tarefas cuidadosamente escolhidas podem acelerar bastante o desenvolvimento de líderes com elevado potencial.

A APOSTA

Dick Antoine conversava com vários líderes da P&G, reunidos em novembro na reunião anual de estratégia, quando viu Deb Henretta a aproximar-se na sua direção. Não via Deb desde que ela fora trabalhar para Singapura, cinco meses antes, e estava ansioso por saber como lhe corriam as coisas. Muitos funcionários da P&G ficam contentes por assumir funções no estrangeiro, mas foi difícil convencê-la a deixar a família e Cincinnati. Deb acabou por aceitar uma missão de 18 meses – um período breve para um departamento internacional na P&G, especialmente se considerarmos os recursos que consome e o tempo necessário para que o líder se adapte. Normalmente, estas missões duram três ou quatro anos. Antoine, então diretor dos recursos humanos, e Lafley, diretor executivo, estavam dispostos a ceder porque sabiam que as ligações de Deb à comunidade de Cincinnati eram invulgarmente profundas. Deb tinha três filhos em idade escolar, dois deles adolescentes e um já no fim do ensino secundário, e estava bastante envolvida nos vários conselhos da empresa em que trabalhava.

Além disso, Antoine pressentia que Deb ficaria mais tempo no estrangeiro. Já vira muitos líderes da P&G que resistiam a essas missões e depois descobriam o quanto haviam aprendido. Muitos deles acabavam por ficar o mais que podiam. «Digo-lhe uma coisa», afirmou ele antes de Deb partir. «Se quiser regressar a Cincinnati após 18 meses, pago-lhe um jantar. Senão, fica a dever-me um.»

Henretta estava totalmente à vontade enquanto se aproximava de Antoine durante a hora do *cocktail* na reunião de estratégia em novembro. Cumprimentou-o calorosamente e, após uma pausa, perguntou-lhe: «Então, onde quer jantar, Dick?»

Henretta descobrira que gostava de percorrer o Sudeste Asiático. Além disso, os seus filhos estavam contentes nas novas escolas e toda a família gostava de viajar e de conhecer essa parte tão diferente do mundo. Henretta desenvolvera-se de formas que nunca havia imaginado. Pouco depois, dirigia todas as linhas de produtos da P&G em 15 países asiáticos, incluindo na China, e era candidata a funções mais elevadas na empresa. Quatro anos e meio depois, ainda não pedira o bilhete de regresso.

RECEBER UMA MISSÃO DE TESTE

Durante décadas, a P&G produziu líderes que são grandes diretores-gerais, com inclinação para a gestão de marcas ou de categorias. Para subirem na empresa, têm de demonstrar conhecimentos profundos da perceção dos consumidores, criar inovação e ser «globalmente eficientes», ou seja, capazes de liderar em culturas diferentes. Outras empresas costumam procurar líderes na P&G. Entre alguns líderes formados na P&G, encontram-se o diretor executivo da Microsoft, Steve Ballmer, a antiga diretora executiva do eBay, Meg Whitman, o fundador da Intuit, Scott Cook, o diretor executivo da Boeing, Jim McNerney, o diretor executivo da GE, Jeff Immelt, e o recentemente nomeado diretor executivo da arquirrival Unilever, Paul Polman.

A P&G vê a escolha dos cargos certos para os líderes como uma parte fundamental da construção do seu ADN de liderança. Uma mistura de missões, ou «experiências aceleradoras», providencia aos líderes uma experiência profunda e abrangente que lhes permite desenvolver as capacidades de liderarem uma grande organização complexa e global. Cada missão é não só uma recompensa ou um dever a cumprir, mas também uma oportunidade de aprendizagem e um teste, um elemento básico da procura, análise e seleção de líderes que tenham o conjunto de aptidões, traços de personalidade, relações, juízo e experiência para os prepararem para responsabilidades mais elevadas. Trata-se de estabelecer um equilíbrio entre as necessidades da empresa e as necessidades de desenvolvimento das pessoas.

Henretta foi escolhida para a missão de Singapura essencialmente graças ao seu êxito num cargo especialmente exigente, uma das chamadas missões de teste da P&G: reanimar o negócio global de produtos para bebé, que há 15 anos perdia terreno para a empresa rival Kimberly-Clark. Na altura, parecia uma aposta arriscada, pois Henretta era nova no setor; todos os seus líderes anteriores haviam sido pessoas experientes, muitos deles vindos do setor da produção. No entanto, Antoine não pensava assim. «Foi um dos bons planos de nomeações que A. G. Lafley levou a cabo», diz ele. «A. G. viu que a P&G estava bastante concentrada nos grandes clientes, como o Walmart, e não tanto nos consumidores. Achou que Henretta poderia trazer o necessário foco no consumidor. Ela estava no setor de detergentes de roupa e, tal como muitos outros funcionários da P&G, a sua experiência baseava-se essencialmente no *marketing* e na

6 · DESENVOLVER APTIDÕES E CAPACIDADES ATRAVÉS DE EXPERIÊNCIAS IMPORTANTES

gestão de marca. Estava na nossa lista de observação de líderes com potencial elevado. Além disso, era mãe de três filhos e, portanto, compreendia o consumidor e sabia falar com as mães.»

Lafley acertou. Henretta transformou o negócio de produtos para bebé. A publicidade deixou de se basear em anúncios técnicos e passou a basear-se em mensagens sobre o amor e todas as emoções que as mães sentem pelos filhos. Recuperou o terreno perdido para a Kimberly-Clark e, desde então, tem mantido a posição.

O valor da marca, a quota de mercado e as receitas são elementos que avaliam o êxito de um líder. Contudo, também é importante observar como a pessoa se desenvolveu. Que capacidades e aptidões demonstrou? Quais são os seus pontos fortes? Quais devem ser desenvolvidos? Em que áreas precisa de melhorar? Alguns talentos podem diminuir. Que novos talentos podem ter emergido no passado recente? Observar estes desenvolvimentos, e não apenas os números do desempenho, é essencial para determinar o potencial de ascensão de um líder.

Parte do modo como a P&G define o potencial é a capacidade de assumir um cargo de liderança dois níveis acima, uma vez que se trata de uma situação mais desafiante. É um «pulo» maior. Quantas vezes não ouvimos um líder dizer: «Tenho um bom braço direito»? Essa pessoa pode ser boa no papel de braço direito ou como sucessora do chefe nesse departamento ou unidade. No entanto, não será um líder de alto potencial se não puder ir além disso.

Henretta era presidente da área global de produtos para bebé havia cerca de cinco anos quando a P&G começou a pensar que cargo lhe havia de atribuir. Lafley e Antoine achavam que ela precisava de mais espaço, ou seja, de mais oportunidades de crescimento pessoal, para aumentar as suas aptidões e capacidades. Qualquer pessoa com aspirações a aceder a cargos elevados na P&G, como vice-presidente ou diretor executivo, deve ter três «experiências»: responsabilidade de gestão de várias marcas num país; responsabilidade por um negócio a nível global, como detergentes de roupa ou produtos de higiene pessoal; e um cargo que obrigue a viver num país diferente. (No caso daqueles que trabalham numa das empresas europeias da P&G, significa viver fora da Europa.) Henretta preenchia apenas uma dessas condições e, por isso, tentaram dar-lhe uma missão que preenchesse as duas restantes.

A primeira vaga internacional que surgiu foi a liderança da zona do Nordeste Asiático, com base no Japão. A oportunidade confrontava-a com escolhas difíceis: «Os meus filhos estavam ocupados nas suas atividades extracurriculares», diz ela. «Sentia-me extremamente bem em relação ao meu cargo de gestão global. Dirigia o setor global de produtos para bebé há cerca de cinco anos e tornara-me uma verdadeira especialista. Para ser sincera, gostava realmente da minha equipa e do negócio em que trabalhava.»

Henretta tinha também outros compromissos. «Eu tinha uma rede de amigos e de relações profissionais que sabia que seria muito difícil manter. Fazia parte de vários conselhos ligados à comunidade, incluindo o Hospital Pediátrico de Cincinnati, e era consultora de várias universidades, como a St. Bonaventure, onde me licenciei. Todas estas atividades eram parte importante da minha pessoa, pois penso que é importante restituir alguma coisa à comunidade e às escolas que me ajudaram no início.» Henretta e o marido agonizaram, mas acabaram por decidir ir para o Japão. Então, após todas estas deliberações e ajustamentos, o seu chefe resolveu abandonar a empresa e o plano foi suspenso – Lafley não queria que ela largasse nessa mesma altura o setor de produtos para bebé, com receio de retrocessos. «O pessoal das mudanças viria à minha casa na semana seguinte», diz ela. «Foi muito dececionante. Não há outra maneira de o dizer.»

«No entanto, não há nada como nos tirarem alguma coisa para que a desejemos ainda mais. E teve o mesmo efeito na minha família.» Um ano depois, quando abriu a vaga em Singapura, Henretta estava preparada para a ocupar. Não importava que fosse uma mudança lateral. Quando Lafley foi pela primeira vez para o Japão, deixara a direção do setor de detergentes de roupa na América do Norte, o maior negócio regional da empresa, que constituía 20% dos negócios da empresa, para dirigir apenas 5%. Um dos candidatos a líder de topo da empresa estava então a aceitar uma mudança que parecia requerer menor responsabilidade. E, porém, tornou-se o diretor executivo da P&G.

Contudo, Henretta queria ter a certeza de que aquele seria o cargo certo para si. «Existem três mundos na P&G: as unidades globais de negócio, os departamentos e a organização de estratégia de *marketing* («go-to-market»). Estava apaixonada pelas unidades globais de negócio – criar marcas globais, fazer pensamento estratégico, trabalhar na inovação. E estava preocupada com o facto de que estas coisas não fossem o foco no novo cargo.»

Vários membros do conselho de administração da P&G falaram demoradamente com Henretta sobre as razões por que pensavam que ela devia aceitar o cargo. Tinham desenvolvido substancialmente as suas missões

6 · DESENVOLVER APTIDÕES E CAPACIDADES ATRAVÉS DE EXPERIÊNCIAS IMPORTANTES

internacionais e achavam que ela tinha as aptidões e capacidades para o cargo. Dado que a Ásia era um mercado em desenvolvimento, Henretta ficaria a cargo das partes das unidades globais de negócio da carteira da empresa e seria responsável pelo setor de operações. Poderia melhorar os aspetos em que era forte e nos quais tinha confiança e, ao mesmo tempo, adquirir novas aptidões nos setores de operações e estratégia de *marketing*.

Quando Lafley falou com Henretta, surpreendeu-a ao dizer: «Deb, sabes que, provavelmente, esta missão não se prolongará por mais de três anos.» Os dois não se ouviam, pois Henretta desejava passar menos tempo no estrangeiro. «Eu sabia que a família aguentaria, talvez, dois anos, mesmo que não gostasse e fosse difícil. Mas três anos era demasiado tempo.» O seu desejo de uma estada curta sofreu uma reviravolta irónica quando descobriu como gostava do trabalho e do local. «Estou agora no quinto ano», disse Henretta em finais de 2009. «Este último ano já foi a pedido, pois os meus filhos adoram estar por cá. O meu filho está a meio do secundário e, basicamente, disse-me: "Mãe, se tiveres de voltar ao Ohio, terás de ir sem mim. Adoro estar aqui e quero acabar o secundário na Singapore American School."»

«Portanto, imagine-me agora, depois de, no início, ter feito um barulho dos diabos, ter de pedir para ficar. E é claro que perdi a aposta com o Dick. Fizemos um belo jantar com as nossas famílias aqui em Singapura.»

ENCONTRAR OS POUCOS QUE SE DISTINGUEM

Henretta estava há cerca de 25 anos na P&G quando se mudou para Singapura. Como é habitual na P&G, o seu potencial de liderança fora identificado por volta do quinto ano de carreira. Apesar de muito seletiva na forma como recruta, a P&G não insere imediatamente as pessoas na lista de observação de liderança. Os líderes dos níveis de topo devem iden-tificar o potencial naqueles que trabalham vários níveis abaixo, e aqueles que têm alto desempenho e que podem subir ficam sob a atenção dos líderes mais elevados através de um processo formal bem desenvolvido de análise de talento.

Trata-se de um sistema integrado que se inicia no segundo ou terceiro nível da empresa, com pessoas que já têm cerca de cinco anos de casa. Os nomes são passados ao nível imediatamente superior e sobem até ao topo, com base no negócio, na função ou na administração. Por exemplo, os funcionários fazem uma avaliação de talento no setor de produtos para bebé no Japão. Dão à unidade global de produtos para bebé os nomes das cinco principais pessoas que trabalham nesse país. Cada departamento recolhe também nomes para enviar à direção. É claro que há sobreposições, pois alguém que trabalhe na cadeia de distribuição de produtos para bebé pode ter o nome em duas listas, a da unidade de produtos para bebé como um todo e a do departamento da cadeia de distribuição.

Sob a direção de Lafley e de Antoine, a P&G tinha inúmeros fóruns de planeamento de nomeações e de revisão de planos de sucessão, um para diretores-gerais, por exemplo, e outro para os mais envolvidos nas funções de administração. Três vezes por ano, os 40 principais funcionários da empresa – aqueles que lideravam negócios, países ou departamentos – iam à sede para falarem dos seus principais talentos de liderança, incluindo o modo como os atributos de cada pessoa correspondiam aos fatores críticos de êxito. O diretor executivo presidia à reunião. O grupo analisava o talento de metade dos negócios, por exemplo, no quarto mês e a outra metade no oitavo mês, e todas as funções da administração e países no décimo segundo mês.

«Após alguns anos de experiências, conseguimos tornar estes processos muito eficientes», diz Antoine. «Embora tenhamos cerca de 100 pessoas na agenda, concentramo-nos realmente em cerca de três dezenas. Conhecemos tão bem essas pessoas que, se não houver necessidade de mudanças, basta pôr a fotografia da pessoa no ecrã. Relativamente aos 30 escolhidos, concentramo-nos em um ou dois pontos que interessam realmente acerca dessa pessoa. Não temos de perder tempo a ler currículos para conhecer a sua experiência. E esta análise era intocável. Nunca estava sujeita a outro ponto da agenda considerado mais importante.»

Fizeram experiências com análises de talento em grupos maiores e perceberam que isso ajudava os líderes a familiarizarem-se com os talentos de alto potencial fora da sua unidade de negócio. No entanto, havia um senão: por vezes, inibia a discussão franca. Lafley e Antoine pensaram em como haveriam de tornar as discussões mais espontâneas.

«Esta franqueza foi aquilo por que mais lutámos», explica Antoine. «Não queríamos acabar com a carreira de alguém diante de tanta gente, mas também não queríamos estar a falar muito bem de uma pessoa para depois descobrirmos que tem muitos defeitos.»

A solução foi criar mais uma sessão com o diretor executivo, o diretor de recursos humanos, o vice-presidente e o responsável pelos recursos humanos dessa empresa. Estas quatro pessoas começaram a fazer reuniões após as análises dos talentos, nas quais podiam dizer: «Bem, vamos falar sobre estas pessoas principais. Quem são, como se estão a comportar e que planos de nomeações ou de intervenções deveremos fazer?» Podiam ser mais francos porque não afetavam o pensamento de cerca de outras 40 pessoas. E como conheciam bem as pessoas, podiam fazer sugestões, como «Porque não considera providenciar algum acompanhamento para esta pessoa?» Além disso, era mais fácil identificar os líderes que deviam ser promovidos. As pessoas eram acrescentadas à lista dos principais talentos da empresa ou retiradas dela, e esta informação era depois transmitida ao conselho de administração.

Desde então, McDonald e Nagrath aperfeiçoaram o processo de avaliação de talento, aumentando o tempo e a atenção despendidos.

SONDAR TALENTOS FORA DO PROCESSO FORMAL DE AVALIAÇÃO

O talento está sempre presente no radar da P&G – em análises de estratégia, análises de inovação, análises financeiras, visitas a unidades de outros países ou de outras sucursais e em programas internos de formação, como o General Manager College da P&G. As análises de estratégia incluem o dirigente dessa sucursal, como é óbvio, geralmente o seu diretor financeiro e mais algumas pessoas essenciais, e um punhado de altos administradores da empresa, incluindo o diretor executivo. Em seguida, os líderes da empresa falam informalmente sobre o modo como os líderes da subsidiária lidaram com a sua análise de estratégia numa perspetiva de liderança.

Quase todos os líderes fazem um bom trabalho, mas, por vezes, alguém deixa os administradores com dúvidas. Se alguma coisa não estiver clara, é óbvio que o diretor executivo tentará ajudar, mas essa falta de clareza pode levantar problemas: que diz isso sobre o presidente dessa sucursal? Que significa o facto de o seu relatório não se concentrar, por exemplo, no seu estilo de liderança? Por que razão a pessoa não abordou um ou dois pontos essenciais que estão a causar problemas na empresa? É desta forma que as análises de estratégia contêm inevitavelmente um elemento de liderança. A administração toma nota das pessoas que trazem novas ideias para a empresa e daquelas que têm de observar com atenção.

Lafley tornou o processo de estratégia uma poderosa ferramenta de orientação ao introduzir uma nova prática – que recomendamos que seja adotada por outras empresas. Analisava antecipadamente o documento de estratégia de cada líder e fornecia comentários manuscritos ao apresentador antes da reunião. Os comentários podiam ser do género: «Não compreendo como isto irá resolver o problema de o nosso principal concorrente nos estar a vencer na determinação dos preços», ou «Acho que acertou aqui num ponto crítico». É uma forma de orientar o líder, e o diretor executivo aprende alguma coisa sobre a pessoa a partir da maneira como esta responde.

Um atributo cada vez mais importante é a capacidade de dirigir um programa de inovação. A P&G tem um longo passado de criação de produtos inovadores e de novas marcas, como o detergente *Tide* e as fraldas descartáveis *Pampers*, mas, quando Lafley assumiu a direção, a empresa não estava a desenvolver muitos produtos de êxito e lutava para alcançar os resultados esperados. Concluiu que a P&G estava a tentar fazer de mais demasiado depressa e precisava de regressar às suas raízes. Fez da inovação orientada para o consumidor o objetivo central. Agora, as análises da inovação constituem uma rotina. As unidades de negócio escrutinam as suas carteiras e planos pelo menos uma vez por trimestre e apresentam-nos à equipa da administração uma vez por ano. Muito abertas, as sessões são uma valiosa fonte de informação. O diretor para a tecnologia e o diretor executivo podem observar facilmente quem é bom a dirigir um programa de inovação e quem pode causar preocupações.

O talento é igualmente observado nas análises financeiras. É muito claro quem estabelece um orçamento agressivo e quem apresenta um orçamento que sabe que pode cumprir com facilidade. E quando o diretor executivo e o diretor de recursos humanos visitam países e sucursais para discutirem resultados e desafios, à semelhança das análises operacionais da GE, terminam cada sessão com uma análise do talento da organização. Ficam com uma boa ideia sobre o talento de cada país ou região e um conhecimento mais profundo da reserva global de talentos.

McDonald utiliza o General Manager College da P&G, concebido para ajudar a preparar os novos líderes para os desafios futuros, como mais uma forma de conhecer melhor os seus principais talentos. Um dos dois programas em que os administradores recentemente promovidos participam é orientado por executivos da P&G, por vezes auxiliados por um parceiro externo. McDonald leva o programa a sério, de tal forma que ele próprio leciona o módulo de liderança e aparece noutros períodos. Nagrath participa durante toda a semana. «A coisa mais importante pela qual me esforço nessas sessões é levar os líderes individuais a refletirem na sua própria liderança e a serem mais ponderados», afirma McDonald. «Digo-lhes: "Se não se recordarem de mais nada, pelo menos lembrem-se disto: quanto maior for a organização que dirigem, mais ponderados devem ser em relação à vossa liderança. Pensem no filme *Raiva de Vencer* (*Hoosiers*), em que Gene Hackman agarra na fita métrica e obriga a equipa de basquetebol que ele treina a medir a altura do cesto e a distância em relação à linha de lançamento livre." Pergunto aos nossos líderes da P&G: "Seriam assim tão ponderados, ou iriam para o autocarro e diriam: 'O campo tem o mesmo tamanho, rapazes, portanto, aguentem-se e joguem bem'?"»

«Falamos muito sobre o caráter, que defino como pôr as necessidades da organização acima das nossas próprias necessidades. Os melhores líderes da P&G são aqueles que se preocupam com a organização. Portanto, embora sejamos uma organização que se preocupa com os resultados, e toda a gente bem sucedida obtém bons resultados, preocupamo-nos também com a forma *como* se obtêm os resultados. Falamos sobre as crenças da liderança e tentamos que entrem em contacto com as suas próprias histórias, de maneira que possam usá-las deliberadamente para liderarem.»

«A participação regular nessas sessões fornece tanto a mim como a Moheet informações valiosas sobre as pessoas. É também uma grande oportunidade para conhecermos os problemas que os líderes enfrentam em várias partes do mundo.»

Até as candidaturas a empregos fornecem informações sobre um líder. Se os seus subordinados estão sempre a candidatar-se ou a oferecer-se para cargos fora da sua unidade de negócio, pode haver um problema. E outro é a reação de 360°. «É importante aproveitar todas as oportunidades para observar e avaliar as pessoas, quer seja numa avaliação formal, num jantar informal, quando tenho pessoas em minha casa, quando vou a casa delas», diz McDonald. «Quando estou diante de líderes e lhes peço que me digam como será a organização em 2015 ou em 2020, torna-se relativamente óbvio perceber quem pensa em criar capacidade de organização e que capacidade pensam em criar. O nosso conhecimento dos líderes individuais da empresa é muito profundo. E, tendo passado uma semana com cada um dos nossos administradores no GM College, conheço muito bem essas pessoas.»

Quanto do seu tempo despende um diretor executivo da P&G com as pessoas? «Alguém fez essa pergunta a A. G.», diz Antoine. «Refletiu durante um minuto e respondeu: "Cerca de 40%." Eu estava lá, a pensar que isso talvez fosse um pouco de mais, mas não disse nada. Regressei ao meu gabinete e olhei para o seu calendário num período de seis meses e percebi que não estava muito longe da verdade. Era 38%.»

DO «QUEM CONHECE» AO «QUEM É O MELHOR»

Atualmente, os sistemas de bases de dados computorizados de empregados são vulgares, mas a P&G era muito avançada quando, em 2003, criou o seu próprio sistema. Quando pediu financiamento para este sistema, Antoine dirigia os recursos humanos há vários anos e gozava da confiança de Lafley, com quem trabalhara no Japão antes de este se tornar diretor executivo. Nagrath liderou o projeto e, em 2005, já estava a funcionar, inicialmente nos Estados Unidos e depois globalmente. O sistema faz agora parte integrante da gestão de talento da P&G.

(Poucos anos antes, a equipa de recursos humanos da GE criara uma similar base de dados global de empregados. Bill Conaty recorda que, quando propôs o projeto a Jack Welch, com o título «Plano de Simplificação dos Recursos Humanos», o diretor executivo ergueu-se da cadeira e disse: «Isso é um oxímoro!» No entanto, Welch aprovou o projeto de 12 milhões de dólares, que foi concluído com êxito e pelo qual agora, a brincar, reivindica o crédito.)

A base de dados global da P&G recolhe toda a informação pertinente sobre cada um dos seus líderes e apresenta-a num ecrã durante as sessões de análise de talentos. Os próprios líderes introduzem alguma da informação, listando, por exemplo, as suas aptidões e experiências, como conhecimentos de línguas. Se a pessoa analisada for casada, podem anotar que necessita de uma nomeação para um lugar onde a esposa possa arranjar um emprego conveniente. Se a esposa for também empregada da P&G, a informação sobre ela estará igualmente incluída. A base de dados mostra também a história dos cargos, salários e desempenhos da pessoa, importada de outros sistemas dos recursos humanos.

A base de dados está ligada ao registo de resultados da P&G, que é uma forma de avaliar os líderes em termos de medições concretas e flexíveis de desempenho. «O registo de resultados torna a gestão de desempenho mais orientada em termos métricos e mais fácil de acompanhar», diz Nagrath. «É o desempenho visto ao microscópio.»

6 · DESENVOLVER APTIDÕES E CAPACIDADES ATRAVÉS DE EXPERIÊNCIAS IMPORTANTES

O registo de resultados avalia todos os diretores-gerais, presidentes e vice-presidentes em duas dimensões: números concretos quantitativos (quota de mercado, volume de vendas, lucro, etc.) e capacidades qualitativas que ajudam a construir a organização, como a inovação, a liderança e a estratégia. Esta informação é ligada ao processo de avaliação de desempenho da P&G, que, por sua vez, é ligado ao processo de compensação. A empresa utiliza este sistema há vários anos e, por isso, os líderes podem olhar para o passado a fim de verem como uma pessoa se comportou ao longo do tempo, mesmo que tenha ocupado cargos diferentes. «O desempenho sustentável é especialmente importante», explica McDonald. «Quando se avalia um diretor-geral ao longo de um período de cinco anos, é fácil ver que líderes constroem relógios e que líderes se limitam a dizer as horas.»

O registo de resultados inclui uma unidade de valor inovadora criada pela P&G: o impacto duradouro do líder na empresa. As marcas, por exemplo, levam muito tempo a construir, mas podem ser destruídas muito rapidamente. A P&G acompanhava agora o que acontecia depois de o líder passar para o cargo seguinte. Quando os melhores gestores deixam um cargo, as coisas melhoram. Noutros casos, as coisas pioram, independentemente de quem venha a seguir. Esta situação leva a administração a fazer algumas perguntas prementes.

Quando a P&G passou a tornar transparentes estas informações, o comportamento começou a mudar. E, por vezes, voltam-se contra eles. Antoine recorda uma promoção específica, quando algumas pessoas vinham ter com ele e lhe diziam: «Lembro-me de que as coisas não correram muito bem depois de Charlie ter sido promovido nos seus dois últimos cargos. Que se passa aqui?» Antoine resume: «Tornamo-los responsáveis e eles responsabilizam-nos.» McDonald acrescenta: «Em algumas empresas, este tipo de olhar em retrospetiva é feito de forma anedótica, quando as pessoas fazem comentários como: "Sabes, o Joe não era tão bom quanto pensávamos", mas, entretanto, o Joe seguiu em frente e ninguém mais quer saber disso. Agimos com base na informação.»

A base de dados fez uma diferença notável na qualidade das decisões. «Saímos do sistema baseado no "quem conheces"», diz Nagrath. «Dantes, quando era necessário substituir um alto quadro em França, dizíamos: "Quem conheces que fale francês?" O chefe da Europa Ocidental ou o diretor dessa sucursal dizia: "Conheço o Joe e a Susie." No entanto, podia haver mais 18 candidatos realmente bons que, simplesmente, eles não conheciam. E se praticamente todos os líderes que conhecessem fossem dos Estados Unidos, adivinhe quem eram os mais promovidos? Os líderes dos Estados Unidos.»

«De repente, o sistema abriu-se a toda a gente. Introduzimos os critérios e, em segundos, temos uma lista de pessoas. Podemos então dizer: "Nunca ouvi falar deste indivíduo, mas, no papel, parece um bom candidato e devíamos saber mais sobre ele." Quando temos acesso a dados e a pessoas de todo o mundo, as opções multiplicam-se. E os nossos empregados apreciam isso, uma vez que se trata de um sistema baseado no mérito. Podemos falar da velha rede – é apenas outra maneira de exprimir o fenómeno "quem conheces".»

Os recursos humanos facilitam a busca, mas é o chefe do departamento que tem a responsabilidade de encontrar a pessoa certa. Para os cargos abaixo dos 300 líderes de topo, que são geridos pela administração, um gestor costuma chamar o diretor dos recursos humanos para lhe dizer: «Temos más notícias: o Pierre vai sair.» O diretor dos recursos humanos procura três candidatos no sistema. Começam então os telefonemas. Que pensas deles? Que sabes sobre eles? É nesta altura que os líderes utilizam os seus conhecimentos sobre quem está realmente preparado para ser promovido ou quem precisa de um cargo no estrangeiro; deste modo, as pessoas têm as oportunidades de que necessitam para continuarem a desenvolver-se.

O registo de resultados ajuda a identificar os mais merecedores, com base no padrão dos seus desempenhos. «Procuramos gestores cujos resultados se destaquem, que possam trabalhar em ambientes diferentes de ano para ano», explica Nagrath. «Digamos que observamos vários gestores para preencher um cargo de presidente. Podemos ver que, durante sete anos, uma determinada pessoa foi a administradora com a média mais elevada de resultados de todos os candidatos. Este facto torna quase irrefutável a decisão de a promover primeiro que todos os outros. Também é útil no planeamento de sucessão, quando o conselho de administração pode ver que o líder não só alcançou os objetivos de curto prazo enquanto estava no seu cargo, como também construiu um negócio que continuou a produzir resultados após a sua saída.»

VÁRIOS NÍVEIS DE APRENDIZAGEM NA ÁSIA

Nem os sistemas de identificação mais completos ou o planeamento de nomeações mais rigoroso podem prever se uma pessoa se dará bem num

6 · DESENVOLVER APTIDÕES E CAPACIDADES ATRAVÉS DE EXPERIÊNCIAS IMPORTANTES

novo cargo. Quase todas as empresas observam o desempenho dos empregados, mas os mestres do talento utilizam o contacto próximo e lupas para verem como a pessoa está a reagir à nova situação. Os resultados comerciais de Deb Henretta foram bons; alcançou os objetivos. Mas desde cedo que era evidente que Henretta não usava apenas um conjunto de aptidões num novo local. Ao invés, aprendia mais a muitos níveis, o que é visível na descrição que faz dos seus quatro anos e meio passados na Ásia.

«Desde o início que dirigia os negócios em vários países do Sudeste Asiático, incluindo a Índia e a Austrália, cada um com diferenças de cultura, de religião, de regulações, de política, de economia e de infraestruturas. Conhecia pessoalmente um país e a cultura. Viajei bastante quando trabalhei no setor de produtos para bebé e tentava sempre conhecer os consumidores e os clientes, mas quando visitamos um país, só podemos dar uma espreitadela. Ter um cargo internacional confere uma compreensão alargada de outra cultura e uma forma diferente de fazer negócio. Ajuda a crescer em termos intelectuais.»

«Por causa da diferença de fusos horários e da distância física em relação a Cincinnati, e também devido à natureza do cargo, sentia-me realmente a gerir um negócio no estrangeiro. Não tinha percebido o quão protegida estava quando trabalhava em Cincinnati, pois havia muita gente que me apoiava. Tinha muitos recursos. É verdade que também tenho aqui muita gente, não me interpretem mal, mas estamos na linha da frente com os *media* se alguma coisa correr mal, e com os governos, quando precisamos de uma parceria ou há um problema alfandegário ou quando alteram as leis e temos de arranjar maneira de nos adaptar eficientemente a essas alterações. Estamos mais por nossa conta e, por isso, temos de desenvolver mecanismos de reação. E somos obrigados a arranjar uma rede de pessoas que nos possa ajudar. Não há um sistema prefabricado.»

«Muitos países em desenvolvimento querem melhorar a sua situação económica e procuram parceiros para os ajudarem a desenvolver-se economicamente, e não têm muita burocracia para atrapalhar. Assim, dou por mim a interagir com os governos e a tentar compreender como funcionam e aquilo que tentam fazer em termos do seu desenvolvimento económico, até mesmo em alguns dos países mais desenvolvidos, quando queremos instalar centros de investigação e desenvolvimento e movimentar pessoas pela Ásia. Ajuda-me a perceber quem são como pessoas e que tipos de produtos ou de posicionamentos podem ser importantes para eles.»

A Ásia está repleta de desafios inesperados. Se não é um ciclone, é um deslizamento de terras. Se não é um deslizamento de terras, é um golpe de Estado. Se não é um golpe de Estado, é um governo preocupado com um ingrediente de um produto. Henretta teve de desenvolver confiança pessoal e uma capacidade de lidar calmamente com estes aspetos. «Certa vez, tivemos de lidar com um terramoto na Indonésia. A primeira preocupação foi com as pessoas – tínhamos de localizar todos os nossos funcionários, incluindo os visitantes, e era preciso certificar-nos de que os edifícios não estavam estruturalmente afetados. Para ultrapassar isto, é necessário rever quase todo o plano de continuidade de negócios.»

NOVAS APTIDÕES, NOVOS HÁBITOS MENTAIS

Henretta ficou espantada com a rapidez da mudança nos países em desenvolvimento. A metáfora que utiliza para estas mudanças é uma memória visual do Vietname. «Quando comecei a trabalhar aqui, há cinco anos, as ruas estavam apinhadas de bicicletas e motorizadas, e um camião ocasional na rua era já uma visão invulgar. Agora, em locais como a cidade de Ho Chi Minh, vemos essencialmente automóveis e camiões nas ruas. Tenho fotografias do Vietname desde o primeiro ano em que lá fui até ao quinto ano, e podemos ver nelas o progresso impressionante que desde então ocorreu.»

«Devia talvez ter abraçado mais a mudança no meu trabalho anterior, mas isso é certamente inevitável aqui. E leva-nos a pensar mais no futuro. Fiquei mais interessada em estabelecer as fundações, tanto no sentido da estratégia comercial como no sentido da capacidade de construção organizativa e a nível de pessoal. De facto, isso ajudou-me a concentrar-me em criar algo que continuará a gerar bons resultados comerciais para a empresa muito depois de me ir embora, ou pelo menos assim espero.» Henretta acrescenta que a sua experiência no setor de produtos para bebé terá provavelmente criado a base para uma visão a longo prazo: «Um negócio que estava em declínio quase há dez anos não pode ser recuperado de um momento para o outro.»

Para abraçar a mudança, é essencial pensar de forma espontânea – tomar decisões mesmo quando não se tem todas as informações que se gostaria de ter. «Sou muito mais rápida a tomar decisões que antes me atormentavam», diz Henretta, «porque as situações de crise me obrigaram a tomar mais decisões imediatas. No meu trabalho anterior, por ser um

6 · DESENVOLVER APTIDÕES E CAPACIDADES ATRAVÉS DE EXPERIÊNCIAS IMPORTANTES

tanto perfecionista, precisava de conhecer 90% dos factos antes de tomar uma decisão. Agora, tomo decisões a partir de 80% dos factos. Reduzi o necessário em 10 pontos percentuais.»

Lafley e Antoine perceberam os desafios e viram o desenvolvimento de Henretta. «Uma das principais coisas que qualquer líder da P&G tem de aprender quando sai do casulo protetor em Cincinnati é lidar com a ambiguidade e com a falta de informações», afirma Antoine. «Nos países desenvolvidos, há informação para cobrir quase tudo. No outro lado do mundo, há alguma informação e muita intuição que tem de ser desenvolvida. Henretta teve também de alargar o seu campo de visão. Geria as maiores sucursais da P&G, com cerca de 9 mil milhões de dólares em vendas, em cerca de 80 países. Na Ásia, tem apenas 15 países, mas tem quase todas as linhas de produtos.»

Na Ásia, Henretta construiu o seu próprio sistema de apoio, com mesas redondas e com o envolvimento na Young Presidents' Organization. «Quando eu estava em Cincinnati, tinha uma dúzia de colegas líderes de unidades globais, sediados no mesmo edifício e na mesma cidade, e, se me deparasse com um problema complicado, podia contar com o apoio deles. No estrangeiro, eu tinha de confiar em relações externas. Quando lidamos pela primeira vez com algo como um terramoto, é muito valioso ter alguns diretores que tenham passado pelo mesmo. Por exemplo, quando se deu um golpe de Estado na Tailândia e o aeroporto foi encerrado, houve muitos telefonemas entre os executivos que trabalhavam na Ásia: "Que estás a fazer para retirar o teu pessoal? Que pensas disto?" Recebíamos algumas boas sugestões e podíamos também ajudar outros.» Em 2009, Henretta foi convidada a juntar-se a uma comissão multidisciplinar de planeamento, com a tarefa de desenvolver planos para o futuro de Singapura – outra oportunidade para alargar as suas capacidades e aptidões.

Henretta adaptou-se também às diferenças na capacidade organizacional. «Na Ásia, de uma forma geral, trabalhamos e operamos com uma organização de pessoas muito mais jovem do que aquela com que costumamos trabalhar no mundo desenvolvido; por isso, temos de despender muito tempo e energia a criar capacidades. E isso começa com os fundamentos do negócio, o modo como a P&G encara o negócio, e aspetos como os fundamentos da construção da marca. Grande parte dos primeiros anos na Ásia consistiu numa expansão em espaço aberto, levando as categorias da P&G para novos países, onde a P&G não fizera vendas no passado. No entanto, nos primeiros anos num país, o desafio é mais fácil do que aquilo a que chamaria o período médio, quando nos tentamos certificar de que aquilo que fizemos está realmente a construir o negócio. Percebi que tínhamos de voltar atrás e fazer algumas correções na construção dos fundamentos para que as marcas e o negócio durassem décadas. Grande parte deste trabalho consiste em ensinar às pessoas tudo aquilo que o pessoal de Cincinnati sabe instintivamente fazer. Está no ADN dessas pessoas, graças à formação que recebem, às experiências que têm nos estágios, etc.»

«Quando vamos para sítios como o Vietname ou a Indonésia, não encontramos necessariamente talentos que têm todos esses fundamentos no ADN. Arranjamos um grupo extraordinariamente apaixonado e desejoso de aprender. No entanto, tem de haver muita aprendizagem e formação centrada nesses fundamentos antes de levar o negócio para o nível seguinte.»

«Culturalmente, existe aqui um maior sentido de hierarquia; fazem aquilo que o chefe manda fazer. Por conseguinte, pôr as pessoas à vontade para fazerem perguntas ou tirarem dúvidas foi uma coisa à qual tive de adaptar o meu estilo. Nos Estados Unidos, se sugerimos uma ideia, podemos ouvir reparos e coisas como: "Vou dar-lhe 15 razões para que isso não funcione." Aqui, quase temos de obrigar as pessoas a assumirem a posição do advogado do diabo. Assim, para fazer isso, temos de dar tempo à nossa abordagem da liderança.»

EXTENSÃO E PROFUNDIDADE

Para Melanie Healey, que ingressou na P&G em 1990 e que é agora presidente do grupo para a América do Norte, passar para o nível global significou deixar o Brasil, onde nascera e fora criada pela mãe chilena e pelo pai inglês. A sua carreira começou quando se licenciou na Universidade de Richmond e arranjou emprego na S. C. Johnson, no Rio de Janeiro, onde esta empresa, bem como outras do setor de bens de consumo, incluindo a Unilever, a Colgate e a Johnson & Johnson, estavam bem implantadas. Fez uma rotação de vários meses em cada departamento antes de ser nomeada para a gestão de marca. Poucos anos depois, quando casou, foi trabalhar para a Johnson & Johnson em São Paulo, onde se tornou gestora de *marketing*.

Nesta altura, a P&G estava fora do Brasil, mas, em 1990, preparou-se para entrar neste mercado ao adquirir a Phebo Soap, uma empresa no valor de 120 milhões de dólares detida por uma família. Esta ação captou o interesse de Healey, por duas razões: em primeiro lugar, por causa da reputação da P&G como número um em *marketing* e gestão de marca; em segundo, porque era uma empresa conhecida por desenvolver talentos. Não teria de sair do país para continuar a aprender e a crescer. Quando um amigo da Johnson & Johnson se juntou à P&G no Brasil, Healey seguiu-o como uma das oito contratações da P&G para a gestão de marca.

Com sete anos de experiência profissional, Healey não era a nova recruta típica da P&G, mas tinha algo de que a empresa necessitava: conhecimento no terreno da cultura e do mercado brasileiro. A empresa enviou 35 funcionários para o Brasil com a missão de desenvolverem o negócio nesse país e, embora soubessem tudo sobre a P&G, conheciam mal as especificidades brasileiras. «Foi uma oportunidade maravilhosa para aprender com essas pessoas experientes, que haviam aberto o mercado em vários outros países», diz Healey. «E o sentido de camaradagem foi muito útil. Desde o primeiro dia, houve um bom relacionamento na nossa equipa, ao mesmo tempo que tentávamos saber como instalar a nossa marca no mercado brasileiro.» Healey liderou a introdução da *Pampers Uni*, uma marca de baixo custo, no mercado de fraldas descartáveis, que agitou os líderes da indústria local.

As suas missões seguintes – dirigir uma marca de sabão e o amaciador de roupa *Downy* no México – puseram à prova a sua gestão de marca e de *marketing* num ambiente completamente diferente. O México era a quinta maior subsidiária da P&G e as marcas estavam aqui bem estabelecidas. «O objetivo da missão era aprender a trabalhar num ambiente mais típico da P&G e experimentar uma cultura diferente», explica Healey. «Esses três anos na Cidade do México foram muito bons para saber como operar quando os recursos da P&G estão à nossa disposição. Aprendi também uma nova língua e conheci uma nova cultura. E depois deu-se a desvalorização do peso, em dezembro de 1994. Isto acontece de vez em quando no Brasil, mas a desvalorização de 1994 foi muito forte. Tive de lidar com o facto.»

Após o México, Healey foi trabalhar para o Brasil e para a Venezuela e, em 2001, mudou-se para Cincinnati. Durante os nove anos na sede da P&G, Healey recebeu várias promoções. Com o tempo, percebeu que estava a aprender mais do que as lições familiares por ter vivido no Brasil, em São Paulo e no México. É aquilo a que chama pensamento periférico, que é análogo à visão periférica. Trata-se de uma sensibilidade extrema a mudanças subtis nas franjas do nosso ambiente. Algumas pessoas chamam-lhe esperteza, o que se ajusta ao seu caso. «Desenvolvi uma espécie de instinto de sobrevivência no Brasil, porque, quando era criança, saía sozinha para apanhar o autocarro para a escola ou para ir a outro lado qualquer, e havia grandes hipóteses de ser assaltada no caminho. Observava todos os movimentos, a linguagem corporal de toda a gente. Não era exatamente paranoia, pois tinha grande autoconfiança. Temos de perceber o que se passa à nossa volta e ver se há alguma coisa um pouco diferente. Mesmo já adulta, em locais como São Paulo ou a Cidade do México, tinha de pensar quase cinicamente sobre o que me poderia acontecer.»

Esta agilidade mental traduziu-se em comportamentos profissionais instintivos. «Quando acontece alguma coisa, quer seja uma jogada da concorrência ou alguém que tem uma ideia para um novo produto, abordo a questão de forma muito rápida. Sou capaz de me pôr logo no lugar de um concorrente, de um funcionário, de um subordinado, de um chefe, olhar para as coisas a partir das suas perspetivas e reagir. Quando estou numa reunião, observo a linguagem corporal e sou capaz de saber se determinada pessoa acredita realmente naquilo que está a dizer ou se apenas se sente forçada a dizê-lo, ou se há um conflito entre duas pessoas. Sou capaz de perceber a verdade daquilo que se passa na empresa ou na organização.»

«Graças a este pensamento periférico e ao facto de ter estado em ambientes com condições diferentes, sou capaz de ver mais possibilidades. Quando alguém num país qualquer diz que certa coisa não pode ser feita, mas que eu já vi ser feita noutros três países, posso tentar ajudá-lo a vê-la de um ângulo diferente. O mundo em desenvolvimento é muito fremente, positivo e otimista. Estão ansiosos e sedentos de aprender. Esta atitude é preciosa.»

À medida que os vários cargos de Healey expandiam os seus limites do pensamento, os níveis cada vez mais elevados de responsabilidade de chefia aprofundavam a compreensão que tinha do seu negócio. «Tendo passado dez anos no setor de produtos de higiene feminina, desenvolvi um conhecimento profundo sobre esta categoria e instintos fortes sobre o que funcionava ou não. Aprendi a fazer as perguntas certas, algo que é importante quando se tenta dar a volta a um negócio ou lançar novas marcas ou gerir um departamento, que foi o que fiz muitas vezes. Conhecia bem o departamento de Pesquisa e Desenvolvimento, as fábricas, a saúde financeira da empresa, e, por isso, conhecia todos os botões que podia premir. Foi também uma experiência profissional diferente. No Brasil, a minha missão era construir uma marca a partir do zero. No México, construía a partir de uma base forte e de um impulso comercial. No entanto, o setor dos produtos de higiene feminina perdera grande parte da quota de mercado e estava em muito má situação. Precisava de dar uma reviravolta à empresa para recuperar o crescimento, e a organização tinha de ser reanimada.»

«Agora, enquanto presidente do grupo para a América do Norte, que constitui 40% do total de negócios da P&G, estou de volta à questão entre a extensão e a profundidade. A carteira norte-americana é enorme, com 123 marcas e submarcas diferentes em 20 categorias distintas. Sou responsável pelo departamento comercial, pela cadeia de distribuição e logística, relações externas, *marketing* e *media*. Dou formação e sou também mentora formal e informal. É impossível saber tudo sobre tudo e, por isso, aprendemos a observar a organização para perceber aquilo que é absolutamente crítico a partir de uma perspetiva mais elevada e onde é preciso aprofundar mais.»

«No fim de contas, é esta acumulação de experiências diferentes que alimenta a capacidade e, em certo sentido, amplifica também as nossas competências, porque aprendemos as coisas rapidamente e podemos fazer tudo mais depressa graças à experiência. Para isso, é importante que nos rodeemos de pessoas de qualidade, pessoas que nos complementem. O conceito que utilizo é o da escolha de um ator para uma peça. Penso em quem será a melhor pessoa para desempenhar determinado papel. Quem tem a experiência e os talentos relevantes para ajudar realmente? Jack Nicholson e Tom Cruise são ambos excelentes atores, mas não daria a Tom Cruise o papel principal de *Voando Sobre um Ninho de Cucos*, nem a Jack Nicholson o de *Ases Indomáveis*.»

ATUALIZAR A REDE GLOBAL

Ao longo dos anos, ao trabalharem em negócios, regiões geográficas, culturas e mercados diferentes, muitos gestores da P&G mantêm-se em contacto com os antigos colegas e chefes (que, em muitos casos, se tornam mentores). Estas redes globais ajudam-nos a adaptarem-se a novos ambientes e a novos desafios profissionais. Atualmente, a P&G está a institucionalizar essas relações, utilizando a tecnologia das redes sociais para melhorar as ligações entre os gestores da empresa em todo o mundo e aproveitar a aprendizagem providenciada por essas relações.

O próprio McDonald é o campeão deste projeto. «Lembro-me do choque que senti em 1991, quando, de repente, me tornei responsável por pessoas que não estavam no mesmo país que eu. Recorda-se do livro de

Tom Peter, *In Search of Excellence*, no qual falava sobre gerir em movimento? Bem, não se pode andar das Filipinas até à Coreia e, por isso, temos de arranjar outra forma de ligar as pessoas. Agora temos o nosso próprio Facebook interno e o nosso próprio YouTube, que é consistente com o modo como as pessoas hoje socializam e com aquilo de que necessitam para serem verdadeiros líderes globais no futuro.

«O que se pode fazer para que uma organização de 127 000 funcionários em 80 países pareça pequena e acessível? Uma forma é trabalhar com diferentes pessoas. Em cada missão, conhecemos muita gente de outras partes do mundo e, à medida que vamos ocupando cargos diferentes, mantemos os relacionamentos. Desenvolvemos uma massa crítica de colegas com experiência internacional.»

«Outra forma é através da tecnologia. Por exemplo, começámos a fazer *webcasts* a partir de vários locais do mundo em tempo real. Recentemente, fiz uma reunião no Brasil que foi descarregada para o sítio de Internet da empresa para que os funcionários pudessem ter acesso ao evento. Entretanto, os gestores entre o público comunicavam com as suas organizações em tempo real, relatando o que estava a acontecer no palco para uma organização que podia estar a 3000 quilómetros de distância. Os gestores têm pequenas câmaras digitais de vídeo para poderem fazer entrevistas no momento e captarem as reações para as pessoas no seu país. Os funcionários também podem aceder à transmissão e fazer perguntas. É visual e em tempo real.»

«Estas ligações são uma base importante para alargar o conhecimento do nosso pessoal sobre o consumidor e a competição global. Estamos também a descobrir que nos permitem aplicar a nossa nova estratégia de forma mais profunda e mais rápida do que antes. E a maior surpresa, que nem devia ser uma surpresa, tem sido o facto de ajudarem o pessoal a ligar-se ao nosso objetivo – mudar e melhorar a vida das pessoas. Quanto mais pessoas se sentirem ligadas a este objetivo, mais realizadas e motivadas se sentirão no trabalho.»

A GRANDE RECOMPENSA

A estrutura reforçada de liderança da P&G deixou a empresa bem preparada quando A. G. Lafley anunciou a sua saída, na altura em que o rescaldo da crise financeira fazia razias nas estratégias e lideranças de

6 · DESENVOLVER APTIDÕES E CAPACIDADES ATRAVÉS DE EXPERIÊNCIAS IMPORTANTES

muitas empresas. Nos 172 anos de história da empresa, todos os diretores executivos haviam sido promovidos internamente. É uma grande tradição, mas que pode ser perigosa se a tradição for a única coisa levada em conta.

Lafley e o conselho de administração abordaram a decisão da sucessão com um objetivo específico: escolher a melhor pessoa para a P&G nesse momento. A busca começou cedo, pois Lafley fizera do planeamento de talentos, incluindo a sucessão do diretor executivo, parte da sua agenda constante no conselho de administração. Os diretores começaram a identificar candidatos logo depois de Lafley assumir a direção executiva, e conheciam-nos bem graças às visitas periódicas que faziam nos seus territórios. «Pomos muitos cavalos na corrida e deixamo-los correrem até estarmos prontos para tomar uma decisão», diz Lafley. À medida que se aproximava a data da saída planeada, a lista ia ficando mais pequena, mas continha ainda meia dúzia de candidatos viáveis.

Quando faltavam dois anos para tomarem a decisão, Lafley e o conselho de administração trabalharam com os seus especialistas em recursos humanos, Antoine e Nagrath, e com Bill Conaty a fim de apurarem os critérios para o cargo de diretor executivo. A integridade, o caráter e os valores eram bases absolutas, e todos os candidatos preenchiam estes requisitos. Os outros critérios baseavam-se em cenários futuros, para cinco a sete anos, que ajudavam a identificar os problemas que o novo diretor executivo teria de enfrentar e, portanto, as aptidões e características que um líder devia ter para desenvolver a empresa. As necessidades dos consumidores estavam a mudar, bem como as oportunidades de crescimento. Nos países desenvolvidos, a crise económica remetia os consumidores para produtos de baixo preço. Entretanto, o crescimento económico nos mercados emergentes significava que centenas de milhões de pessoas estavam a ganhar o suficiente para melhorarem a qualidade das suas vidas. A P&G necessitava de um líder que compreendesse a importância de responder às várias necessidades do consumidor através da inovação e do custo.

McDonald destacou-se como um candidato bem preparado para explorar o ímpeto da empresa e o foco no consumidor e desenvolver a P&G. Em junho de 2009, foi nomeado diretor executivo e, em 1 de janeiro de 2010, tornou-se também presidente do conselho de administração, completando assim a sucessão. Formado em West Point e a trabalhar na P&G desde 1980, McDonald esperava passar toda a carreira em Cincinnati. No entanto, desenvolveu as suas capacidades de liderança em várias missões no Canadá, no Japão, na Bélgica e nas Filipinas – onde viu pessoalmente

MESTRES DO TALENTO

como os produtos da P&G afetavam a vida das pessoas, providenciando, por vezes, benefícios de saúde e higiene com verdadeiros efeitos transformadores. O objetivo reafirmado da P&G – «melhorar a vida de mais pessoas, em mais países e de forma mais completa» – decorre diretamente da aprendizagem das experiências globais de McDonald, que já começou a percorrer essa via. Depois de ter alinhado a estrutura de custos com a crise económica, anunciou uma nova iniciativa para alcançar mais mil milhões de consumidores de produtos da P&G no prazo de cinco anos – na China, na Índia, no Brasil e em África. Com pessoas como Melanie Healey e Deb Henretta, a P&G está condenada a tornar esta visão uma realidade.

CONCLUSÕES

O desenvolvimento do talento através de experiências expande a aptidão e a capacidade nos quatro principais componentes do talento: características pessoais, flexibilidade de competências, construção de relações e capacidade de avaliar pessoas e negócios. Foi uma decisão acertada dar a Deb Henretta e a Melanie Healey missões nas quais podiam crescer exponencialmente em todas as quatro áreas e num curto período de tempo. É a aprendizagem pela prática, que não pode ser substituída por livros ou aulas.

- Características pessoais. Healey desenvolveu uma rápida sensibilidade às mudanças em variáveis fundamentais, bem como a capacidade de ler a dinâmica social de um grupo. Henretta aprendeu a perceber, para além das diferenças culturais, o verdadeiro sentido de um indivíduo. Aprendeu a abster-se de retirar conclusões antes de ouvir todas as versões da história. Healey e Henretta revelaram possuir, sem qualquer dúvida, o elemento mais importante do talento: a vontade de aprender e de integrar a aprendizagem no próprio ADN.
- Capacidades. Na América, Henretta dirigia uma categoria. Em Singapura, gere todas as categorias em 15 países, lugares com culturas, comportamentos de consumo e canais de distribuição diferentes. Este tipo de experiência expande as capacidades cognitivas relacionadas com as decisões estratégicas, a distribuição de recursos e o desenvolvimento de vantagens competitivas. Healey teve um leque de experiências na América do Sul e no México que aprofundaram

os seus conhecimentos e instintos numa das maiores subsidiárias da P&G. Aprendeu a analisar os pormenores importantes e a confiar na sabedoria e na experiência dos outros.

- **Relações.** A missão de Henretta em Singapura apresentava um desafio. Tinha de desenvolver relações com as agências executivas, legislativas e reguladoras de 15 governos e lidar com todo o género de condicionalismos regulamentares e de obstáculos logísticos. Atualmente, Henretta é um elemento fundamental do comité de estratégia e planeamento do governo de Singapura. A sua capacidade de lidar com as sucursais estrangeiras da P&G aumentou exponencialmente. Nos primeiros dias de Healey na P&G, as suas relações com os membros da equipa e com os constituintes foram a chave de entrada no mercado brasileiro. Mais tarde, as relações com antigos colegas e mentores auxiliaram a sua transição para novas culturas e ajudaram-na a lidar com diversos desafios profissionais.

- **Capacidade de julgar.** Quando o alcance do seu cargo ultrapassou o domínio das suas competências, Healey teve o bom senso de reunir uma equipa cujas competências complementavam as suas próprias aptidões e em cujos conhecimentos confiava. Na missão de Henretta em Singapura, a ambiguidade é uma constante. A informação raramente é atempada, na maioria dos casos é pouco rigorosa e é geralmente incompleta comparada com aquilo a que estava habituada quando trabalhava na sede da P&G. É um grande desafio para a capacidade de julgar saber que informação utilizar, em que fontes confiar e a que recomendações e opiniões se deve dar maior importância. As ideias sobre os consumidores, sobre a competição e sobre as tendências nacionais estão também sempre sujeitas à mudança, e é necessária boa capacidade de avaliação para saber que velhos princípios devem ser abandonados e que novas regras devem ser desenvolvidas. Um ambiente assim tão dinâmico é um árduo teste ao desenvolvimento da liderança.

Em todas as empresas que temos vindo a analisar, os líderes em desenvolvimento eram sempre gestores. O mesmo já não se pode dizer em relação às empresas de setores como a ciência e a tecnologia, onde os especialistas não têm muitas oportunidades para desenvolver competências de gestão. No próximo capítulo, veremos como uma empresa de tecnologia criou uma nova espécie de líder graças à combinação das duas disciplinas.

Capítulo 7

Criar um novo tipo de gestores: como a Agilent transforma tecnólogos em líderes empresariais

O nosso mundo cada vez mais especializado requer líderes empresariais de topo com conhecimento especializado. A necessidade é mais evidente nas indústrias da ciência e da tecnologia, bem como nos serviços financeiros, com as suas ferramentas matemáticas cada vez mais sofisticadas. No entanto, os líderes em indústrias que não pensamos que se baseiam necessariamente na especialização necessitam também de conhecimentos especializados. O diretor executivo de uma cadeia de hospitais, por exemplo, tem de conhecer todos os processos da política estatal para trabalhar bem com as agências reguladoras. Um caso exemplar é o do diretor executivo da Kaiser Permanente, George Halvorson, que fez quase uma segunda carreira a escrever e a dar conselhos sobre política de saúde. Os diretores executivos da indústria de retalho, cujas empresas enfrentam a rápida mudança dos gostos dos consumidores e a proliferação de segmentos de mercado, necessitam de conhecimentos mais profundos de *marketing* e de uma experiência sólida em logística.

A maioria das empresas costuma valer-se de líderes cuja especialidade é a gestão – ou seja, gerentes – para tomarem conta dos negócios. Os gerentes desenvolvem as suas competências ao gerirem gabinetes de contabilidade, aprendendo com a experiência e de uma maneira que nenhum curso de gestão pode providenciar. No entanto, para os gestores de uma empresa baseada na especialização que não tenham bases na disciplina, é difícil liderar eficientemente essa empresa. Podem não ser capazes de identificar problemas evidentes no negócio, porque não podem sondar os subordinados para acederem às verdadeiras causas dos problemas operacionais ou competitivos ou reconhecerem uma ideia inovadora. Não estão equipados para tomarem as melhores decisões sobre orientação estratégica, distribuição de recursos, objetivos e recrutamento para os cargos principais.

As empresas lideradas por especialistas no seu domínio têm os seus próprios problemas: os líderes raramente sabem como uma empresa ganha dinheiro. São promovidos no seio dos departamentos das suas funções ou especialidades, onde não há oportunidades de trabalhar em finanças e de desenvolver competências de gestão. Recrutar gestores externos pode resolver o primeiro problema descrito, mas torna problemático o planeamento de sucessão da direção executiva.

Bill Sullivan enfrentou este dilema quando, em 2005, assumiu o cargo de diretor executivo da Agilent Technologies. A sua empresa estava cheia de especialistas, mas era parca em talentos de gestão. A forma como resolveu o problema é uma lição preciosa para qualquer empresa que se confronte com a mesma dificuldade.

CONSTRUIR UM QUADRO FORTE

Sullivan sabia exatamente o que queria fazer. Separada da Hewlett-Packard em 1999, a Agilent incluía um grupo misto de divisões tecnológicas. A parte central era a que produzia instrumentos de medição científica e técnica, e Sullivan iria concentrar-se totalmente nesta divisão, deixando cair todas as outras. O seu objetivo consistia, nada mais, nada menos, em fazer da Agilent «a maior empresa de medições do mundo», juntando a sua especialização científica e técnica a peritos em gestão, incluindo estratégias bem focadas e competências de *marketing*. Tratava-se de um plano ambicioso, mas Sullivan tinha as qualidades certas de liderança e desempenharia um papel importante na sua execução.

O elemento fundamental dos seus planos seria aquilo a que chamava «um quadro de gestores de primeira classe», constituído por líderes com grandes competências técnicas e capacidades extraordinárias de gestão.

Esta raridade no setor tecnológico, a seu ver, dar-lhe-ia uma poderosa vantagem competitiva. Começou por reorganizar a Agilent, transformando uma estrutura organizada em departamentos numa estrutura descentralizada, com cada unidade empresarial responsável pelas suas próprias finanças. A estrutura financeira desenvolveria o tipo de líderes de que necessitava e tornaria a Agilent competitiva também de outras maneiras. Enquanto uma estrutura organizada em departamentos tem certas vantagens em termos de custos, os mercados globais de hoje requerem tomadas de decisões rapidíssimas, o que é difícil em empresas organizadas em departamentos. Os departamentos, como o de *marketing* ou o financeiro, respondem ao diretor executivo, que tem então de integrar as decisões tomadas por cada departamento. Enquanto as decisões transitam entre pisos da empresa, pode perder-se uma oportunidade ou a crise pode ficar descontrolada. Além disso, a empresa depende de um diretor executivo que pode não ter capacidade para fazer tudo.

As ideias de Sullivan sobre a liderança faziam também dele um mestre nato do talento. Uma parte essencial do seu plano consistia em confiar aos líderes a tarefa de desenvolverem outros líderes. Decretou que os gestores dos departamentos da Agilent seriam responsáveis pela construção da capacidade organizacional e por tornarem os seus subordinados diretos responsáveis por fazerem o mesmo. Isto seria tão importante como apresentar bom desempenho financeiro e teria um peso substancial no cálculo das recompensas.

Sullivan, que fez carreira na HP e era diretor de operações da Agilent antes de assumir a direção executiva, combina a exatidão de um tecnólogo com a perspicácia empresarial e o estilo prático e pessoal de um pequeno empresário. Os seus principais líderes partilhavam a sua mentalidade e contribuíram também com perspetivas externas para os seus cargos. Adrian Dillon, diretor financeiro antes de se tornar diretor financeiro e administrativo da Skype em junho de 2010, era um economista de formação que fizera parte da direção da Eaton Corp. Ron Nersesian, presidente do Electronic Measurement Group, é um engenheiro que trabalhou para a HP durante grande parte da sua carreira, mas que saiu por alguns anos para dirigir o *marketing* e trabalhar como presidente e diretor-geral de um fabricante de osciloscópios antes de regressar à Agilent. À medida que a Agilent se ia descartando das empresas subsidiárias que não queria, Sullivan, Nersesian e Dillon passavam em revista os líderes das subsidiárias que seriam mantidos, procurando aqueles que tinham o que era necessário

MESTRES DO TALENTO

para levarem a cabo as mudanças requeridas no novo modelo. Várias pessoas foram afastadas e substituídas por talentos de outras empresas ou por gestores entretanto promovidos.

A premissa de Sullivan era que existia matéria-prima na Agilent e que essas pessoas tinham de ser encontradas, desenvolvidas, formadas e treinadas. Contudo, os novos líderes teriam de adquirir muitas competências de gestão em pouco tempo. Uma formação tradicional não daria resultado: a formação executiva e os programas de desenvolvimento que a maioria das empresas utiliza são, em muitos casos, superficiais e limitados.

Sullivan pediu à Leadership and Development Team da Agilent, liderada por Teresa Roche, que concebesse um conjunto padronizado de programas de aprendizagem a que chamou Enterprise Curriculum. Incluía um curso básico de três dias para todos os novos líderes e uma série contínua de programas concebidos à medida dos diferentes níveis de líderes. Sullivan e outros líderes de topo participaram intensivamente nesses programas e os formadores orientavam os participantes em exercícios de simulação de gestão que os punham em contacto com as realidades dos tópicos abordados.

Era igualmente importante que os gestores adquirissem uma compreensão sólida do modo de analisar as necessidades do consumidor e da segmentação de mercado. Esta é uma área normalmente fraca em empresas como a Agilent.

AS CARACTERÍSTICAS DE UM DIRETOR-GERAL

A marca distintiva dos diretores-gerais é a perspicácia empresarial – a capacidade de ver e de compreender uma empresa na sua totalidade. As outras características fundamentais de um diretor-geral são:

- Compreender como a empresa faz dinheiro relativamente à concorrência e às oportunidades percebidas.
- Ver a empresa como um todo, posicionando-a à frente das outras em relação à velocidade e ao caráter da mudança no exterior, e fazer apostas estratégicas que posicionarão a empresa no futuro.
- Saber quem são os clientes, o que é a segmentação e qual é o comportamento do cliente.

- Escolher o conjunto certo de objetivos empresariais e estar preparado para gerir riscos.
- Desenvolver e manter uma vantagem competitiva constante, incluindo a construção de novas competências e o abandono das que já não são relevantes.
- Apresentar resultados comerciais a curto e longo prazo.
- Trabalhar com especialistas numa grande variedade de disciplinas e compreender profundamente as questões que levantam e as soluções que propõem na perspetiva da empresa como um todo.
- Desenvolver soluções alternativas mudando as assunções do problema em causa.
- Gerar e distribuir recursos pela empresa como um todo e equilibrar os prazos curtos e longos.
- Dominar os números para apresentar resultados trimestrais.

Na maioria das empresas científicas que vendem os seus produtos a clientes cientistas, os funcionários ligam fundamentalmente à tecnologia. Em muitos casos, falta-lhes sensibilidade em relação aos clientes e habilidade para fazerem a segmentação do mercado. Os programas da Agilent começam com um especialista externo, que explica a arte da segmentação do mercado. Os executivos aprendem depois as necessidades dos mercados da Agilent e o modo como a empresa pode preenchê-las. Tal como o programa sobre intercâmbios (*trade-offs*), é um trabalho prático com muita orientação. Sullivan recrutou uma pequena firma de consultadoria especializada em segmentação do mercado para trabalhar com os novos administradores na criação de novos segmentos de mercado para os seus negócios. Por outras palavras, a empresa não só os ensina a pescar como também os ajuda a apanhar o primeiro peixe.

O TREINADOR PRINCIPAL

Como estava a criar um quadro de líderes com características únicas, Sullivan precisava de novas formas de avaliar o desempenho desses líderes. Na Agilent, as avaliações baseiam-se em três critérios: direção estratégica, resultados financeiros e êxito dos líderes na criação daquilo a que Sullivan chama capacidade organizacional. Este último critério é pouco vulgar – a maioria das empresas baseia as avaliações de desempenho nos resultados financeiros e na execução da estratégia – e, por si só, mostra a importância que a Agilent atribui ao desenvolvimento dos líderes.

Para terem o máximo de informação possível, as avaliações contam também com os dados decorrentes de uma auditoria bianual aos empregados, centrada na eficiência da liderança em áreas como a orientação para o cliente, velocidade e oportunidade das tomadas de decisão e determinação. «Olhamos em especial para a velocidade das tomadas de decisão para se chegar a conclusões de uma forma transparente», diz Jean Halloran, diretora de recursos humanos da Agilent. «Há pouco tempo, acrescentámos algumas questões relacionadas com o progresso dos líderes no que diz respeito a fazerem apostas e correrem riscos na área da inovação. Estas questões tornaram-se um indicador muito forte do desenvolvimento dos líderes.»

Duas vezes por ano, a administração e os recursos humanos passam em revista os diretores e, uma vez por ano, analisam profundamente o desempenho desses líderes, que é a base do estabelecimento das compensações e das recompensas. No entanto, cada chefe de divisão avalia também os seus diretores-gerais. «A responsabilidade pela organização e pelo desenvolvimento da liderança cabe aos presidentes das divisões», diz Roche. E, embora utilizem os critérios de avaliação que o departamento de recursos humanos concebeu para toda a organização, podem acrescentar outros critérios e ferramentas que considerem particularmente úteis nas suas áreas.

Contudo, Sullivan construiu um sistema social paralelo centrado em si e trabalha geralmente fora dos trâmites dos processos formais de avaliação. «Gosta que lhe dêmos ferramentas e lhe apresentemos líderes refletidos para moldar as suas ideias», diz Roche. «Mas, ao contrário das empresas que se limitam a calendários muito definidos de avaliação do talento, Bill faz disso parte das conversas.» Faz questão de andar pelas divisões, de fazer perguntas e de comparar opiniões. «É preciso ver o que se passa com as pessoas no seu terreno», diz ele. «É uma das razões por que passo tanto tempo na estrada. Quero ver as pessoas em frente dos clientes. Quero ver como se relacionam com os seus próprios empregados. E aprende-se muito a visitar as divisões e a falar com o pessoal. Há assim um diálogo constante.» De facto, Sullivan é um treinador principal. É o modelo do rigor e do acompanhamento que espera ver em toda a parte, e as suas lições são seguidas pelos subordinados.

O sistema social de Sullivan reflete o seu estilo prático, bem como o desconforto da avaliação de pessoas através de processos formais. Com

7 · CRIAR UM NOVO TIPO DE GESTORES

demasiada frequência, estes processos reiteram as avaliações de desempenho sem aprofundarem as questões. «Na verdade, não há discussão sobre se determinado indivíduo é capaz de lidar com a ambiguidade, se é capaz de construir uma equipa, se os resultados são realmente seus», diz ele. «É muito fácil ficar habituado e preso a alguém, particularmente se essa pessoa tiver um bom registo durante alguns anos. Mas será essa ainda a pessoa certa, com as aptidões certas, para o levar para o futuro?» Sullivan fomenta a intimidade, embora não utilize este termo.

Tão importante como avaliar é sair dos processos para tranquilizar e encorajar as pessoas. Por exemplo, diz Sullivan, «é incrível, mesmo no nível executivo, a dificuldade que as pessoas têm de estabelecer intenções e conteúdos estratégicos que possam ser mensuráveis de forma absolutamente *clara*. Sempre que vejo uma organização onde não é muito claro o que estão a fazer, é obviamente um ponto de discussão. Por vezes, têm receio, tentam adivinhar a resposta correta. Não sabem a resposta completa porque é um problema complexo. E, por vezes – na maioria dos casos –, precisam apenas de um sinal de incentivo: "Estas são as três grandes prioridades, é o que iremos fazer e vamos em frente. Não agonizem e voltaremos a falar disto na próxima discussão."»

«É necessário haver um ambiente em que as pessoas saibam que não é incriminatório falar sobre as forças e fraquezas de um executivo. Acredito firmemente que um indivíduo tem de ser capaz de correr riscos pessoais. Tem de mostrar paixão para poder liderar pessoas.» Sempre que Sullivan fala de planos de estratégia ou de avaliação, de pessoas ou de desempenhos financeiros, é quase maníaco no que toca a fazer perguntas sobre o desenvolvimento da capacidade organizacional: que líderes estão a ser desenvolvidos e como, que novas aptidões devem ser desenvolvidas e quais devem ser abandonadas, quem está em vias de se tornar líder, quem necessita de frequentar programas específicos de liderança. Integra todas estas questões, e a vantagem que tem como modelo desperta a atenção de todos. Trata-se de uma forma lenta, mas constante e segura de construir a cultura de liderança empresarial do futuro.

Nas reuniões do conselho de administração, Sullivan apresenta uma avaliação de cada executivo seu subordinado, concentrando-se na forma como a pessoa construiu capacidade organizacional e como estabeleceu os objetivos estratégicos. «Dizemos ao conselho de administração que dois terços da compensação se baseiam no desempenho e o outro terço na construção de capacidade organizacional com o desenvolvimento de líderes para o futuro.» (A Agilent avalia os resultados e as compensações de seis em seis meses porque, diz Sullivan, «sempre pensei que acontecem coisas estranhas quando temos apenas objetivos anuais.»)

No entanto, põe sempre os números em contexto. Por exemplo, a crise financeira providenciou uma lição para os seus diretores. «A coisa mais fácil para um conselho de administração ou qualquer pessoa avaliar são os resultados financeiros», diz ele. «Este ano, toda a gente ficou aquém dos resultados, não é verdade? Fui lá e fiz a minha avaliação: "Vejam, ficámos mil milhões de dólares aquém do esperado." Não alcançámos os objetivos, mas o que aconteceu foi isto: organizámos a empresa de forma a identificarmos os três vice-presidentes potenciais para dirigirem cada um dos negócios. Sublinhei as decisões sobre capacidade organizacional que Ron Nersesian tomara – e teve de tomar algumas decisões realmente difíceis. Juntou divisões maiores, o que significa que havia um grupo de vencedores e um grupo de perdedores. Resolveu muito bem as coisas.»

«O processo obrigou a um diálogo mais aberto e deu ao conselho de administração uma perspetiva mais equilibrada daquilo que os líderes haviam alcançado. E o conselho acabou por dar um grande apoio.»

OPORTUNIDADES DE DESENVOLVIMENTO PARA O PESSOAL

Ron Nersesian, presidente da maior divisão da Agilent, o Electronic Measurement Group, tem também uma paixão pela criação de líderes. «Desenvolver o talento de outras pessoas acaba por ser a essência da empresa», diz ele. «Os nossos produtos têm prazo de validade. Podemos ter um produto pelo qual poderíamos cobrar 100 000 dólares há três anos, e agora esforçamo-nos por conseguir vendê-lo por 20 000 dólares. Quando olhamos para a rentabilidade, mesmo com a curva de experiência, vemos o lucro ou a margem bruta passar de 80 000 dólares para quase zero. É uma descida muito dramática.»

«Os produtos expiram. A única coisa que permanece é a aprendizagem institucional e o desenvolvimento das competências e capacidades do nosso pessoal.»

Desenvolver as pessoas, diz Nersesian, «significa geralmente certificarmo-nos de que têm oportunidades. Se não desenvolvermos oportunidades, não desenvolveremos as pessoas. Tudo o que teremos são ativos a desvalorizar, que são produtos e soluções; as pessoas vão-se embora e

7 · CRIAR UM NOVO TIPO DE GESTORES

a empresa vai abaixo. Por conseguinte, certificarmo-nos de que desenvolvemos essas oportunidades para as pessoas é um trabalho constante.» Nersesian acrescenta: «Estou sempre a observar informalmente a organização, questionando e falando com as pessoas, comparando-as com as oportunidades que existem.»

São poucas as empresas em que um executivo se daria ao trabalho de descer dois níveis para prestar atenção especial a um gestor descontente com o seu trabalho. No entanto, foi o que Nersesian fez quando reparou que Niels Faché estava a ficar cada vez mais impaciente. Natural da Bélgica, Faché era um engenheiro com interesses académicos. «Mas eu tinha aquele bichinho de empresário», diz ele. «Senti sempre atração por desafios e aventuras.» Enquanto estava a fazer um pós-doutoramento, aceitou um cargo na HP em Santa Rosa, na Califórnia, em 1990. Aí, viu uma oportunidade de comercializar um programa de simulação de circuitos baseada em tecnologia que ele e outros haviam desenvolvido na Universidade de Gante. Depois de regressar à Bélgica, em 1991, reuniu uma equipa de investigadores e doutorandos da universidade para o desenvolvimento de produtos. Organizada como uma empresa chamada Alphabit, a firma separou-se da universidade e assinou um contrato com a HP. O seu primeiro projeto, lançado em 1994, tornou-se líder de mercado no seu segmento, e quando a HP quis adquirir a empresa e contratar Faché, este aceitou com satisfação. «Podia ir para além da Pesquisa e Desenvolvimento, a minha equipa teria maior responsabilidade pelo produto e podíamos construir relações mais próximas com os consumidores», diz ele.

Faché trabalhou então como «gerente de primeira linha» no planeamento e *marketing* de produto para várias divisões da empresa e ficou a cargo do planeamento de produtos de *software*. Começou por gostar do trabalho. «Estabeleci um novo itinerário e era excitante», diz ele. No entanto, quando o trabalho entrou no modo de manutenção, perdeu o entusiasmo. «Tudo se resumia a desenvolver a mesma linha de produtos. Já não tinha a ver com a minha intensidade nem com o meu interesse.»

Em 2003, quatro anos depois de a Agilent ter sido criada a partir das divisões de medidas da HP, Faché começou a pensar em trabalhar por conta própria. Falou da sua impaciência à diretora de recursos humanos. A diretora falou com Nersesian, que era então vice-presidente da Design Validation Division, que decidiu observar mais de perto Faché, que estava dois níveis abaixo de si. «Descobri uma pessoa empreendedora, ativa e com gosto por velocidade e resultados. Estava deslocado nesse papel de planeamento a longo prazo.»

«Então, criei um novo cargo, que consistia em explorar as empresas com que nos pudéssemos fundir, que pudéssemos adquirir, que tipo de parcerias poderíamos formar. E confiámos o cargo a Faché, colocando-o num nível que respondia diretamente a mim. Ao trabalhar com ele nesse papel, tive a oportunidade de o testar, de o desenvolver e de perceber ainda melhor quais eram os seus pontos fortes.»

Nersesian ocupou-se então de Faché, como um treinador que puxa por um jogador promissor. Chegou até a acompanhar Faché numa viagem à Coreia, onde iriam observar um potencial parceiro. Nessa viagem, descobriu que o seu protegido precisava de ser ajudado no que dizia respeito ao estabelecimento de objetivos estratégicos de alto nível. As negociações começaram a ficar atoladas à medida que Faché se concentrava nos pormenores técnicos dos produtos que podiam ou não servir.«[Faché] não tinha aptidões para negociar e conquistar esse parceiro», diz Nersesian. «Então, intervim, como que dando o exemplo, e disse: "Deixe-me começar com o relacionamento."»

Faché diz: «Uma coisa que aprendi com o Ron, e que apreciei, foi o seu foco estratégico nas prioridades e a capacidade de reduzir uma situação aos seus parâmetros fundamentais. Quando nós, engenheiros, lidamos com um problema, tendemos a ser extremamente analíticos e avessos ao risco; por isso, os nossos processos de tomada de decisão demoram muito tempo – é a nossa zona de conforto. O Ron começa imediatamente a sintetizar as questões: onde está a oportunidade, o que temos de fazer para tornar isso atraente?"»

Numa reunião com o diretor executivo da empresa e alguns dos seus principais executivos, Faché observou Nersesian a descrever uma situação em que todos ganham, a falar de coisas como valores, a abordagem da Agilent às parcerias com outras empresas e as capacidades complementares das duas empresas. «Então, os pormenores e as questões técnicas passavam para segundo plano», afirma Nersesian. «Sempre que havia um problema, eu dizia: "Sei que estamos a trabalhar juntos para levar isto para a frente", e chegávamos a um compromisso de modo a alcançarmos os nossos objetivos.»

Faché recorda-se vivamente da lição que aprendeu: «Foi uma das melhores experiências da minha carreira. Tínhamos de chegar a um acordo com essa empresa. Em vez de ficarmos presos aos pormenores,

7 · CRIAR UM NOVO TIPO DE GESTORES

trabalhámos num memorando de entendimento numa reunião de duas horas e lidámos depois com os pormenores. Foi um trabalho ininterrupto, mas conseguimos, pois tínhamos um acordo de alto nível que se tornou um contexto sobre o qual as empresas podiam trabalhar. Foi muito entusiasmante e recompensador – nunca havíamos lançado uma parceria em tão pouco tempo.»

Apenas seis meses depois, Nersesian concluiu que Faché estava preparado para um cargo consideravelmente mais elevado, que necessitava da sua perícia, e nomeou-o diretor da divisão de banda larga móvel. Faché chama-lhe «um salto de fé» por parte de Nersesian. Embora já tenha tido alguma experiência de gestão ao longo dos anos em diversas funções, passava subitamente de administrador de primeiro ou segundo nível para diretor-geral da divisão com os maiores problemas na empresa. «O maior número de pessoas que eu dirigira era 60. Esta organização tinha 400 pessoas e receitas de quase 300 milhões de dólares, e estava realmente nas lonas. Tinha a sua própria cultura e estava muito isolada. Não tinha boas relações com o diretor executivo, com o departamento comercial e com um dos seus parceiros. As pessoas estavam nervosas em relação aos seus empregos.»

Faché estava compreensivelmente nervoso em relação à sua própria posição e perguntava-se se Ron não havia cometido um erro. «Fomentar a mudança é difícil neste tipo de situação», diz ele. «Pode ser um trabalho desmoralizador e solitário. Questionamo-nos a nós próprios, enfrentamos oposição. Após o primeiro mês, apresentei o nosso novo objetivo estratégico, que teria mais a ver com a Pesquisa e Desenvolvimento do que com a produção. Nem toda a gente que trabalhava diretamente comigo estava certa de que eu soubesse o suficiente do negócio para fazer isso – isto remonta à cultura da Agilent, na qual se pensava que era necessário ter 20 anos de casa para saber o que fazer.»

No entanto, Nersesian sentia que Faché tinha a força e a energia para levar a cabo a sua tarefa se tivesse algum auxílio no que dizia respeito à avaliação de pessoas. Assistia-o com cuidado. Por exemplo, quando queria mudar e substituir líderes na sua organização, Faché recorria sempre a Nersesian. «Sabia que era um avaliador tão bom de pessoas que eu não tomava decisões sem falar com ele», diz Faché. «[Nersesian] estava sempre presente para me dar apoio moral. Mas ele queria que eu tivesse as minhas próprias intuições sobre essas decisões, de maneira que, embora ele estivesse sempre lá para me ajudar, fossem sempre minhas.» Faché recebeu também ajuda do departamento de recursos humanos da Agilent.

«Quando eu precisava de uma opinião imparcial, havia sempre alguém que compreendia os problemas e com quem eu podia falar de situações sobre pessoas ou que me ajudava a estruturar um programa de gestão de mudança.»

Faché cresceu no cargo, desenvolvendo uma nova compreensão da liderança sob a tutela de Nersesian. «Sou muito determinado e competitivo, e as minhas sínteses orientam as minhas tomadas de decisão. Ao mesmo tempo, aprendi muito sobre a importância de confiar nos outros e de dar poder aos líderes na organização. O Ron orientou-me com sugestões e ideias concretas, enquanto permitia que eu conservasse um forte poder sobre as minhas decisões.»

Para além daquilo que Nersesian lhe ensinou, Faché diz que recebeu muita ajuda da leitura do livro *The Speed of Trust*, de Stephen Covey. «Percebi que a construção de uma organização de grande confiança requer atenção, ouvir o que os outros dizem e estar constantemente a refletir. Nunca se despende demasiado tempo no processo de gestão de mudança para se conseguir esse alinhamento organizacional, pois demora um pouco até sabermos se a mudança teve efeito.»

A divisão de banda larga móvel sofreu uma grande transformação, mas o trabalho ainda não terminou. A Agilent fundiu-a com outras duas divisões do Electronics Measurement Group. Faché é agora o diretor-geral para o desenvolvimento dos negócios externos desta empresa. Com algum orgulho, Nersesian diz que «agora, Niels é capaz de dirigir uma grande empresa. É um diretor-geral testado. Está no nível executivo, é vice-presidente e está a fazer um trabalho excecional».

UM EMPREENDEDOR DA GESTÃO DO TALENTO

Adrian Dillon, diretor financeiro, deu grandes contributos para a transformação da Agilent durante os oito anos e meio em que lá trabalhou, antes de sair da empresa para ingressar na Skype. Facto raro num diretor financeiro, foi uma espécie de empreendedor da gestão de talentos, usando a sua posição no centro do fluxo de informação da empresa para identificar, desenvolver e distribuir os talentos. (É um aspeto no qual todos os diretores financeiros deviam pensar.)

Tal como Nersesian, Dillon estava atento aos talentos que eram negligenciados ou que se perdiam. O seu foro era a matriz de desempenho (com o desempenho no eixo horizontal e os valores no vertical) utilizada nos processos formais de avaliação. Como ele afirma, é normal que os executivos analisem uma matriz e concentrem a atenção no canto superior direito. No entanto, prestar pouca atenção às outras áreas pode levar ao desperdício de talento. Consideremos um indivíduo que está há algum tempo preso na área inferior esquerda – um «estável», que faz um trabalho consistente, mas pouco espetacular. Em muitas organizações – talvez na maioria –, essa pessoa não teria hipóteses de ser promovida. Mas numa empresa como a Agilent, é provável que um líder tenha a oportunidade de reparar que esse indivíduo tem algum potencial – pode vê-lo numa reunião ou ouvir outras pessoas a falarem bem dele.

Depois, diz Dillon, «falamos sobre ele, perguntamos: "Qual é o problema e de que precisa?" A resposta pode ser: "Bem, ele é realmente bom, mas não tem uma presença executiva e não se cala." Devíamos então arranjar-lhe um tutor. Talvez deva pensar na forma como comunica com o seu chefe, ao contrário de como o faz com um colega. E, como resultado, já vi pessoas passarem da zona inferior esquerda para a superior direita.»

Dillon recorda um exemplo especialmente gratificante: um contabilista que fora «estável» durante vários anos até à chegada de Dillon. «Ele era muito calado, quase distante, e fazia aquilo a que chamamos a contabilidade e o controlo das operações da infraestrutura global.» Depois, ocorreu a transformação da Agilent, de uma empresa de tecnologia diversificada para uma empresa apenas de medições, com a consequente redução da sua estrutura e mudanças na liderança. «Precisávamos de alguém para uma nova função, que consistia em controlar os investimentos e as poupanças, vigiar o ritmo de toda a reestruturação, garantir a existência das poupanças e certificar-se de que saberíamos quando tivéssemos êxito. Dissemos: "Vamos apostar neste indivíduo, pois é um controlador soberbo e pensamos que tem potencial. Vamos ver se com mais destaque, com um pouco mais de exposição, ele é capaz de estar à altura da situação." E ele floresceu. E trabalhou bem com os líderes dos departamentos para estabelecer e controlar os objetivos de poupança e os custos, e, uma vez por mês, informava o conselho executivo sobre o nosso desempenho. Visivelmente, ganhou confiança, bem como a confiança dos outros.»

O progresso surpreendente do homem convenceu Dillon a apostar mais nele: confiou-lhe as relações com os investidores. «E, em dois anos e meio, passou da ignorância total para o domínio absoluto do assunto – passou a ser um representante soberbo da Agilent entre os investidores, comunicando as nossas estratégias e os nossos resultados. Além disso

– e é assim que sabemos que se trata de um bom líder –, recolhe as respostas, as perguntas e os comentários dos investidores e transmite-os a mim e a Bill, dizendo: "Isto é o que eles pensam, aquilo com que se preocupam e aquilo que querem ver para terem mais confiança na robustez do modelo operativo ou no sentido das nossas estratégias". Só os melhores de um departamento de comunicação poderiam fazer isso, em vez de serem apenas porta-vozes.»

«E, assim, tornou-se um jogador válido. Portanto, voltámos a promovê-lo. A nossa recente aquisição da Varian, Inc. levará a que o nosso setor bioanalítico represente quase 60% da empresa, que antes representava 45%. Convidei-o a assumir o cargo de diretor financeiro dessa fusão de empresas.»

«Eis alguém que, há cinco ou seis anos, era apenas um dos muitos gestores financeiros de nível médio e que, agora, vai dirigir um dos três grupos que constituem a Agilent e aquele que está a crescer mais depressa e no qual depositamos mais esperanças.»

CONSTRUIR CAPACIDADE ORGANIZACIONAL

Dillon chegou à Agilent no meio da grande crise da alta tecnologia, em 2001, e a sua grande prioridade foi lidar com as consequências. No entanto, enquanto levava a cabo a redução de custos e a reorganização, construía para o futuro: o Office of Finance Reengineering que organizou ficou também a cargo do desenvolvimento do pessoal. Dillon diz que «uma das coisas que queria fazer era estabelecer um programa mais formal de contratação e de recrutamento universitário para garantir que tínhamos sangue novo suficiente para que não envelhecêssemos todos, reforçando apenas os nossos velhos métodos. Continuámos este processo mesmo nos dias mais negros da recessão e ao longo de todo este período – embora com muito menos resistência, porque o seu valor foi provado».

Dillon criou um grupo honorário chamado CFO Club para ensinar através do exemplo. Todos os anos, os diretores financeiros identificavam 12 pessoas da organização que ilustrassem as melhores características de liderança. «Todos podiam ser escolhidos, desde alguém saído recentemente da faculdade e recém-contratado até um diretor financeiro do grupo. Ao identificar e honrar esses indivíduos – e toda a gente via que recebiam promoções e oportunidades de desenvolvimento –, as pessoas

7 · CRIAR UM NOVO TIPO DE GESTORES

começavam a dizer: "Ah, é isso que ele procura", e começavam a imitar essas características. Identificavam uma pessoa que era capaz de mudar o *status quo*, outra pessoa que cuidava bem do seu pessoal, que comunicava de forma honesta, franca e frequente, outra que pensava em termos estratégicos e que estava disposta a correr riscos. Podemos ler sobre estas coisas num livro, mas só quando vemos a pessoa é que compreendemos realmente as características de liderança que procuramos.»

Em seguida, Dillon deu início àquilo a que chama a sua análise organizacional da liderança, concebida para se concentrar em líderes de elevado potencial, destinados a estar entre aqueles que detinham cargos de tomada de decisão de alto nível.

A análise assenta numa matriz clássica de nove blocos, com o desempenho num eixo e o potencial no outro. (Para um exemplo, ver p. 256.) «No critério do desempenho, 1 significa que está a fazer um trabalho estável, 2 está a fazer um trabalho realmente bom e 3 está a redefinir o trabalho. No critério de potencial, 1 é aquilo a que chamamos estável, 2 é passível de promoção, o que significa que a pessoa pode ser promovida pelo menos a um nível acima – ou, se não acima, pois pode não haver cargos disponíveis, capaz de assumir maior responsabilidade no mesmo nível –, e 3 tem alto potencial, o que significa que pode ser promovida pelo menos a dois níveis ou mais acima. Fazemos isto na forma, literalmente, de um organograma, onde temos as pessoas e discutimos quem são, há quanto tempo estão no cargo, qual é o seu nível de desempenho e de potencial; é uma espécie de resumo daquilo que querem ser quando forem crescidas.»

Dillon e os seus cerca de 14 subordinados diretos conduziam a análise em agosto, analisando as informações que cada um recolhera sobre o seu pessoal. O grupo avaliava os subordinados diretos de cada líder. Depois, os líderes aplicavam o mesmo processo nos seus departamentos.

A matriz é uma ferramenta clássica de avaliação, mas é também um daqueles processos formais que podem enganar os avaliadores se estes não conhecerem bem as pessoas em questão. Por exemplo, diz Dillon, «atribui-se a algumas pessoas a classificação "estável" porque elas próprias escolhem essa situação. Adoram o que fazem. Têm um equilíbrio na vida e não estão disponíveis para mudanças. Outra pessoa pode ter um potencial ilimitado e deseja ser diretor financeiro, mas falta-lhe experiência. Temos uma conversa explícita sobre o tipo de experiência que essa pessoa tem, que experiência se exige para concretizar aquilo que deseja ser no futuro na Agilent ou noutra empresa.»

MESTRES DO TALENTO

Dos líderes espera-se também que tenham ideias claras sobre os candidatos à sua sucessão. «Perguntamos se sabem de pessoas que não sejam dos seus departamentos, mas que conhecem por participarem nas minhas reuniões mensais do pessoal. Alguma delas poderia assumir o cargo? Isto serve para encorajar a fertilização cruzada, que é uma coisa a que dou grande importância.»

Um mês depois, voltam a encontrar-se na reunião mensal de pessoal de Dillon e passam grande parte do dia a analisar a matriz. Normalmente, a atenção concentra-se na caixa superior direita, as pessoas com alto potencial de promoção e grande desempenho. No entanto, dão-se também ao trabalho de olhar para os outros quadrantes, em busca de pessoas com alto potencial ou passíveis de serem promovidas que não apresentam um desempenho de grande nível – por exemplo, por estarem no cargo há pouco tempo. «Falamos sobre essas pessoas», diz Dillon. «O que estão a fazer bem e o que estão a fazer mal? Se querem fazer isto, que podemos nós fazer? Aprendemos mais sobre o que as pessoas querem, se são móveis, onde estão localizadas. E, através disso, aprendemos mais sobre nós. Então, acontece uma espécie de magia.»

A magia é uma transformação no processo social que abre os olhos dos líderes à possibilidade de mudar as pessoas de um cargo para outro. Dantes, diz Dillon, as pessoas da Agilent – tal como na maioria das organizações – resistiam à fertilização cruzada. «Eram um pouco paroquiais, um tanto defensivas e muito possessivas.» No entanto, à medida que as pessoas se familiarizavam mais com a ideia, começaram a ver o lado positivo. Os líderes perceberam que isso lhes oferecia novas fontes de talento – ou um modo de mudar as pessoas que não se ajustassem a um setor, mas que podiam ser úteis noutro lado. «Prova disso é que é agora aplicada nas organizações dos diferentes departamentos», diz Dillon. «Atualmente, temos um grupo de pessoas que tentam constantemente roubar uns aos outros os melhores funcionários e que providenciam oportunidades no seu próprio grupo para obterem esse sangue novo.» As pessoas transferidas também aceitam bem esta mudança, quando veem que lhes oferece novas maneiras de ganharem experiência. «A mudança não tem de ser sempre vertical; pode ser horizontal. E, ao ser transferida, uma pessoa pode subir mais depressa do que se ficasse no seu departamento à espera que o superior se reformasse ou saísse. Foi então que as pessoas começaram a ficar realmente entusiasmadas com a ideia.»

Para aumentar a magia, Dillon inclui a transferência de pessoas entre os seus parâmetros de criação de capacidade organizacional. «Estabelecemos o objetivo de movimentar 50% das pessoas que identificamos como tendo elevado potencial e que possam estar preparadas num prazo de 12 meses. A cada trimestre, conferimos esse objetivo. Por fim, fazemos duas vezes por ano este processo de comparar e atualizar as pessoas.»

«No fim de contas, o que tento fazer é criar uma equipa que é mais um reportório da empresa do que um grupo de especialistas mundiais. São pessoas que podem não cumprir a função tão bem como o detentor atual do cargo, mas que o podiam fazer se fosse necessário.»

UM AGENTE DE MUDANÇA NOMEADO

Graças a um mentor na Eaton Corp., o seu empregador anterior, Dillon teve uma epifania, há 19 anos, que mudou o seu estilo de gestão – e a sua vida. «A minha carreira compõe-se, de certa forma, de duas metades», diz ele. «Comecei como economista e analista. E tornei-me um economista e um analista muito bom, com uma reputação nacional pela qualidade das minhas análises e previsões. E uma das características de um economista e analista é ter a coragem de manter as convicções, porque, por definição, ninguém pode prever o futuro muito bem. Não podemos ser apenas mais um como os outros. Quando me engano, se for refletido e identificar rapidamente as razões por que me enganei, posso manter a confiança das pessoas, pois forneço informações adicionais. Tudo isto para dizer que me tornei uma pessoa disposta e capaz de correr riscos para dizer que o rei vai nu – para dizer: "Penso que não devíamos fazer isto por causa disto"; uma pessoa baseada em informações, mas também assente numa teoria ou numa hipótese. Ou: "Penso que devíamos fazer outra coisa."»

«Então, tornei-me uma espécie de agente de mudança nomeado. Sempre que alguém tinha um problema e não havia quem o resolvesse, chamavam-me. Assim, tive a possibilidade de desenvolver as minhas relações com os vários negócios e com as pessoas; pude subir muito depressa na minha carreira e passei para o planeamento estratégico, depois para a gestão da tesouraria e do fundo de pensões, para a gestão do capital de estruturação e, por fim, fui nomeado vice-presidente para o planeamento e desenvolvimento. Tudo isto por ter sido, se assim se pode dizer, o mais esperto da sala.»

«Pouco depois de ter assumido funções no planeamento e desenvolvimento, estávamos a avaliar uma aquisição e íamos realizar uma reunião de análise. Quando estávamos quase a começar, o meu chefe entrou na sala e disse: "Não se incomodem comigo; vou ficar sentado aqui atrás e ouvir um bocado." Foi uma reunião muito boa e eficiente, à qual dei início e pedi os relatórios sobre o pessoal. Depois, eu disse: "Muito bem, isto é o que temos de fazer a seguir. Jim, fazes isto. Sue, fazes aquilo. Shirley, investigas isto. E Jim, certifica-te de que isto está bem e confirma com os advogados. E reunimo-nos na próxima semana, à mesma hora. Bem, muito obrigado." E terminámos a reunião.»

«Fiquei muito impressionado comigo próprio. Toda a gente foi muito clara e concisa, compreenderam bem as suas missões e a reunião até terminou a horas. Toda a gente se retirou da sala, mas, quando eu estava quase a sair, o meu chefe – o meu mentor, o diretor financeiro –, que havia ficado sentado ao fundo da sala, agarrou-me literalmente no braço e disse: "Espera um pouco. Quero falar contigo." Fechou a porta e continuou: "Sabes, Dillon, estás metido numa grande alhada." E eu pensei: *O quê? Acabei de ter uma reunião excelente. Demonstrei domínio naquilo que faço. O que quer dizer com grande alhada?*

«O meu chefe disse-me: "Foi uma reunião excelente, mas o problema é que continuas a pensar que a tua função é ser o mais esperto da sala. Já não é. Se quiseres ficar com o meu cargo ou com um cargo como o meu, já não podes fazer isso. Até podes, mas ficarás preso neste cargo durante o resto da carreira. Nesta altura, o que tens a fazer não é provar que és o mais esperto da sala, mas levar todas as pessoas a pensarem que são as mais espertas da sala. Tens de lhes ensinar aquilo que sabes e aquilo que fazes e não apenas dizer-lhes isso. Tens de demonstrar por meio de ações, de lições e da forma como fazes perguntas que revelas uma forma mais socrática de os levar a pensarem nas coisas. Levá-los a pensar como devem fazer as coisas. E que aprendam contigo de modo que, quando não estiveres aqui e tiveres mudado para o teu próximo cargo, possam continuar."»

«Ainda hoje, quando falo sobre isso, sinto arrepios na espinha. Percebi logo que ele tinha razão. Foi como se um novo mundo se abrisse ante os meus olhos. E ironicamente, porque era um economista e analista, fui sempre bom a explicar coisas diante de públicos. Por conseguinte, foi uma transição fácil, pois bastava-me entrar, se quisermos, no meu modo socrático e explicar as coisas às pessoas em termos que compreendessem, mas fazendo-as sentir que as compreendiam realmente e não apenas como fantoches. Assim, começou a haver um ambiente de ensino, de treino, oposto a um ambiente de ordens e controlo.»

«Foi um daqueles momentos seminais na carreira, em que se toma a decisão fundamental: irei ser um indivíduo que dá contributos e que continua a fazer um trabalho genial e a ser o mais esperto da sala, ou irei reforçar as minhas capacidades através dos outros, aumentando o impacto dos meus contributos, mas libertando-me para aquilo que poderei fazer depois? E foi nesse dia que o meu estilo de gestão mudou.»

PASSAR UM TESTE

Como está a correr a inovação arrojada de Sullivan? Apresenta a crise de 2009 como um teste rápido e bem sucedido. «Decidimos que esta iria ser a nova situação normal. A empresa vai ser mais pequena e precisamos apenas de redimensionar imediatamente toda a estrutura empresarial. Isto é o que faremos, isto é o que não faremos. Era um objetivo estratégico absolutamente claro. E graças à organização que Bill Sullivan construíra desde que chegara, puderam iniciar a execução de forma instantânea.» (Quando Dillon saiu para a Skype, já havia um sucessor preparado para ocupar imediatamente o seu lugar.)

O Electronic Measurement Group, de Nersesian, esteve também à altura da situação. «Não há melhor exemplo de como uma organização reage à adversidade», diz Sullivan. «Se seguir o nosso modelo de liderança, uma organização – neste caso, de 10 000 pessoas – pode reagir muito rapidamente.» Ao invés, diz ele, durante o *crash* das empresas de tecnologia em 2001, as pessoas foram lentas a reagir. «E quando se atrasa a reação, esta não é muito ponderada.» Ao mesmo tempo, a administração levou a organização a pensar nas oportunidades, em vez de reiterar os objetivos financeiros e o número de efetivos. «O aconselhamento que o Ron me deu foi duplo», diz Sullivan. «Em primeiro lugar, o nosso mercado de 45 mil milhões de dólares pode ter sofrido uma redução de 20%, mas continua a ser um grande mercado. Por conseguinte, qual é a segmentação do mercado e onde está o dinheiro? Onde estão as pessoas a gastar o dinheiro ao longo desta crise? Então, arranjámos um grupo chamado Parthenon para nos ajudar a criar um diálogo sobre o mercado para os clientes que seguem em frente. Em segundo, no ambiente que instituímos, não iríamos pressionar o pessoal com os números, mas voltar atrás e discutir onde está o consumidor, onde está a concorrência, onde está o nosso investimento e porquê?»

«Consequentemente, tivemos uma discussão muito mais equilibrada sobre o que deveríamos fazer. Permitiu que as pessoas não tivessem medo. Em vez disso, ouvíamo-las e ajudávamo-las a distribuírem os seus recursos onde pensavam que estavam as grandes oportunidades futuras. Eu e Adrian, quando podíamos, visitávamos todas as divisões e conversávamos sobre o que estavam a fazer e sobre como algumas das equipas poderiam fazer apostas mais focadas.»

«Por termos agido de forma tão rápida, aumentámos o investimento no nosso setor bioanalítico e de ciências da vida. Este negócio descera 10% pela primeira vez desde inícios dos anos 80, mas não fizemos quaisquer cortes, pois esta era a maior oportunidade de crescimento para o futuro. Acredito sinceramente que iremos sair desta crise como uma empresa muito mais forte.»

CONCLUSÕES

As empresas baseadas em conhecimentos especializados podem criar valor e vantagem competitiva se forem capazes de desenvolver líderes que tenham as capacidades técnicas e de gestão necessárias para verem o negócio como um todo. Só uma pequena percentagem destas empresas tem sistemas e instrumentos para fazer isso, e ainda menos são as que têm um sistema formal de avaliações e compensações necessário para poderem contar com diretores-gerais realmente eficientes.

Especialmente nos mercados emergentes – Índia, China, Brasil e Indonésia, por exemplo –, existe uma grande população de pessoas brilhantes e mal aproveitadas que trabalham em departamentos fechados, em particular nos sistemas de informação. Aspiram a chefiar negócios, a gerir divisões em países ou a chegar à direção executiva, e ficam frustradas com a falta de sistemas sociais como o da Agilent. Investir neste talento em estado natural constitui a base do crescimento futuro em qualquer parte do mundo. Como vimos com Dillon e Nersesian, todos os líderes têm a responsabilidade de identificar o talento em estado natural e de o aperfeiçoar condignamente, alimentando assim a capacidade não só de quem identifica o talento, como também de toda a organização.

7 · CRIAR UM NOVO TIPO DE GESTORES

Apesar de versar também uma empresa baseada em conhecimentos especializados, o próximo capítulo leva-nos a um lugar diferente. A Novartis descobriu uma nova forma de transformar especialistas em líderes de elevado potencial. As suas ferramentas singulares ajudam-nos a descobrir aquilo a que aspiram e o que os torna eficientes, bem como a usar os recursos internos para alcançarem os seus objetivos. Não devemos escarnecer da ênfase pouco ortodoxa que a Novartis dá à autoconsciência. Produziu um grupo soberbo de líderes capazes de ultrapassarem rivais mais fortes.

Capítulo 8

Descobrir o líder que há em nós: como a Novartis cria capacidade de liderança através do autoconhecimento

O que sabe realmente sobre o seu íntimo – as suas crenças, os seus valores, as suas reservas morais e os seus sentimentos? Sabe o que desencadeia as suas reações? O que o torna ansioso e o que lhe transmite paz?

Quantas vezes fez este género de perguntas a si próprio?

- Como não percebi isso? Era tão óbvio, estava praticamente à minha frente.
- Devia ter ouvido a consciência e não ter feito o negócio. Sabia que haveria problemas.
- Percebi que o Chris estava a hesitar. Porque não o substituí mais cedo?
- Porque não consigo fazer comentários sinceros? Do que tenho medo?
- Por que razão não acabei com aquela unidade decadente quando assumi a direção? Estaria errado em pensar que o gerente da unidade era capaz de a recuperar? Ou será que me preocupei demasiado com aquilo que o meu antecessor iria pensar?

A força, os gostos e desagrados psicológicos, os motivos para alcançar objetivos e os valores com os quais alcançamos esses objetivos, tudo isto faz parte da matriz emocional que está escondida no nosso íntimo. Esta matriz determina a forma como tomamos decisões, como exercemos o entendimento e como agimos. Afeta as pessoas com quem contactamos: subordinados, colegas, família. Afeta o modo como olhamos para estas pessoas. O nosso íntimo determina o quão claramente vemos e percebemos, aquilo que selecionamos como importante, como pensamos e agimos, e a qualidade dos nossos juízos, decisões e relações. Afeta a maneira como lidamos com um problema, como e onde procuramos informação. E, muito frequentemente, faz estas coisas sem informar a mente consciente.

Ter consciência do nosso íntimo e lidar com ele são a essência da eficácia e do desenvolvimento da liderança. Quanto mais dele tivermos consciência, melhores líderes seremos. Poderá avaliar a relação entre o cargo que ocupa agora e o sentido para onde as suas ambições o estão a levar, alinhar os seus valores com o seu trabalho e, assim, libertar a sua energia e paixão para ultrapassar preconceitos ou medos inconscientes que afetam o seu julgamento ou o seu comportamento.

São muitos os exemplos de líderes cujo ímpeto emocional e desejo de vencer os levam para lá dos limites da racionalidade. Um caso clássico é o de Sir Fred Goodwin, do Royal Bank of Scotland, cuja determinação em vencer o Barclays numa luta pelo banco ABN AMRO, sediado na Holanda, deixou o RBS sob a tutela do governo britânico. Ao invés, o diretor executivo do Barclays, John Varley, saiu da corrida tóxica, deixando o Barclays numa boa posição nunca antes conquistada entre os seus pares. No outro extremo do espetro está a confusão interior e a pouca autoconfiança, especialmente durante as crises, quando pensamos não conseguir lidar com a situação. Olhamos de forma invejosa para aqueles que conseguem resolver problemas que outros consideram irresolúveis. Como fazem isso? Em parte, utilizam a sua força emocional e coragem para redefinirem o contexto, realinharem os jogadores e reformularem o problema de maneira a que este se torne solúvel.

Vejamos o exemplo de Andrew Liveris, diretor executivo da Dow Chemical, quando se viu numa situação embaraçosa durante a aquisição da Rohm & Haas. As ações da Dow caíram 75% na primavera de 2009 devido ao duplo golpe da crise financeira global e da desistência do governo do Kuwait de uma parceria empresarial que teria providenciado 9 mil milhões de dólares em dinheiro para levar a cabo a aquisição. Apesar de o negócio poder destruir a saúde financeira da Dow, Liveris sentiu-se impelido a levá-lo avante.

Este género de dilema testa a força interior de uma pessoa. O *stress* afetava não só Liveris pessoalmente, como também toda a organização da

Dow. No entanto, Liveris tinha reservas emocionais e autoconfiança para acreditar que podia engendrar uma solução. A sua tenacidade, confiança e criatividade financeira levaram os outros a acreditar que ele seria capaz de salvar a empresa. Começou por recolher ideias de outros diretores executivos que haviam enfrentado problemas semelhantes. Em seguida, convenceu Warren Buffett e a família que detinha parte da Rohm & Haas a fazerem um investimento na Dow segundo um plano que incluía o compromisso de vender ativos que não fossem vitais para a empresa. Liveris apresentou o seu plano com confiança e lógica, obtendo o apoio do seu conselho de administração, dos investidores, dos credores e das agências de *rating*. Executou então o plano segundo os prazos estabelecidos. Em maio de 2010, as ações da Dow haviam subido quase para os níveis anteriores à crise, e Liveris já delineara planos ambiciosos para os três anos seguintes.

Será este tipo de força interior puramente inata, ou poderá ela ser desenvolvida e aperfeiçoada? Para responder a esta questão, olhemos para o programa invulgar e bem sucedido de desenvolvimento de liderança criado pela Novartis, uma empresa do setor da saúde que produz medicamentos, vacinas e outros produtos relacionados com esta área.

AJUDAR OS LÍDERES A REVELAREM O SEU NÚCLEO ÍNTIMO

Tal como qualquer outro líder deste livro, o presidente do conselho de administração e antigo diretor executivo da Novartis, Dr. Daniel Vasella, presta muita atenção à seleção e ao desenvolvimento do talento de liderança. Lista três qualidades de liderança que não podem faltar: competência técnica e interpessoal, ambição e integridade. No entanto, ao contrário dos outros, inclui a autoconsciência entre os objetivos de desenvolvimento para os seus líderes. Médico de formação, com grande interesse pela psicologia, Vasella acredita que as aptidões e o caráter de uma pessoa são movidos pelo seu núcleo íntimo, que define como uma combinação de forças e fraquezas, estilos cognitivos e interpessoais, e, fundamentalmente, valores essenciais e objetivos de vida. Acredita que, quanto mais clara e profunda for a autoconsciência de um líder, mais poderoso e seguro se torna o seu núcleo íntimo. A ênfase na autoconsciência dos líderes – tornando-os conscientes da sua inconsciência – é única na nossa experiência.

É claro que muitas empresas utilizam a avaliação psicológica quando procuram pessoas para altos cargos ou para potenciais promoções.

MESTRES DO TALENTO

A maioria das firmas de procura de executivos utiliza psicólogos para avaliar os candidatos potenciais, e as firmas especializadas de consultadoria fazem essas avaliações quando dão formação às pessoas. No entanto, as avaliações estão geralmente desligadas das especificidades do trabalho e do seu contexto empresarial, e as pessoas avaliadas questionam frequentemente a sua utilidade. Além disso, servem principalmente para os chefes dos líderes e para o pessoal dos recursos humanos.

A utilização que a Novartis faz da avaliação psicológica é muito mais sofisticada. Fundamentalmente, a sua versão distinta de domínio do talento é concebida especificamente para ajudar os líderes a saberem quem são, de maneira que possam alinhar as suas ações e decisões e os seus comportamentos no trabalho com os seus valores e objetivos mais profundos. Confere-lhes uma visão das suas estruturas psicológicas e revela-lhes os pensamentos inconscientes. No processo de criação de autoconsciência, constrói-se uma ligação íntima entre os líderes mais novos e os mais velhos, o que é útil tanto para o desenvolvimento da liderança como para o planeamento de sucessão. A Novartis afirma que este processo lhe permitiu encontrar 70% dos seus principais líderes na própria empresa, enquanto antes tinha de ir buscar 80% desses líderes ao exterior.

A maior autoconsciência dos líderes melhorou a execução da estratégia da Novartis, ao evitar que os medos ou as necessidades inconscientes criassem obstáculos à colaboração e à assunção do risco calculado. Aumentou também a produtividade na Pesquisa e Desenvolvimento. Na indústria farmacêutica, podem ser necessários dez ou mais anos para que um produto saia do conceito inicial e passe a gerar receitas significativas, e a taxa de êxito é desoladora. As empresas tentaram muitas abordagens diversas para melhorarem os resultados. Em muitos casos, reorganizam o departamento de Pesquisa e Desenvolvimento. Por exemplo, uma empresa usou um modelo de capital de risco, dividindo o seu grande conjunto de especialistas em pequenas equipas independentes que competem pelos fundos. A Novartis, ao invés, interessa-se sobretudo por melhorar a qualidade das decisões do departamento de Pesquisa e Desenvolvimento, criando melhores ligações entre os cientistas de várias disciplinas.

Vasella recrutou um excelente cientista da academia, o Dr. Mark Fishman, para reorientar a máquina de Pesquisa e Desenvolvimento da Novartis para um processo de tomada de decisão melhor e mais colaborativo. Fishman começou por identificar os cientistas com talento de liderança no departamento de pesquisa da Novartis (chamado Novartis Institutes for

BioMedical Research). «A especialização científica é um requisito para se liderar na Pesquisa e Desenvolvimento da Novartis, para se ser capaz de fazer as perguntas certas», diz Fishman. «Depois, é preciso tornar os cientistas líderes nesse ambiente. Muitos dos que vêm das universidades constituíram equipas e trabalharam em organizações, mesmo que não soubessem que o estavam a fazer. Por isso, já tinham alguns dos instintos certos.»

«No entanto, têm de compreender a contribuição possível de cada indivíduo e de ser capazes de juntar esses contributos no contexto certo. Têm de tolerar o subversivo, a pessoa que é uma chata, mas que dá contributos realmente importantes. A clareza e a honestidade são importantes, para que todos saibam que os dados não são de alguma forma deturpados. E todos devem sentir que têm valor, que podem dar um contributo.»

AUTOCONSCIÊNCIA E LIDERANÇA EFICIENTE

A autoconsciência pode assumir muitas formas, e todas estas formas podem tornar mais eficiente um líder. A mera identificação dos gostos e dos desagrados, bem como das forças e fraquezas pessoais, pode abrir os olhos de um líder para a necessidade de tipos específicos de apoio. Contudo, um diretor executivo de êxito tem de gerir vários processos essenciais, como a orçamentação e o planeamento da sucessão. Compreende que precisa de pessoas para o complementarem nestas áreas.

Enquanto a maioria das empresas se limita ao reconhecimento das forças e fraquezas pessoais, particularmente em competências como a construção de equipas e o pensamento estratégico, a Novartis vai ao nível do inconsciente, que se torna cada vez mais importante à medida que aumenta o alcance de um cargo de liderança. Nos cargos mais altos, o juízo é mais complexo e, em muitos casos, torna-se mais intuitivo. A maioria das respostas intuitivas e instintivas está enterrada no inconsciente e nas experiências passadas. A ação rápida e agressiva que impeliu um executivo a subir na carreira pode transformar-se num inconveniente. Nestes níveis mais elevados, a lógica linear e o instinto, por si sós, não chegam para sustentar um líder. Estes fatores apontam para um dos princípios fundamentais da liderança: quanto maior for o alcance de uma decisão e quanto mais variáveis e incertezas existirem, mais importante é que o líder esteja atento às motivações inconscientes que podem afetar as emoções, a razão e a intuição.

As pessoas que ocupam altos cargos de liderança devem estar também conscientes de como os outros são afetados por aquilo que dizem – e que não dizem. Por outras palavras, têm de pensar nas consequências de segunda e terceira ordem das suas ações e olhar para uma questão a partir de várias perspetivas. Inevitavelmente, os seres humanos têm ângulos mortos, e desenvolver a autoconsciência e um sentido de totalidade como pessoa aumenta exponencialmente a capacidade de um líder compreender aquilo que os outros experienciam e aquilo que os motiva. Um líder sem autoconsciência ou sem um sentimento de equilíbrio interior terá dificuldade em avaliar, motivar e inspirar as outras pessoas enquanto indivíduos ou em equipas.

Na cultura das organizações ocidentais, espera-se geralmente que os líderes empresariais mantenham as emoções sob controlo ou que, pelo menos, não as revelem. Muitos são os que interpretam esta noção como o dever de suprimir emoções, a ponto de as ignorar. Vasella aconselha: «Quando sentir impaciência e irritação, deve perguntar-se: "Porque me sinto assim? O que se passa comigo e o que me está a tornar impaciente e irritado?" É muito importante utilizar as nossas reações emocionais como instrumento de diagnóstico.»

Vasella descreve como dá atenção aos seus próprios sentimentos ao longo do trabalho quotidiano e como tenta tornar-se mais consciente das razões desses sentimentos. «Numa discussão, num encontro, numa entrevista, todos temos sentimentos e emoções. Estas emoções podem dever-se à nossa própria história. Ou podem ser o reflexo da pessoa ou das pessoas com quem estamos. Se eu ficar impaciente numa reunião, este sentimento pode ter várias causas. Talvez as pessoas não me estejam a dizer aquilo que, para elas, é emocionalmente verdadeiro, a verdade por detrás daquilo que dizem. Estão a desempenhar papéis e a mascarar a realidade como a veem. Ou talvez alguém seja muito obsessivo e passe em revista inúmeros pormenores, ou talvez seja apenas superficial e falador. Ou talvez haja qualquer coisa no assunto que me perturba e que ainda não articulei para mim próprio.»

Estar consciente dos nossos sentimentos em tempo real e perceber aquilo que os desencadeia levarão a um questionamento mais incisivo e aberto com as outras pessoas. Este aspeto, por sua vez, influenciará o comportamento dos outros relativamente a nós. A partir do momento em que chegamos à raiz desses sentimentos, começamos a sentir a criação de energia psicológica e a expansão da capacidade pessoal.

TÉCNICAS DE APROFUNDAMENTO

Enquanto diretor executivo da Novartis durante 14 anos, desde a sua experiência inicial da fusão, em 1996, da Ciba-Geigy com a Sandoz, Vasella instituiu vários processos de desenvolvimento de liderança que se concentram cada vez mais em ajudar os principais executivos a não só aprofundarem o seu conhecimento, como também a aumentarem a autoconsciência. Em inícios da década de 2000, a Novartis criou uma sessão de análise anual da organização de toda a empresa muito semelhante às dos outros mestres do talento (GE, HUL, P&G e Agilent) e formalizou um novo conjunto de padrões de liderança. Além disso, estabeleceu programas de autoanálise e desenvolvimento de liderança, tanto para líderes superiores como para os mais novos, que são extraordinários na sua ênfase de ajudarem uma pessoa a descobrir o seu ser mais profundo.

O mais intenso destes programas é uma sessão de formação de três dias para um grupo seleto de líderes de elevado potencial em início de carreira, e trata-se de um exercício notavelmente intenso. Desde o seu início, em 2002, mais de 150 funcionários da Novartis frequentarem o programa, cinco por sessão. Um diretor de divisão ou de departamento da Novartis seleciona entre seis a oito líderes para o programa de formação e leva-os a passar três dias com o pessoal dos recursos humanos e psicólogos comportamentais. Juergen Brokatzky-Geiger, diretor dos recursos humanos da Novartis, ou o chefe dos recursos humanos da respetiva divisão está também presente. Os grupos são formados essencialmente por pessoas que trabalham juntas e que assim continuarão durante algum tempo; os exercícios e diálogos ajudam a criar uma cultura duradoura de abertura, franqueza e colaboração.

A atividade inicial inclui avaliações de cada participante em comparação com outros líderes da Novartis e com um grupo mais extenso de líderes de fora. Baseados nos resultados das avaliações, os participantes esboçam planos de desenvolvimento com o auxílio da equipa de formadores. Cada um escolhe um desafio de liderança – um problema importante com que eles e as suas organizações se debatem –, que depois partilham com os colegas e com a equipa de formadores. Não pode ser uma coisa fácil ou já resolvida; assim, a própria escolha testa a capacidade e a disposição dos gestores para a autoanálise.

Os líderes participam em várias atividades e encontros formais e informais, desde conversas à mesa de jantar até reuniões individuais e sessões de grupo com exercícios de interpretação de papéis. À medida que o programa se desenrola, as múltiplas observações do chefe de divisão, do pessoal dos recursos humanos e dos psicólogos são combinadas para produzirem um retrato muito pormenorizado do comportamento individual e interpessoal de cada pessoa em diferentes contextos. Os participantes são induzidos a explorar questões pessoais e de carreira com os colegas, um exercício desafiante que, no início, pode ser desconfortável. Como recorda Kim Stratton, que dirige agora o Group Country Management & External Affairs e que, no início da carreira, participou no programa, «falamos por vezes de como nos sentimos ou sobre coisas que nos importam, e, por isso, as matérias são muito diferentes daquelas que estamos habituados a discutir no ambiente quotidiano da empresa».

Mais revelador é quando a pessoa discute esse desafio com o grupo. Digamos, por exemplo, que, devido a uma mudança na estratégia da empresa, Jay, chefe de vendas numa divisão, tem andado a evitar tomar uma decisão difícil. Kate tem um cargo essencial na organização. Tem feito um bom trabalho, mas revela sinais de talvez já não estar no cargo certo por causa da alteração da estratégia. Jay vive numa luta interior sobre os seus valores pessoais. Será correto despedir uma pessoa que tem sido leal e bem sucedida no passado? Se levar a cabo a mudança, como é que os outros o verão – como justo ou cruel, o tipo de pessoa capaz de vender a avó para alcançar os seus objetivos? Como passará a ser visto o seu cunho pessoal?

O diálogo entre Jay e os outros participantes no programa sobre o dilema que tem em mãos revela a raiz das suas lutas interiores. Kate teve um bom desempenho e recebeu avaliações muito positivas nos últimos cinco anos. É muito eficiente com os colegas e trabalha bem em equipa entre departamentos. É óbvio que Jay gosta dela e está reconhecido pela grande ajuda que ela lhe prestou. Os colegas participantes de Jay perguntam-lhe quais são os requisitos para se ser bem sucedido no contexto da nova estratégia. Jay responde que a construção de uma rede mais forte de relações estratégicas com os grandes clientes executivos está no topo da lista. Acha que Kate poderia fazer isso, mas só com muito treino pessoal durante um longo período de tempo – o que poderia atrasar a execução da nova estratégia. A franqueza do diálogo obriga Jay a pensar se Kate terá a aptidão natural para construir essas relações. Traz também à luz o pobre registo de Jay no recrutamento de gente de fora e a sua preocupação com o facto de a substituição de Kate poder piorar a situação. Entretanto, Jay começa a refletir sobre o modo como está a lidar com a situação e os seus motivos. «Estarei a ser defensivo? Estarei a evitar alguma coisa? Será a minha preocupação com a justiça que me está a impedir de fazer o que é correto para a empresa? Terei receio de contratar alguém de fora por o meu registo ser tão pobre nesse aspeto?»

Enquanto os participantes se envolvem nas discussões, Brokatzky-Geiger e o chefe de divisão ou de departamento dão conselhos em tempo real para ajudarem a pessoa no seu desafio de liderança. Com o psicólogo, ficam também com uma perspetiva do íntimo da pessoa e comparam notas nos bastidores. Brokatzky-Geiger explica: «Vemos como se comportam, como se relacionam, como agem quando estão cansados ou frustrados, como tratam os outros em equipa. Durante três dias longos e intensos, conhecemos o lado privado da pessoa, pois, neste programa, as máscaras caem. Há certos exercícios que desafiam cada vez mais as pessoas na maneira como agem e que impossibilitam que conservem as máscaras.»

Todos são observados por líderes profissionais, indivíduos que conhecem o contexto da empresa e o panorama real exterior. Até os psicólogos aprendem as subtilezas do negócio. Em mais nenhum lado pode um líder ter *feedback* tão valioso.

Entre as discussões de grupo, há tempo para conversas informais e autorreflexão, para que os participantes façam as suas próprias descobertas. «A oportunidade de falar com os outros colegas sobre as suas experiências e sobre o que estão a aprender nesse fim de semana ajuda a cristalizar a posição que alcançaram no seu percurso», diz Stratton. A autorreflexão permite que a pessoa lide com a realidade. «O objetivo é que estas pessoas se conheçam extremamente bem», diz Brokatzky-Geiger, «e, através desse conhecimento, ajudá-las a conciliarem os seus interesses privados com os interesses da empresa, a harmonizarem os seus valores e sentidos interiores com os da empresa.» Com frequência, os participantes descobrem conscientemente, pela primeira vez, os seus objetivos e as suas ambições pessoais e profissionais mais profundos – o que querem ser, o que querem fazer na vida como um todo e porquê. Perceber estes aspetos e conciliá-los com o trabalho geram uma energia formidável.

O CONTEXTO CERTO

Muitas organizações realizam reuniões fora da empresa, onde se pede às pessoas que partilhem publicamente informações pessoais, e, por vezes, os resultados não são famosos. Na Novartis, a diferença reside essencialmente no contexto. Os participantes não estão sujeitos a questões preconcebidas nem a modelos gerais. As discussões realizam-se com pessoas que compreendem a empresa e a realidade dos parâmetros organizacionais em que os participantes trabalham. Além dos líderes da empresa – o chefe de divisão e o diretor dos recursos humanos –, os participantes podem contar com os colegas para os ajudarem a resolver os dilemas complexos que enfrentam. O contexto ajuda-os a lidar com questões como:

- O que está a incomodar-me e a consumir a minha energia interior? Como podem estes problemas ser articulados de forma muito específica e depois enquadrados e reenquadrados, tornando assim consciente aquilo que está escondido no inconsciente?
- Por que razão eu reprimia este problema e não arranjava uma solução clara? Será por não ter alternativas imaginativas ou por não gostar das consequências das alternativas? Ou será por recear a resposta às ações que têm de ser tomadas porque a situação é muito incerta?
- Estarei a utilizar a velha fórmula de êxito para uma nova situação e a tornar-me demasiado confiante?
- Quais são os meus valores essenciais que estão a impedir que encontre a solução certa? Terei de corrigir as expectativas? Será que necessito de um conselho – de uma pessoa de confiança que me ajude a clarificar a confusão e a isolar as fontes de ansiedade e de *stress*?

Há uma ou duas décadas, poucas pessoas estariam dispostas a revelar estes pensamentos pessoais, com receio de que fossem usados contra elas próprias. No entanto, atualmente, a maioria das culturas empresariais é mais aberta no que diz respeito à partilha de questões pessoais. As pessoas partilham informações íntimas nas redes sociais, ou procuram-nas em sítios como o Google. São cada vez mais as pessoas que aprendem que mais vale ser transparente sobre os dilemas e sentimentos pessoais do que ver outros chegarem a conclusões erradas por utilizarem informações recolhidas de outra forma.

CORRIGIR AS EXPECTATIVAS

A experiência fora do local de trabalho ajuda a Novartis e os seus gestores mais talentosos e ambiciosos a reequacionarem perspetivas que há muito tinham por certas e a abrirem os olhos para novos cenários. À medida que vão compreendendo melhor as suas forças e motivações, alguns chegam à conclusão – e reconhecem-no diante dos colegas e da equipa de mentores – de que não podem ou não farão determinados sacrifícios para alcançar os cargos mais elevados da empresa. Algumas pessoas ambiciosas que almejavam chegar à direção de uma unidade com responsabilidades financeiras corrigem os seus objetivos e escolhem outro caminho, como, por exemplo, ser um executivo responsável por um departamento e não por uma unidade.

Outros podem ter dúvidas em aceitar um cargo no estrangeiro, mesmo que a recusa signifique um atraso ou até um desvio das suas expectativas de carreira. O custo na vida pessoal de desenraizar uma família pode ser muito pesado, especialmente quando o êxito noutro ambiente não está garantido. Algumas pessoas têm medo de viver em países em desenvolvimento. O conhecimento destas informações beneficia tanto a Novartis como os jovens executivos. A empresa pode pensar nos papéis certos a longo prazo para as pessoas talentosas que pretende conservar, em vez de as desenvolver para os cargos errados.

As empresas que não adquirem conhecimento suficientemente profundo dos valores e objetivos essenciais dos seus funcionários e que não ajudam os seus talentos a conhecerem-se melhor podem desperdiçar recursos valiosos. Já vimos isto muitas vezes, mesmo em mestres do talento. Apesar do conhecimento exaustivo que tem do seu pessoal, a GE, por exemplo, investiu bastante e várias vezes na preparação de um executivo para um alto cargo, para descobrir, já muito tarde, que essa pessoa não aceitaria o lugar por razões pessoais. Como diz Brokatzky-Geiger, «quando nos conhecemos melhor e aos outros, podemos rever o nosso juízo e agir em conformidade».

Na fase final do programa de três dias, os participantes redigem «planos de líder» de uma página para si próprios, que depois apresentam aos colegas e à equipa de mentores. Um plano de líder resume todos os resultados da avaliação do gestor e os principais ensinamentos retirados dos exercícios e das interações. Sobretudo, lista os seus talentos, aptidões e valores, e articula aquilo que descobriu sobre o seu íntimo. Alguns dos pontos podem ser esperanças e não realidades atuais, mas são igualmente úteis e talvez até ainda mais: revelam o que a pessoa quer ou aspira a ser. Para o indivíduo, torna-se uma declaração de missão.

Nos seis meses seguintes, cada gestor tem três ou mais sessões individuais de treino sobre áreas fundamentais do desenvolvimento. O principal objetivo destas sessões é fazer os gestores passarem da consciência do seu potencial para a prática e responsabilidade.

Para a maioria das pessoas, a grande revolução da autoconsciência é a descoberta de que sobrestimam as capacidades profissionais e subestimam os valores interiores. Os seus valores íntimos e sentido de finalidade são reservados para as famílias ou para as atividades filantrópicas, e estão bastante desligados da sua liderança na empresa. Por conseguinte, estes líderes brilhantes e bem sucedidos não desenvolvem geralmente as suas autênticas capacidades interpessoais e a aptidão para aprender e colaborar com outras pessoas e para as influenciar.

A Novartis reconhece que estas são qualidades essenciais para o seu negócio. O trabalho de equipa e os líderes que o fomentam são especialmente importantes para o êxito continuado na indústria farmacêutica global. A coordenação de esforços em praticamente todos os países do mundo torna-se cada vez mais complicada à medida que os governos, as agências reguladoras, os grupos de consumidores e os mercados financeiros respondem de maneira diferente aos avanços da ciência médica e às mudanças na prática da medicina. A inovação no processo de prescrição de medicamentos para substituir aqueles cuja patente expirou requer cada vez mais que grandes equipas de especialistas em várias áreas científicas e médicos partilhem informação e trabalhem juntos, não apenas internamente, mas também com pessoas de fora e com as agências reguladoras.

Stratton passou por várias avaliações de 360º antes de ingressar na Novartis, e essas avaliações revelavam sempre uma impaciência quando ela queria alcançar objetivos ambiciosos em pouco tempo. Aquilo que a impressionou na sessão de formação da Novartis foi a separação entre a forma como alcançava os seus objetivos, especialmente em alturas de *stress*, e aquilo que realmente prezava na sua vida. «Percebi no fim de semana que uma das minhas forças tinha a ver com a empatia, e eu sabia que queria basear-me nessa característica. No entanto, não quero chegar aos 75 anos de idade e pensar: "*Muito bem, sou uma pessoa empática, bravo.*" Enquanto eu refletia nos seis meses após a sessão, o meu sentido de finalidade começou a ganhar forma: quero realizar todo o meu potencial como gestora e assegurar-me de que os meus colegas e a minha família concretizam todo o seu potencial. Portanto, não quero perder a minha velocidade nem o meu impulso, mas, quando o levo para o nível mais elevado, penso para mim própria: "*Kim, por favor, tem cuidado quando estiveres nesta situação.*" No fim do dia, se deixar as pessoas a sentirem-se magoadas e sem autoridade, sem realizarem os seus potenciais, sofro tanto ou mais do que elas, pois não estou a cumprir o meu sentido de finalidade. Posso ter ganho a batalha, mas perdi a guerra. Não se trata de algo que eu tenha percebido de repente ou apenas como resultado do fim de semana de formação, mas é uma coisa muito profunda.»

Stratton nota uma diferença fundamental entre as avaliações típicas e o programa da Novartis: «Muito frequentemente, quando as pessoas nos dão conselhos globais, concentram-se na deficiência. Para mim, aquilo que fez a diferença foi o foco na forma como os resultados se relacionam com o meu sentido de finalidade. É uma abordagem mais holística.»

VER O SISTEMA DA NOVARTIS COM OUTROS OLHOS

Joe Jimenez, que sucedeu a Vasella como diretor executivo no início de 2010, aprendeu o valor da autoconsciência depois de ter ingressado na empresa, em 2007, como diretor da divisão de saúde do consumidor. Anteriormente, fora presidente e diretor executivo da H. J. Heinz para a América do Norte e da H. J. Heinz para a Europa. Estava habituado às exigências da liderança de topo e vinha de uma indústria – bens de consumo – que atribuía muita atenção ao desenvolvimento da liderança.

Jimenez ficou impressionado não só com a formalidade e profundidade das avaliações da Novartis, mas também com a forma como produziam um diagnóstico claro das necessidades de cada indivíduo em diferentes áreas. A recompensa, diz ele, não chegou no seu primeiro cargo na Novartis, mas no segundo, poucos meses depois, quando foi promovido à direção da principal divisão farmacêutica da empresa. Após dez anos de um crescimento de dois dígitos, a divisão farmacêutica começou a debater-se com várias patentes expiradas e com um ambiente cada vez mais difícil, e, em 2007, o desempenho começou a ressentir-se. Jimenez queria construir a estratégia futura com base na cultura que Vasella criara, centrada no paciente. Jimenez diagnosticou o problema como falta de foco externo nas necessidades dos pacientes, os consumidores finais dos produtos da farmacêutica, e nos comportamentos mutáveis dos médicos e dos fornecedores de seguros de saúde, os clientes cujas escolhas determinavam os resultados de vendas da empresa.

A organização farmacêutica não queria perceber isto, diz Jimenez. «Diziam que o ano de 2007 era uma aberração e que, se nos mantivéssemos no mesmo rumo, as coisas correriam bem. Tive de alterar completamente esta visão e mentalidade.» Forjara o seu estilo de liderança naquilo a que chama «um ambiente extremamente duro» e agora estava a trabalhar numa «cultura suíça mais reservada». Graças parcialmente à profundidade e ao rigor da avaliação a que se submetera, «tornei-me menos paciente e mais impositivo», diz ele. «A avaliação ajudou-me a repensar a forma como estava a lidar com a situação e a adaptar o meu estilo para me tornar eficiente na cultura da Novartis. Em vez de mexer na organização – apesar de o ambiente exterior estar a evoluir rapidamente, tornando necessárias algumas mudanças no seio da Novartis –, reconheci que tinha de fazer mudanças de baixo até cima. Então, recuei imediatamente e disse: "Bem, vamos marcar o ponto onde nos encontramos. Depois, veremos como poderemos abordar isto de maneira que nos torne mais ágeis e flexíveis."»

Isto transformou a situação. Em vez de lutar durante um longo período de tempo para impor mudanças, Jimenez ganhou apoio para uma abordagem centrada no paciente e no cliente. Ao trabalhar a partir da estratégia de Vasella, juntou os 100 principais líderes da farmacêutica numa sessão de formação fora do local de trabalho, onde os ajudou a fazer um retrato claro do ambiente exterior e dos desafios da empresa. Em seguida, pediu a todos que pensassem e o informassem, no prazo de 14 dias, sobre aquilo que iriam fazer nos próximos seis meses para se concentrarem mais no paciente e no cliente. Jimenez recebeu «um número incrível de cartas de empenhamento pessoal», que se tornaram a base para que «a divisão farmacêutica voltasse a ter êxito».

Note-se aqui o círculo vicioso. Ao tornar-se mais autoconsciente, Jimenez tornou-se também mais atento à «personalidade coletiva» da divisão farmacêutica. Isto permitiu-lhe utilizar as forças do seu comportamento de liderança para tornar toda a organização mais autoconsciente e, por isso, mais atenta e sensível às necessidades do consumidor. Como resume Jimenez, «os líderes da divisão farmacêutica afirmaram que o processo os levou a dominar a iniciativa e a mudar o seu próprio comportamento. Isto permitiu que se desenvolvessem como líderes focando-se mais no exterior, de maneira que, por sua vez, pudessem ajudar os seus subordinados a fazer o mesmo. Isto mudou todo o caráter da divisão farmacêutica.»

As experiências de Jimenez no seu primeiro ano na Novartis mostraram-lhe claramente o valor das avaliações psicológicas rigorosas com o objetivo de aumentarem a autoconsciência dos líderes. Jimenez afirma: «Muito frequentemente, as outras empresas definem o desenvolvimento da liderança de um modo superficial, sem essa avaliação profunda e franca daquilo que tornará realmente a pessoa um líder mais eficiente. Não identificam a verdadeira causa do problema, se houver um problema, nem as principais oportunidades que podem existir para um líder. Aquilo que a Novartis faz melhor do que qualquer outra empresa é essa avaliação franca.» A avaliação e identificação do ser íntimo e dos valores de uma pessoa ajudam-na a ser mais eficiente no trabalho com os outros. Este conhecimento da pessoa ajuda também a diagnosticar os números de maneira diferente e a tomar decisões e a executá-las de forma mais eficiente.

A Novartis utiliza agora os seus processos de avaliação em duas áreas de importância especial: desenvolver líderes que possam adaptar os seus estilos de liderança a diferentes culturas e apoiar líderes cientistas que possam gerir programas de pesquisa e desenvolvimento de forma a cumprirem os grandes objetivos empresariais. O seu programa de desenvolvimento de autoconsciência tem o benefício acrescido de criar líderes a partir de cientistas e de técnicos especialistas, de um modo que é impossível nas outras empresas. Como exemplo, Jimenez refere Trevor Mundel, um cientista e médico muito dinâmico, promovido à direção do desenvolvimento global da farmacêutica. De forma crucial, Jimenez e a sua equipa de liderança perceberam que Mundel teria de melhorar a autoconsciência para poder assumir esta enorme responsabilidade.

«Reconhecemos que Trevor tinha capacidades de liderança, bem como competências científicas e técnicas, para dirigir todo o grupo de desenvolvimento. Era carismático, muito criativo e tinha grandes aspirações. E percebemos que precisávamos de trabalhar juntos para mudar o processo de desenvolvimento na Novartis a fim de aumentar a nossa produtividade.»

«No entanto, do ponto de vista do desenvolvimento da liderança, depois de o nomearmos para esse cargo, percebemos quão poderosa era a sua visão e como teríamos de o ajudar a juntar rapidamente a equipa em seu redor para avançarmos no forte ritmo que imprimira. Eu dizia-lhe: "Trevor, tens de abrandar e certificar-te de que as 7500 pessoas desta divisão estão a acompanhar-te."»

«Graças, em parte, ao aconselhamento pessoal, ajudámo-lo a compreender que tinha de dar ao grupo uma quantidade digestível de mudança antes de avançar para outra fase. Isto ajudou-o a crescer enquanto líder.»

Mundel lidera agora uma mudança decisiva na estratégia de desenvolvimento. O modelo tradicional da farmacêutica consistia no desenvolvimento de medicamentos para doenças comuns que afetam muitas pessoas. Mas, como observa Jimenez, esta estratégia produziu rendimentos decrescentes nos anos recentes para todas as empresas farmacêuticas. Apesar das reservas de muita gente do grupo de pesquisa e desenvolvimento da Novartis, Mundel, acompanhado pelo Dr. Fishman, presidente dos Novartis Institutes for Biomedical Research, tem feito pressão para que se concentrem em doenças raras que podem afetar muito poucas pessoas, mas que têm mecanismos genéticos em comum com uma multiplicidade de doenças relacionadas. Um medicamento da Novartis chamado *Ilaris* é um dos primeiros frutos desta abordagem. Inicialmente desenvolvido para a síndrome de Muckle-Wells, uma perturbação inflamatória reumática de que padecem apenas alguns milhares de pessoas, o *Ilaris* pode tratar um vasto leque de problemas, desde a artrite até à doença pulmonar obstrutiva crónica, diabetes e gota. Se tiver êxito, esta abordagem pode ser um novo modelo de negócio para a indústria farmacêutica. E Mundel pode avançar, sabendo que não precisa de olhar para trás para se certificar de que é acompanhado pelos seus 7500 colegas.

CONCLUSÕES

- Pode libertar a sua capacidade e coragem enquanto líder se sondar continuamente as profundezas do seu núcleo íntimo. Só assim poderá compreender o papel que ele desempenha nas complexidades mutáveis do seu trabalho e descobrir como lidar com a parte do núcleo íntimo que está a comprometer a sua eficiência – ou que contém recursos escondidos que a podem acelerar.
- A sua competência recorre continuamente ao inconsciente, e a descoberta da autoconsciência ajuda-o a abrir-se aos outros, a introduzir franqueza nas reuniões, a trabalhar com os outros, a atribuir os cargos certos às pessoas certas e a arriscar em pessoas e aumentar a sua eficiência.
- Um aspeto muitas vezes subestimado do trabalho de um líder é a interação diária com as pessoas. Conhecer-se a si mesmo pode ajudá-lo a conhecer essas pessoas e a aumentar a sua capacidade de fazer coisas através dos outros sem recorrer à manipulação, que trai os outros e pode até virar-se contra si.

Nas páginas seguintes, veremos um grupo de empresas que só recentemente decidiram tornar-se mestres do talento. Há duas coisas que devemos notar sobre estas empresas: em todos os casos, o diretor executivo esteve profunda e totalmente envolvido e empenhado no processo; e todas compreendem que as pessoas estão à frente da estratégia.

PARTE 3

TORNAR-SE UM MESTRE DO TALENTO

Muitas empresas só veem como necessidade urgente o seu talento de liderança quando os negócios entram em crise ou quando têm de conceber uma grande mudança estratégica. Este tipo de situações é famoso pelas mudanças completas e geralmente pouco objetivas no topo. Os mestres do talento compreendem que existe uma diferença entre tentar corrigir a situação e reconstruir o talento da organização a longo prazo. De que forma selecionam os líderes encarregados de executar as mudanças que construirão a estrutura dos líderes futuros? Como implantam os valores e os comportamentos na organização? De que tipo de processos necessitarão para desenvolver esses líderes agora e no futuro? Com que rapidez podem eles desenvolver o processo? No ambiente atual de rápida mudança, não podem dar-se ao luxo de construir os seus processos ao longo do tempo, como haviam feito os antigos mestres do talento.

Nos três capítulos que se seguem, veremos como quatro empresas enfrentaram este desafio. De facto, em todos os casos, a causa da mudança foi a necessidade de uma nova estratégia. O plano da Goodyear consistia em transformar uma empresa de produtos primários num negócio centrado nos consumidores; o UniCredit empreendeu a criação de um singular banco pan-europeu a partir de um grupo de bancos regionais; a CDR sofreu uma mudança fundamental no seu ambiente de negócios; e a LGE quis reforçar a sua presença servindo melhor os clientes nos mercados locais. Em todos os casos, os líderes destas empresas compreenderam que as pessoas estão à frente da estratégia.

Organizámos as histórias destas empresas por tópicos. Assim, no capítulo 9, analisamos como os seus diretores executivos decidiram de que tipo de líderes necessitavam – ou, como diz Rich Kramer, presidente do conselho de administração e diretor executivo da Goodyear, como analisaram as competências de liderança que tinham, as competências de que necessitavam e a dimensão do hiato entre estas. Nos capítulos 10 e 11, retomaremos cada uma das empresas para vermos com mais profundidade as práticas e os processos que adotaram na construção dos componentes concretos e abstratos do sistema da mestria do talento. O capítulo 10 versa o «material abstrato» – valores e normas comportamentais que suportam a mestria do talento. O capítulo 11 descreve os mecanismos e os processos que cada empresa desenvolveu. Concluímos com uma listagem das qualidades exigidas a um diretor executivo que pretenda fazer da sua empresa uma mestre do talento.

Capítulo 9

Encontrar os líderes certos

Quer se trate de apenas algumas substituições pontuais ou de uma reviravolta completa, enveredar pelo caminho da mestria do talento requer quase sempre mudanças na liderança. Os novos mestres do talento têm consciência das implicações a curto e longo prazo da escolha de um líder. Selecionam os líderes não só pelas suas aptidões para o negócio, mas também pelo impacto que têm na capacidade da empresa para desenvolver os talentos.

Vejamos então como a Goodyear, o UniCredit, a Clayton, Dubilier & Rice (CDR) e a LG Electronics (LGE) fizeram das mudanças na liderança parte de um plano maior para dominarem o talento.

GOODYEAR: RENOVAR COM AJUDA EXTERNA

A Goodyear Tire & Rubber estava com problemas sérios quando Bob Keegan ingressou na empresa, em 2000, como diretor de operações. Os pneus de automóvel eram um negócio no qual os grandes construtores automóveis, alguns deles a lutarem pela sobrevivência, punham os fornecedores uns contra os outros para conseguirem os preços mais baixos. Durante os anos 90, a Goodyear teve de saldar uma dívida pesada contraída quando travou uma batalha furiosa com o investidor britânico Sir James

Goldsmith, que levou a cabo uma operação de *greenmail** contra a empresa. Enquanto a Goodyear saldava a dívida, os seus arquirrivais, a francesa Michelin e a japonesa Bridgestone, compravam outros fabricantes de pneus e apoderavam-se de uma grande quota do mercado global. A Goodyear respondeu em 1999, adquirindo a maioria das participações da Dunlop na Europa e na América do Norte, o que voltou a aumentar o peso da dívida. Muitos foram os que questionaram a capacidade da Goodyear de permanecer independente ou até de sobreviver a longo prazo.

O cargo era apelativo para Keegan, que tinha então 53 anos, porque a Goodyear enfrentava muitos dos desafios com que se debatera a Eastman Kodak, onde ele dirigira a divisão global para a área dos consumidores. Ambas as empresas tinham marcas globais muito fortes, enfrentavam duros concorrentes estrangeiros, tinham fábricas e operações de aquisição de matérias-primas em várias zonas geográficas e tendiam a dar mais atenção à pesquisa e à produção do que ao *marketing*. Mas Keegan não precisou de muito tempo para descobrir que a Goodyear estava ainda em pior situação do que imaginava. Como diz diplomaticamente: «A profundidade dos problemas da Goodyear não fora totalmente identificada nem analisada pela administração, apesar de haver diretores que sabiam que era necessário proceder a algumas mudanças fundamentais.»

No entanto, antes do final da década, Keegan – que se tornou diretor executivo em janeiro de 2001 – transformara a Goodyear num poderoso jogador global com um futuro promissor. Entre 2002 e 2008, as receitas aumentaram 40% e o rendimento operacional subiu 116%. A empresa está tão diferente que os seus líderes e empregados lhe passaram a chamar Nova Goodyear. A forma como Keegan procedeu encerra uma lição importante para quem gere uma empresa com perspetivas sombrias: nunca é demasiado tarde para começar a desenvolver o talento da liderança, mas urge estar disposto a confrontar as limitações da liderança atual. De facto, a liderança foi o centro da nova estratégia de Keegan, que levou a cabo a mudança com uma velocidade extraordinária.

Keegan começou a trabalhar na criação de um novo modelo de negócio ainda antes de se tornar diretor executivo. «O modelo antigo estava orientado para a produção, era muito isolado, muito focado na engenharia

---

* *Greenmail* é a prática que consiste em adquirir bastantes ações de uma empresa para ameaçar tomar o seu controlo, obrigando assim a empresa a comprar essas ações a um preço mais alto para impedir a tomada de controlo. (N.T.)

9 · ENCONTRAR OS LÍDERES CERTOS

e impulsionado pelos fabricantes de automóveis», diz ele. «À nossa nova estratégia chamámos modelo orientado para o mercado.» Este modelo iria retirar a Goodyear da venda de produtos primários aos fabricantes originais de equipamentos com margens baixas, para se dedicar à venda aos consumidores diretos. O chamado mercado pós-venda oferecia oportunidades de diferenciação, e a Goodyear tinha os principais recursos para a criar: uma mestria tecnológica que criara êxitos como o *Aquatred* e uma linha de classe mundial de pneus de elevado desempenho, a sua marca reconhecida globalmente (quem ainda não viu o dirigível da Goodyear na televisão?) e uma forte rede mundial de vendedores.

Compreendia melhor do que muitos líderes empresariais que as pessoas estão à frente da estratégia. O seu plano de transformação não passaria de uma boa ideia se não tivesse líderes que o pudessem executar. «Olhámos para a situação e dissemos: "Temos de mudar todo o modelo da nossa empresa", e era mesmo todo o modelo – não apenas o modelo estratégico, mas também a forma executávamos e como fazíamos realmente as coisas.»

As pessoas começam a ficar tímidas numa empresa que sofre vários anos de insucessos. Temem as mudanças e não estão dispostas a correr riscos. A solução normal nestes casos é o afastamento dos elementos inúteis, o recrutamento de alguns líderes essenciais, a contratação de um consultor para a gestão da mudança, explicar a estratégia a toda a gente e pôr mãos à obra. Contudo, Keegan sabia que isto seria como pôr um remendo num pneu sem conserto. «Percebemos que, fundamentalmente, esta cultura não iria funcionar se quiséssemos evoluir para um tipo diferente de empresa. Nunca passaríamos do velho modelo para o novo sem uma filosofia significativamente diferente e sem um estilo de liderança que pudesse transformar toda a cultura.»

Keegan tinha um parceiro importante para concretizar as suas ambições: Richard J. Kramer, o atual presidente do conselho de administração e diretor executivo da Goodyear, que deixara a PricewaterhouseCoopers para ingressar, em 2000, na Goodyear como vice-presidente do departamento financeiro, seis meses antes da chegada de Keegan. A Goodyear fora um dos seus clientes, e ele compreendia bem o que a empresa era e o que podia ser. Kramer partilhava as ideias de Keegan sobre o desenvolvimento do pessoal. A Pricewaterhouse, uma empresa de serviços com padrões extremamente elevados, exigia que as suas estrelas em ascensão desenvolvessem contabilistas jovens. «Eu sabia que uma empresa de serviços ao cliente era um negócio de pessoas, mas também acreditava que os pneus eram um negócio de pessoas», diz Kramer. «Quer se trabalhe com pessoas internamente quer se trabalhe com os nossos clientes, tem tudo a ver com as pessoas, com ouvir o que dizem e ver o que fazem.»

«Uma das coisas mais importantes que o Bob trouxe foi uma visão muito crítica das competências que tínhamos na Goodyear, das competências de que necessitávamos e da dimensão do desfasamento entre estas duas.» Kramer e Keegan, ao partilharem uma visão da Goodyear que só os forasteiros lhe podiam trazer, trabalharam juntos para reestruturar o ADN da empresa à medida que iam preenchendo as lacunas.

Keegan aperfeiçoara as suas ideias sobre o desenvolvimento da liderança quando, ao serviço da Kodak, resolvia problemas da empresa em várias zonas do mundo. «Não há uma resposta fácil para que alguém compreenda o valor e a metodologia da identificação e do desenvolvimento de líderes», diz Keegan. «Para mim, isso evoluiu de forma empírica. À medida que ia experimentando, percebia o que funcionava e o que não funcionava. Com o tempo, compreendi que os líderes de êxito revelavam certas características comuns. Tinham de ser construtores de equipas, ter QI elevado e aptidões analíticas, tinham de integrar a química da organização; e tinham de ter muita coragem para inovar e experimentar novas coisas e fazê-lo mais depressa do que os outros. É isto que funciona.» Keegan resume a sua aprendizagem em cinco princípios, que queria ver refletidos nos líderes da Goodyear:

- O negócio é um desporto de equipa; não se resume aos indivíduos.
- As melhores decisões não vêm da pessoa mais esperta da sala; vêm de um grupo de pessoas espertas reunidas numa sala.
- Os líderes devem saber aquilo que não sabem.
- Os líderes devem ser corajosamente inovadores.
- Os líderes devem ter paixão pelos seus negócios, mas não devem deixar que as emoções interfiram nas tomadas de decisão.

Não é fácil criar rapidamente uma meritocracia baseada no desempenho. Não havia tempo para conceber uma infraestrutura de desenvolvimento da liderança na linha da GE ou da Procter & Gamble nem para que o pessoal se adaptasse a essa infraestrutura; só a infusão imediata de uma massa crítica de líderes podia mudar a trajetória da empresa. Keegan identificou os seus principais talentos internos pouco depois de ter começado a trabalhar para a empresa e rapidamente recrutou gente externa para se

9 · ENCONTRAR OS LÍDERES CERTOS

fundir com estes líderes. «Disse a mim próprio que, se encontrasse talento no interior da empresa, conservá-lo-ia, mas não ficaria com os segundos melhores só porque alguém estava aqui há 20 anos, quando alguém de fora com menos 10 anos de experiência tivera um desempenho notável.»

Nos primeiros dois anos, Keegan substituiu 23 dos principais líderes da Goodyear, quer por gente de fora quer por pessoas promovidas na empresa; também introduziu centenas de pessoas externas à empresa para preencher cargos em todas as unidades e em todos os departamentos das filiais da Goodyear. A nova equipa era relativamente jovem – muitos deles estavam na cada dos 30 e dos 40 anos, e alguns eram mais velhos –, tinha capacidades excelentes nas suas especialidades, incluindo em *marketing* direcionado para o consumidor.

Steve McClellan, de 37 anos, que entrara para a Goodyear vindo diretamente da universidade, foi nomeado, em setembro de 2003, vice--presidente da Goodyear Commercial Tire Systems. Darren Wells, de 36 anos, que fora tesoureiro assistente na Visteon Corp., ingressou na Goodyear em agosto de 2002 como vice-presidente e tesoureiro. Em 2004, Keegan convenceu Tom Connell, de 54 anos, a deixar o cargo de vice-presidente e supervisor financeiro da TRW Inc. para assumir um cargo similar na Goodyear. Pierre Cohade, de 43 anos, que Keegan conhecera na Kodak antes de o executivo de origem francesa se ter juntado ao Groupe Danone para administrar a sua divisão global de águas e bebidas, foi recrutado em 2004 pela Goodyear como presidente da região da Ásia e Pacífico.

Por que razão quereriam estas pessoas juntar-se a uma empresa por muitos vista como à beira do colapso? A resposta de Keegan foi mostrar--lhes que tinha um plano que lhes ofereceria uma via mais rápida para o êxito do que aquela que podiam esperar dos empregadores atuais. As melhores empresas atraem o melhor talento em quantidades despropor-cionadas. Literalmente, têm demasiados bons funcionários para incluir numa pirâmide executiva estreita. Como é natural, algumas destas pessoas ficam impacientes – e estão dispostas a correr riscos, uma característica importante que Keegan queria nos seus líderes. A Goodyear também correria riscos. Os funcionários mais novos têm normalmente lacunas nos seus currículos; não são tão experientes como os executivos mais rodados. Mas são ambiciosos e estão ansiosos por se porem à prova. A longo prazo, nem todos terão êxito, mas muitos irão alcançá-lo, os suficientes para que se proceda a uma mudança fundamental na cultura de uma organização. «Dou-lhe a oportunidade de realizar alguma coisa, de ser um líder mais cedo do que seria noutro lado qualquer», dizia-lhes Keegan. «Vai correr um risco e eu também correrei um risco. Um de nós, ou ambos, poderá estar enganado. Você pode ser a pessoa errada para o cargo ou podemos ser a empresa errada para si. No entanto, se ambos estivermos certos, então teremos feito algo de especial para si e para os nossos acionistas.»

O recrutamento de gente externa criava naturalmente ansiedade. «As medidas que tomei no início foram um pouco chocantes para a empresa, uma vez que nunca o havíamos feito antes», diz ele. Quando uma empresa contrata tanta gente externa, particularmente numa «cidade da empresa» como é Akron, no Ohio, as pessoas ficam ainda com mais receio de perder o emprego. «Mas o medo acalmou muito depressa graças ao talento e à capacidade das pessoas que recrutámos.»

A assimilação dos novos funcionários foi facilitada pela crença profunda de Keegan no trabalho de equipa, desenvolvida quando praticava desporto na escola secundária e na faculdade. «O negócio é um desporto de equipa», diz ele – e di-lo com paixão. Para ele, um currículo superior é inútil se detetar que um candidato potencial não se integrará bem na equipa que está a construir. Ao demonstrarem o trabalho de equipa em ação, os novos líderes conquistavam a confiança da Goodyear. À medida que as pessoas viam as novas possibilidades de negócio e desenvolviam a autoconfiança e a energia própria, o estado psicológico na empresa começou a mudar do medo para o otimismo.

A intimidade é mais difícil de alcançar com pessoas externas, mas Keegan minimizou os erros de recrutamento ao empenhar-se pessoalmente, bem como outros líderes, em entrevistas intensas. No processo que estabeleceu, o candidato reúne-se não só com quem será o seu chefe, mas também com a maioria da equipa de liderança. Isto fornece as múltiplas informações que conduzem aos juízos concretos e factuais. O candidato fala também com as pessoas que ficarão sob a sua tutela, o que significa que ninguém ficará surpreendido com a nova contratação ou se poderá queixar de não ter sido ouvido. Além disso, o candidato fica com uma imagem mais clara daquilo que envolve o cargo. «Certificamo-nos de que as pessoas externas saibam o máximo possível sobre nós», diz Keegan. «Queremos que tenham a certeza de que é também um bom cargo para elas. Podemos não ter o processo mais rápido, mas é extensivo e analítico.»

Com novos líderes na empresa, Keegan estava pronto para avançar em duas frentes: mudar o negócio e mudar a forma como a Goodyear constrói talentos.

9 · ENCONTRAR OS LÍDERES CERTOS

UNICREDIT: UTILIZAR O SISTEMA DE TALENTO PARA EXECUTAR UMA NOVA ESTRATÉGIA

Alessandro Profumo teve sempre a sensação de que dar mais atenção às pessoas acabaria por compensar. Esta ideia enraizava-se na sua experiência prévia como jovem executivo num banco italiano. Alguns anos depois, quando estava a criar um banco de dimensão europeia, a gestão do talento tornou-se uma parte central da sua estratégia; era uma forma de unir pessoas e culturas díspares em torno de valores e objetivos comuns. Em poucos anos – e apesar dos contratempos da crise financeira de 2008 –, a equipa de Profumo construiu uma nova cultura de desempenho, tendo como centro o desenvolvimento da liderança. O modelo resultante concentrava-se na paixão de Profumo por acelerar o desenvolvimento do talento, auxiliado por um experiente líder de recursos humanos, que era sensível a esta questão e que o ajudou a executar a estratégia que deu ao UniCredit uma extraordinária vantagem competitiva.

As ambições de Profumo nunca foram pequenas. Iniciou a carreira em 1977, como caixa de banco, e subiu rapidamente na indústria financeira. Aos 30 anos, deixou a banca para se tornar consultor, primeiro na McKinsey e depois na Bain, Cuneo & Associati. Quatro anos depois, foi trabalhar para uma companhia de seguros, a Riunione Adriatica di Sicurtà, e ascendeu ao cargo de diretor-geral para os setores bancário e parabancário. Adquiriu reputação nos círculos financeiros italianos e, em 1994, o presidente do conselho administrativo do Credito Italiano, antepassado do UniCredit, que necessitava de formar alguém mais jovem para o substituir, convidou-o para se juntar ao banco como subdiretor-geral. A sua nomeação para o cargo de diretor executivo chegou apenas três anos depois.

Afável e modesto, Profumo reconhece que tinha pouca experiência. «Eu tinha então 38 anos e não percebia o que significava ser diretor executivo de um banco», diz ele friamente. «Apesar da minha experiência, o meu saber era mais intuitivo do que estruturado. Mas acabou por ser a minha experiência mais entusiasmante em termos de crescimento profissional.» O UniCredit fora formado pela fusão de sete bancos com o Credito Italiano. Profumo geriu suavemente a integração e colocou o banco numa nova trajetória de crescimento. A sua falta de experiência estruturada revelou-se uma vantagem, pois permitiu-lhe levar ideias novas para a empresa. Em particular, pôs em causa o plano de carreira do banco, que levava em conta apenas os 50 principais líderes. «Ao ritmo a que estamos a crescer», disse ele aos líderes, «temos de dar atenção a 3000 pessoas». Tratava-se de uma

MESTRES DO TALENTO

ideia radical, mas, apesar do grande ceticismo de muitos gestores, a administração apoiou-o e o novo plano tornou-se uma realidade.

«Aprendemos ao longo do processo», diz Profumo. «Esforçámo-nos realmente. Havia alturas em que nos perguntávamos se não éramos como o aprendiz de feiticeiro no filme *Fantasia* – começáramos uma coisa e não sabíamos como resultaria. No entanto, tive sempre a sensação de que caminhávamos na direção certa.» Embora o UniCredit se tenha tornado o maior banco de Itália, Profumo procurava uma arena muito maior. Em 2005, revelou aquilo a que o *Financial Times* chamou a sua «grande visão baseada numa aposta» – um plano de fusão com o HypoVereinsbank (HBV), um grande banco que operava na Alemanha, na Áustria, na Europa Central e de Leste. Os observadores da indústria exprimiram ceticismo – o novo UniCredit, como foi denominado, parecia ser efetivamente uma aposta complexa e arriscada. Três anos depois, a crise financeira afetou profundamente o banco, levando a mais previsões de fracasso.

Contudo, atualmente, a visão compensou claramente: o UniCredit conseguiu sair incólume da crise. É um dos poucos bancos que apresentam receitas brutas líquidas em todos os trimestres – e, mais importante, sem a ajuda do governo. Qual foi o ingrediente secreto que confundiu os céticos? Foi, em grande medida, o pensamento pouco ortodoxo de Profumo sobre a gestão do talento, que reforçou a sua competitividade com uma liderança mais forte e uniu as suas diferentes culturas.

A reestruturação da liderança do UniCredit iniciou-se com a contratação, em julho de 2005, de um quadro fundamental: Rino Piazzolla, que trabalhava há nove anos nos recursos humanos da GE e, mais recentemente, como vice-presidente dos recursos humanos do setor de infraestruturas dessa empresa. Antes disso, trabalhara em Itália e nos Estados Unidos para a S. C. Johnson e para a PepsiCo.

Piazzolla ingressou no banco cerca de um mês depois de Profumo ter iniciado a execução da sua estratégia. A fusão aumentou o alcance do UniCredit de poucos países para 20 e duplicou o número dos seus funcionários para cerca de 170 000. «O desafio era reunir toda esta gente sob o mesmo telhado», diz Piazzolla. «Na Europa, a diversidade cultural pode ser uma grande desvantagem ou uma grande vantagem. Para nós, seria o pilar sobre o qual construiríamos esta empresa. Alessandro Profumo teve a ideia de gerir o talento de um modo diferente. Eu não sabia exatamente o que queria ele dizer com isso, mas tinha claramente a sensação de que precisávamos de fazer algo diferente.» O UniCredit fizera alguns esforços de gestão do talento, enviando pessoas para cursos de liderança e para escolas de gestão e contratando firmas de consultadoria para trabalharem em questões de liderança. Os esforços não tiveram grandes resultados, pois não estavam realmente ligados ao negócio ou embrenhados no tecido da empresa. Para atingir os seus objetivos, Profumo necessitaria de novos valores unificadores, de novos sistemas sociais e de novas estruturas organizacionais, bem como de um novo sistema de gestão de talento. Em Piazzolla encontrou a pessoa que o ajudaria a concretizar essa tarefa.

PARTICIPAÇÕES PRIVADAS: NOVOS TALENTOS PARA UM NOVO JOGO

Pode ter sido um momento decisivo na evolução das participações privadas (*private equity*). Em 2010, já com Jack Welch na empresa como sócio conselheiro, a Clayton, Dubilier & Rice (CDR) alistou mais quatro brilhantes diretores executivos: A. G. Lafley da Procter & Gamble, Ed Liddy da Allstate, Paul Pressler da Gap e Vindi Banga da Hindustan Unilever. Só o valor destes nomes tornava a CDR uma central energética da indústria, mas a empresa recrutou-os por muito mais do que o seu valor. Considerava o talento deles vital para levar o seu negócio para uma nova era.

No quase meio século desde que os primeiros grupos de investidores se organizaram para fundar negócios fora do mercado bolsista, as participações privadas (PP) tornaram-se uma grande força dos mercados de capitais em todo o mundo. Começando nos anos 60 com uma onda de aquisições alavancadas (*leveraged buyouts*), as firmas de PP organizadas por financeiros inteligentes desempenharam um papel cada vez mais importante ao extraírem valor de empresas com fraco desempenho. Geralmente, compravam uma sociedade anónima em dificuldades, com o auxílio de grandes empréstimos garantidos pelos seus ativos, reduziam os custos através de um melhor controlo, de uma melhor gestão financeira e fiscal e da estrutura do capital e forneciam, por vezes, conselhos estratégicos. Poucos anos depois, vendiam a empresa, geralmente através de ofertas públicas de venda. Dada a quantidade das empresas mal geridas e com pouca capacidade de endividamento, o dinheiro corria.

A indústria das participações privadas teve um crescimento explosivo em dois grandes momentos, em meados dos anos 80 e em meados da primeira década de 2000, estimulado pelo crédito barato. As firmas mais agressivas enchiam de dívidas as empresas adquiridas, esperando descartar-se delas a tempo de passarem as consequências para os próximos proprietários. Poucas dessas firmas sabiam alguma coisa sobre como gerir uma empresa; não precisavam de saber.

Então, o mundo mudou. O negócio das participações privadas sofreu um duro golpe quando a economia abrandou em 2000, mas isso foi só um prenúncio do que viria a acontecer quando o capital se evaporou no *tsunami* financeiro de 2008. Entre 2007 e 2009, o valor da indústria das participações privadas nos Estados Unidos caiu de um pico de 575 mil milhões de dólares para 43 mil milhões de dólares, uma queda de 65%, de acordo com a empresa de estudos de participações privadas Pitchbook. Nos mercados de capitais e no ambiente económico atuais, podem ser necessários cinco ou mais anos para encontrar um comprador para uma empresa em carteira. Isto significa que as firmas de PP têm de criar valor duradouro com o auxílio de parceiros que tenham experiência em operações e gestão de talento a fim de fortalecerem as empresas em carteira.

A CDR reforçou bastante o seu novo jogo competitivo ao recrutar Welch, Lafley, Liddy, Pressler e Banga, que se juntaram a outros antigos líderes experientes de sociedades anónimas. Estes executivos contribuem com o seu olho para o talento e com a sua abordagem prática na formação de outros líderes. A CDR já recrutara Bill Conaty para ajudar as suas empresas em carteira a construírem a sua própria mestria do talento. De facto, a CDR e outras firmas de PP estão tornar-se ímanes de talentos, abrindo novas vias de carreira para líderes brilhantes de sociedades anónimas e não apenas para diretores executivos aposentados ou gestores de segundo plano. Desses líderes destacam-se Dave Calhoun, antigo presidente do conselho da administração da GE, com pouco mais de 50 anos, que agora administra a AC Nielsen (detida por um consórcio formado pela KKR, Carlyle, Blackstone e a Thomas Lee Partners), e Fred Kindle da CDR, antigo diretor executivo da ABB, também com a mesma idade.

Uma das primeiras firmas que compreenderam como o talento pode criar valor nos números foi a TPG, a quarta maior firma mundial de participações privadas. Desde o início que se especializou no melhoramento das operações das suas empresas em carteira. A sua principal figura no desenvolvimento da liderança, o sócio Jim Williams, juntou-se à TPG após uma carreira de dimensão invulgar: sócio gerente do Hay Group, uma firma global de consultadoria especializada em recursos humanos; chefe de estratégia, dos recursos humanos, das tecnologias de informação e do *marketing* da Kaiser Permanente; e, posteriormente, diretor executivo do

Kaiser Health Group, uma empresa subsidiária, com um valor de 4,5 mil milhões de dólares, sediada em Seattle. Adorava fazer negócios e trabalhar nas operações, muito antes de os seus sócios lhe pedirem que se concentrasse no desenvolvimento de líderes para as empresas em carteira. «Eles disseram-me: "Tens faro para o talento. A decisão mais importante que tomamos após a decisão de investimento é a escolha de quem vai dirigir a empresa, e não somos bons nisso. A melhor utilização que podes dar à tua capacidade seria concentrares-te nesse elemento."»

Williams divide agora o tempo entre os negócios e as operações, mas é claro que os sócios tinham razão. Desempenha o papel principal na gestão do talento na TPG e ajudou a institucionalizar processos para identificar líderes de topo e desenvolver as pessoas certas para os lugares certos. Está envolvido desde o início e participa em todas as decisões de negócios. «Devo ter uma perspetiva sobre a gestão», diz ele. Por vezes – raramente –, a equipa pode ser irremediavelmente má, impossível de corrigir a tempo de pôr o negócio a funcionar. Com frequência, conclui que a má equipa de gestão é corrigível e apresenta ideias sobre o que fazer. E, depois, há os vencedores: «Esta é uma equipa de primeira classe, e o nosso desafio consiste em mantê-la, ligarmo-nos a ela e certificarmo-nos de que a adoramos.»

LGE: ADQUIRIR TALENTO GLOBAL

Uma empresa que queira ser um jogador sério no mercado global tem de olhar com atenção para o talento existente. Em muitos casos, as aptidões que conduziram a empresa até à sua situação atual não são iguais ao desafio de a levar para um palco maior. Yong Nam, diretor executivo da LGE (maioritariamente detida pela LG Corp.), concebeu uma maneira inovadora de encontrar as pessoas certas sem ferir a sua liderança coreana.

É impossível conceber duas empresas mais distintas do que a Goodyear e a LGE: uma está a lutar por fugir ao legado de um negócio de produtos primários, a outra é um jogador em ascensão no insaciável mercado mundial da eletrónica de consumo – a LGE fabrica telemóveis, televisões, aparelhos de ar condicionado e eletrodomésticos e desafia os líderes mundiais em todas as categorias. Contudo, Bob Keegan e Yong Nam têm em comum o seguinte: ambos necessitaram de uma grande infusão de genes de fora a fim de mudarem as culturas baseadas na produção e na pesquisa

MESTRES DO TALENTO

e desenvolvimento para culturas nas quais os líderes compreendem os consumidores e os mercados globais, e que podem assim treinar, formar e apoiar outros líderes além-fronteiras.

Nas décadas que se seguiram à sua fundação, nos anos 50, a LGE deixou de ser um pequeno fabricante local de rádios sob a tutela da marca Goldstar, para se tornar um grande jogador no mercado global da eletrónica e das telecomunicações. (Atualmente, é uma empresa independente cuja acionista maioritária é a LG Corp.) A grande força de trabalho coreana da empresa conferiu-lhe vantagem no fabrico de baixo custo, na adaptação superior da tecnologia e nos ciclos rápidos de desenvolvimento do produto. No entanto, quando Nam se tornou diretor executivo, em 2007, acreditava que o talento coreano homogéneo responsável pelo êxito da empresa tinha de ser globalizado.

Nam tinha uma visão ambiciosa do que a LGE poderia vir a ser: não só a melhor marca coreana, mas a melhor marca do mundo. Concebeu uma agenda de transformação que iria construir uma marca global de artigos de consumo, criar uma organização de alto desempenho e baseada no *marketing* e mudar o ADN da empresa para vencer não só a curto prazo, mas também dali a 10 ou 20 anos. A agenda de transformação consistia nas seguintes ações:

- Reformular o sistema de gestão de desempenho para se concentrar no aumento de receitas e na rentabilidade dos capitais investidos, e não apenas na quota de mercado.
- Reestruturar a carteira de negócios para que a LGE esteja onde pode estar e onde deve ser líder.
- Alinhar todas as estratégias de produto/mercado com os segmentos e as necessidades claras dos clientes.
- Construir uma marca global.
- Investir no *design* e na inovação.
- Globalizar a organização e os sistemas de recursos humanos.

Muitas destas mudanças não eram revolucionárias, mas a organização não estava a exibir nem a seguir estes comportamentos. Nam tinha de incutir um comportamento no pessoal que fosse consistente com a direção que a LGE estava a seguir. O desafio consistia em globalizar rapidamente a reserva de talento e os sistemas de apoio, sem desmotivar a forte base coreana da empresa, e passar de uma cultura assente no fabrico e na

9 · ENCONTRAR OS LÍDERES CERTOS

pesquisa e desenvolvimento para uma cultura na qual os líderes estivessem conscientes dos consumidores e dos mercados globais. Precisava de líderes que pudessem definir uma estratégia e impô-la, que fossem capazes de envolver e de capacitar as pessoas para contribuírem com o seu melhor e de construir equipas interculturais.

Previamente, Nam passara algum tempo nos Estados Unidos e não esqueceu uma das lições mais importantes dessa experiência. Viu um desfasamento entre a perspetiva de produção da LGE e a do consumidor norte-americano. Queria que a LGE compreendesse o consumidor desses mercados locais melhor do que qualquer outra empresa e pretendia atrair o melhor talento local para os líderes de departamentos nesses mercados. Isto, observou, não seria tarefa fácil. «Levar essas unidades subsidiárias a serem as melhores empregadoras nos respetivos países era, para mim, fundamental», diz Nam. «No entanto, as pessoas recrutadas localmente não estavam motivadas, pois a equipa de liderança enviada da Coreia não as integrou. A mudança era de tal forma grande que os melhores não queriam aderir. Deste modo, não conseguiríamos fazer da LGE uma marca forte nesse mercado local nem construir uma organização forte.»

A contratação dos melhores especialistas mundiais, maioritariamente não coreanos, revelaria o empenho da LGE em tornar-se a melhor empresa à escala global e ajudaria a atrair os melhores talentos locais. O desafio consistia em integrá-los numa cultura coreana estrita.

Tal como as pessoas estão à frente da estratégia, o *software* da mestria do talento – os valores e os sistemas sociais – deve preceder as estruturas e os processos de gestão do talento. No próximo capítulo, veremos como este grupo variado de empresas percorreu caminhos diferentes rumo a objetivos notavelmente similares.

Capítulo 10

Estabelecer os valores e os comportamentos certos

Como temos vindo a salientar ao longo deste livro, tornar-se um mestre do talento significa estabelecer os valores e as normas comportamentais que sustentam a franqueza, o rigor e a meritocracia. As pessoas têm de saber, sem qualquer dúvida, que devem procurar e desenvolver o talento dos outros líderes, e devem fazê-lo com a mesma atenção ao rigor que aplicam nas operações e nas finanças. Tornar o desenvolvimento do talento um objetivo avaliado e recompensado é uma ajuda, mas grande parte do trabalho é feito através de modelos a seguir. Os líderes estabelecem o código de conduta mediante as suas próprias ações, questões e abertura a diferentes opiniões na luta para definir a mistura única de traços, aptidões, juízos, relacionamentos e experiências de cada líder. Os processos formais são necessários, mas qualquer empresa que pretenda vir a ser um mestre do talento tem de levar em conta o lado menos material da mestria do talento. É isto que faz toda a diferença.

GOODYEAR: UM MANIFESTO PARA A MUDANÇA

A antiga mentalidade da Goodyear assentava na necessidade de manter o grande volume de produção nas suas fábricas com custos fixos e elevados. Recebia dos grandes construtores de automóveis encomendas enormes com margens muito reduzidas. A nova Goodyear teria de aumentar a eficiência e de reduzir os custos, mas precisava também de uma nova mentalidade orientada para a criação de crescimento rentável: atrair os consumidores por meio de novos produtos e de um *marketing* forte e investir nos mercados emergentes. Construir o motor para produzir novos produtos com base no conhecimento das necessidades dos consumidores seria uma tarefa monumental. Recrutar um líder de cada vez seria um processo demasiado lento e não criaria impulso para a mudança. Os novos líderes vindos de fora teriam de formar uma massa crítica e teriam não só de tomar decisões diferentes, como também de tomar essas decisões de maneira diferente, baseadas em informações diferentes. Teriam de estabelecer novas prioridades e fazer novas distribuições de recursos. Esses novos líderes teriam sobretudo de trabalhar com o resto do pessoal interno da Goodyear para executar o novo modelo e mudar as mentalidades.

Bob Keegan criou vários meios para levar os novos líderes a trabalharem como uma equipa. Desde logo, inseriu num quadro a mudança requerida em cada uma das bases do negócio. Designado por modelo de negócio concentrado no mercado, o quadro era não só um plano, mas também uma afirmação pragmática de valores, que descrevia aquilo que a empresa seria no futuro e como iria operar. A liderança, por exemplo, deixaria de estar isolada e passaria a fazer parte de uma mistura de talento interno e externo baseado no desempenho provado. A distribuição deixaria de ser um departamento de receção de encomendas, mas antes uma forma de criar negócios para os consumidores, indo ao encontro das necessidades do cliente, deixando de escoar o produto disponível para passar a aumentar todas as vendas. Keegan afirma: «A primeira pergunta que toda a gente fazia era: "Como classificamos os fundamentos?" A resposta era que não havia uma classificação; cada fundamento tinha a mesma importância – à exceção da liderança. Teria de ser, inequivocamente, a primeira entre iguais.»

O modelo de negócio concentrado no mercado tornou-se um veículo para unificar a organização. E ajudou a Goodyear a ultrapassar a recessão. Joe Ruocco, que se tornou o diretor de recursos humanos da Goodyear em 2008, diz: «Estávamos a seguir os fundamentos estratégicos e, quando fomos atingidos pela recessão, a questão que me vinha à mente, enquanto recém-chegado, era como é que a estratégia devia mudar em tempos difíceis. Para mim, o incrível foi que não só a estratégia não mudou, mas também que a primeira coisa que fizemos foi dizer: "Temos de nos concentrar nestes sete fundamentos. São tão importantes e valiosos durante os tempos difíceis como durante os bons tempos."»

10 · ESTABELECER OS VALORES E OS COMPORTAMENTOS CERTOS

MODELO DE NEGÓCIO CONCENTRADO NO MERCADO

Modelo antigo (produção)		Modelo novo (*marketing*)
• Isolada	**Liderança**	• Fusão de talentos internos e externos
		• Desempenho provado
• Foco na engenharia	**Liderança**	• Inovações relevantes para o consumidor
• Baseado em equipamentos originais	**do produto**	• Lançamento do primeiro mercado de substituições
		• Excelente motor de produtos novos
• Receber encomendas	**Distribuição**	• Construir os negócios dos nossos vendedores
• Escoar o produto com base na oferta	**alavancada**	• «Puxar» as encomendas do produto com base na procura do consumidor
• Foco no volume	**Criar a força da**	• Foco intenso nos segmentos-alvo
• Encher as fábricas	**marca**	• Equipamentos originais com mecanismo de substituição
• Absorver os custos das matérias-primas		• Foco no crescimento rentável
	Cadeia de distribuição favorecida	• Determinação própria do preço para compensar o custo das matérias-primas
		• Investimento em mercados emergentes
• Novas instalações de produção	**Estrutura financeira**	• Fomentar a eficiência em todos os setores da empresa
• Aquisição de bens de produção	**reduzida**	
• Fábricas cheias e de custo elevado		• Atualizar as instalações existentes para bens de elevado valor
		• Investimento preferencial em mercados de elevado crescimento
	O dinheiro é rei	• Abandono dos negócios não estratégicos
		• Redução da produção de custo elevado/expansão do custo baixo
		• Fornecimento e aprovisionamento de baixo custo
		• Acordos VEBA/USW

Segundo o antigo modelo, a mentalidade da Goodyear assentava na necessidade de manter o volume de produção nas suas fábricas de custos fixos e elevados. Recebia enormes encomendas dos grandes construtores de automóveis e descartava o produto para os vendedores. A nova Goodyear teria de inverter esta mentalidade, melhorando a eficiência, reduzindo os custos e gerando crescimento rentável: atrair os consumidores com novos produtos e com um *marketing* forte e investir nos mercados emergentes. Construir uma máquina de produtos baseados no consumidor constituiria uma tarefa monumental, que requeria uma massa crítica de novos líderes externos, capazes de estabelecerem prioridades diferentes e de tomarem tipos diferentes de decisões. Mais importante, teriam de servir de modelo a seguir e ensinar aos outros uma nova mentalidade, trabalhando com eles para executarem o novo modelo e mostrando como podiam vencer – e não ser as vítimas.

Outra inovação de grande alcance foi a realização de uma reunião mensal sobre o funcionamento da empresa. Nesta reunião, a equipa de liderança global analisa o desempenho operativo das unidades estratégicas e o planeamento de vendas e operações para o mês e ano seguintes. Não se trata de estimativas pontuais («no próximo trimestre, aumentaremos a quota de mercado x por cento e as vendas em y mil milhões de dólares), mas sim de planos de cenários pormenorizados, baseados nas condições externas que influenciam as estimativas pontuais, como a concorrência antecipada e a oscilação das taxas de juro. Estas análises constituem ensinamentos pormenorizados sobre a empresa para o pessoal recentemente contratado, mas transmitem mais do que conhecimento específico. Demonstram a importância da velocidade, quando os líderes utilizam rapidamente informações do mercado para tomarem decisões imediatas com os líderes operacionais. Além disso, o processo social põe os gestores externos e internos a trabalharem juntos com urgência, uma vez que os administradores e os líderes operacionais se envolvem conjuntamente na tomada de decisões fundamentais. Os gestores externos sabem assumir uma orientação de mercado, criar a diferenciação, ser decisivos e fazer as mudanças necessárias para que a Goodyear volte a crescer. Os gestores internos, que têm uma familiaridade íntima com a tecnologia, a produção e a logística da empresa, sabem como reduzir os custos. O trabalho conjunto neste processo social desenvolve a capacidade de os líderes se adaptarem às mudanças no ambiente externo. A discussão de cenários entre os novos administradores externos e os gestores internos providencia também uma oportunidade para a instalação de uma cultura de franqueza e ajuda-os a ganharem confiança nas suas mútuas perspetivas.

A antiga estrutura hierárquica da Goodyear dissuadia as pessoas de falarem para oferecerem uma nova ideia ou para criticarem a maneira como as coisas estavam a ser feitas. No entanto, para aceder às realidades do negócio e dos talentos dos líderes, eram necessários novos níveis de franqueza e de confiança. Levou tempo a criar esses hábitos, mas, hoje em dia, os administradores sabem que enterrar a cabeça na areia e não dizer o que se pensa equivalem ao suicídio na carreira.

Convencer as pessoas a falarem abertamente das forças e das fraquezas pessoais – não só das suas, mas também dos outros – é a parte mais difícil no processo de mudança da cultura de gestão de talento. «Uma necessidade de desenvolvimento é apenas isso, uma necessidade de desenvolvimento», diz Conaty. «Só se torna uma falha fatal quando não é resolvida. No entanto, a maioria das organizações considera muito difícil ter conversas francas. Não são capazes de dizer a alguém: "É uma autêntica *miss*, mas tem algumas verrugas que devem ser tratadas." Se eu puder dizer isto a alguém e me ouvirem e não me interpretarem mal, então podemos tratar das verrugas.» Conaty acrescenta que a mudança começa no topo e recorda que, quando Jack Welch começou a falar francamente com os colegas sobre as suas necessidades pessoais de desenvolvimento, a capacidade destes para terem conversas similares com os colegas aumentou. Estes, por sua vez, continuaram a prática ao longo da hierarquia.

Keegan estabeleceu o objetivo: «Queremos pessoas dispostas a exprimir as suas opiniões, e estamos a ficar bons nisso, porque temos as pessoas certas nos grupos de liderança». E continua: «Estão a falar com as pessoas e a pedir que deem ideias, e não dizem: "Essa ideia é parva"; ao invés, dizem: "Obrigado pela opinião." E agora sabem que pedir ajuda é algo absolutamente positivo. Se uma pessoa pede ajuda, está à procura de uma oportunidade.» E Kramer acrescenta: «Estamos a fazer muitos progressos no estabelecimento de conversas francas e baseadas no desempenho com as pessoas, mas temos de melhorar continuamente, em especial mais no interior da organização.»

UNICREDIT: VALORES QUE UNEM UM CONTINENTE

A estratégia pan-europeia do UniCredit exigia níveis sem precedentes de trabalho de equipa através das fronteiras nacionais. Para que a estratégia funcionasse, o pessoal tinha de transcender as diferenças culturais e adotar novos modos de tomada de decisões. Alessandro Profumo e Rino Piazzolla sabiam que uma coisa era estabelecer expectativas de desempenho e outra, bem diferente, era mudar realmente a mentalidade das pessoas.

Profumo e Piazzolla começaram por se concentrar nos valores. «A chave para ter uma liderança forte é trabalhar no sistema de valores antes de nos concentrarmos no sistema de gestão de desempenho», diz Piazzolla. «A primeira coisa que fiz – uma semana depois de ter entrado na empresa – foi ler todo o material que a UniCredit tinha na Internet, o modo como descreviam a empresa e a sua missão. Categorizei a informação em três blocos: cultura empresarial, liderança e *know-how* em geral. Em seguida, fui falar com Alessandro e disse-lhe: "São estes os princípios que gostarias que as pessoas seguissem?" Ficou surpreendido e respondeu: "Sim, é isso que quero, mas como sabias?"»

Mais do que surpreendido, Profumo estava aliviado. Receava que Piazzolla subscrevesse algum programa inflexível «à maneira da GE» para a gestão do talento. Sabia que isso não poderia ser aplicado com êxito na cultura do UniCredit – e Piazzolla pensava o mesmo. «A implementação de programas de gestão do talento ou de programas de gestão do desempenho à maneira da GE falha porque, a meu ver, aplicam mecanicamente uma coisa que fazia parte da cultura de outra empresa», diz ele. «O que tentámos fazer foi agarrar nas ferramentas e nos processos principais da GE e aplicá-los como um fato feito à medida. Nos primeiros seis a nove meses, as pessoas diziam: "Rino, isto não é a GE." E sublinhei sempre que aquilo que propunha se baseava no que aprendi sobre a missão e os valores do UniCredit.»

O UniCredit já trabalhava numa proposta de valores antes de Profumo e Piazzolla darem início à sua transformação. Cerca de mil empregados contribuíram com ideias, naquilo a que o UniCredit chamava os seus Laboratórios de Valor. Tratava-se de uma iniciativa gerida pelas equipas da identidade empresarial e dos recursos humanos, na qual os funcionários se envolviam numa série de discussões e de grupos de trabalho com o objetivo de definirem um conjunto de princípios éticos que considerassem importantes nas suas atividades quotidianas. «A direção queria saber que valores eram importantes para os empregados», diz Piazzolla. «Mas, quando recolheram a informação, começaram a dizer: "Que fazemos com isto?"» Depois de analisarem o material, Profumo e Piazzolla concluíram que tinha potencial para ser a base cultural do novo UniCredit. «Poderia unir a cultura de todos aqueles bancos», diz Piazzolla. «Seria um elemento unificador.» Reuniram-se com a comissão de gestão – os 15 ou 20 principais líderes da empresa – para ouvirem a sua opinião. E, depois de receberem a aprovação da comissão, lançaram, em setembro de 2005, um documento original e abrangente sobre os valores e a filosofia empresarial do UniCredit, intitulado Carta de Integridade.

Uma parte do preâmbulo da carta trata dos lucros e surpreenderia a maioria dos não Europeus. «Falamos da importância do lucro como condição prévia da liberdade», diz Piazzolla. «Quando a li pela primeira vez, pensei que era como explicar por que razão temos de respirar. Nas empresas americanas onde trabalhei, o valor do lucro é algo que não precisa de ser afirmado. Bem, na Europa, temos de explicar por que razão temos de ganhar dinheiro. No entanto, à medida que ia lendo, percebi que estas

10 · ESTABELECER OS VALORES E OS COMPORTAMENTOS CERTOS

reflexões sobre o valor ético da rentabilidade eram muito interessantes. E, na crise financeira, tornaram-se uma forte âncora ética para nós. Tal como todas as outras empresas, fomos afetados pela crise, mas não por alguma falha ética da nossa parte.»

Implementaram a carta com um plano de comunicação global que transmitia uma mensagem clara aos bancos: *Isto é o que defendemos, e haverá consequências em caso de incumprimento.* «Ninguém duvidaria de que aquilo era para ser levado a sério», diz Piazzolla. Além disso, promoveram o documento com um dia da Carta de Integridade, em que os funcionários interrompiam o trabalho durante duas ou três horas para falarem sobre a carta e sobre como deviam aplicá-la na vida quotidiana. Atualmente realizado sempre em setembro, o dia da Carta de Integridade tornou-se mais elaborado. Por exemplo, afirma Piazzolla, «no mais recente, todos os grupos de discussão tiveram de reconhecer um indivíduo que encarnasse um dos princípios da Carta de Integridade. Foi uma eleição geral de pessoas. No final, tivemos um campeão para cada setor e para cada departamento, e levámo-los a todos a uma reunião com a comissão de gestão para explicarmos as razões por que foram reconhecidos. Não havia dinheiro envolvido; tratava-se de puro reconhecimento. Mas havia pessoas que ficavam em lágrimas por nunca terem pensado que seriam reconhecidas por algo que não estava diretamente relacionado com os resultados da empresa. Era uma ferramenta de liderança realmente poderosa para a comissão de gestão.»

O UniCredit reforçou a Carta de Integridade com um sistema de provedoria, um mecanismo que permitia aos empregados registarem queixas e problemas com um mediador imparcial. Existe uma estrutura de provedores em todos os países onde o UniCredit opera, que pode ter entre duas e 20 pessoas, dependendo da dimensão da empresa. Aquilo que o distingue da maioria dos outros sistemas é o facto de todos os provedores serem funcionários da empresa recentemente aposentados. A ideia era dar a alguns aposentados selecionados a oportunidade de se manterem envolvidos na empresa; sobretudo, eram provedores que conheciam intimamente a banca – pessoas que, como diz Piazzolla, «compreendiam que o modo como se nega um empréstimo não é apenas um exercício mecânico, mas uma questão de juízo». O líder da organização de provedores, por exemplo, é o antigo chefe do gabinete de auditoria. «Conhece todos os assuntos e está a fazer um trabalho formidável», afirma Piazzolla.

Uma das primeiras tarefas de Piazzolla consistiu em reformular a sua própria equipa, que necessitava de grandes mudanças. Profumo deu sempre mais atenção a isto do que os seus pares na banca, mas não tinha o conhecimento nem as ferramentas para fazer do seu pessoal um eficiente parceiro na empresa. «As aptidões deles eram, fundamentalmente, as aptidões do velho pessoal da administração», diz ele. Estavam totalmente impreparados para ajudarem os líderes a pensar estrategicamente sobre as pessoas, ou para os ajudarem a compreender a importância das relações francas e do conceito de necessidades de desenvolvimento. Quando Piazzolla os desafiou, sentiram a sua autoridade ameaçada. Substituiu muitos líderes por outros vindos de fora, capazes de aplicar e seguir a nova agenda, e dotou-os de ferramentas e técnicas aperfeiçoadas na GE, como análises de tendências externas, avaliação de líderes potenciais e análises de lacunas de conhecimento estratégico.

PARTICIPAÇÕES PRIVADAS: MUDAR A MENTALIDADE

A transição para uma nova era no setor das participações privadas tinha de começar por uma grande mudança nos valores. Joe Rice, sócio fundador da CDR, uma das mais antigas firmas de participações privadas, explica a questão. «Uma das razões por que as firmas são tão lentas a desenvolver capacidades operativas é o facto de quase todas elas terem sido fundadas por financeiros», diz ele. «Para se ter bons operadores, é necessário estar disposto a partilhar a economia e o processo de decisão, o que é difícil se todos os sócios forem financeiros bem sucedidos. Pensamos: *Este tipo será realmente valioso?* Uma das discussões que daqui decorrem é a seguinte: "Qual é o contributo relativo? Será que o pessoal operativo recebe tanto da firma quanto o pessoal do departamento financeiro?" Este tem sido o caso na maioria das outras firmas.»

Rice recorda a evolução da firma desde os seus primeiros tempos. «Na altura em que fundei a CDR, já trabalhava no negócio das participações privadas há 12 anos numa firma que era totalmente composta por financeiros. Em inícios dos anos 70, decidi que estávamos numa posição terrivelmente desvantajosa se tivéssemos uma firma totalmente composta de financeiros. É que estes não compreendem realmente como se gere uma empresa. Podem gerir os números, e os números subirão sempre, mas quando as coisas se complicam, não podem fazer mais do que demitir o diretor executivo. De facto, isto não é satisfatório, pois passam muito tempo a ver o negócio a deteriorar-se e só quando está mesmo em muito mau

10 · ESTABELECER OS VALORES E OS COMPORTAMENTOS CERTOS

estado é que demitem alguém; depois, têm de reconstruir tudo, e, como a empresa está na mó de baixo, é difícil recrutar alguém. Por várias razões, parecia fazer sentido que, se íamos trabalhar neste negócio, tivéssemos realmente de dispor de capacidade operativa.»

A TPG tinha mais ou menos os novos valores nos seus genes. Desde a sua fundação, em 1992, que se especializou em negócios que exigiam mais atenção à gestão do que a maioria das outras firmas semelhantes. «O nosso apetite pelo talento é maior do que o normal, simplesmente porque, sempre que estamos envolvidos, é necessária alguma transformação», diz Jim Williams. «Quando pretendemos adquirir uma empresa falida ou uma divisão de uma empresa onde sabemos que terá de haver muitas mudanças, escrevemos esse nível de mudança na nossa tese do negócio. Fomos uma das primeiras firmas a ter um grupo de operações que se concentrava realmente na forma como geríamos o negócio». Todos os sócios da TPG geriram empresas com alguma dimensão e são sócios – seniores ou gerentes – de proeminentes firmas de consultadoria.

O primeiro negócio da firma foi a aquisição da Continental Airlines, em 1993, e poucos no setor das participações privadas acreditavam no êxito da operação. A Continental era uma empresa que se encontrava em sérias dificuldades, tentava salvar-se da segunda falência e o negócio era financeiramente complexo. «Contudo, a tese do negócio resultou de um profundo estudo macro e microeconómico da indústria e da posição competitiva da Continental», diz Williams, «e, essencialmente, reestruturámos a administração.» Recrutaram um diretor executivo com experiência em transportadoras aéreas e um antigo sócio da Bain Capital para gerirem a transformação. Em poucos anos, a Continental estava em vias de se tornar uma das empresas mais bem sucedidas da indústria. Quando se fundiu com a Northwest Airlines, em 2010, a sua administração revelara tal eficiência que acabou por ficar aos comandos da empresa.

«A TPG nasceu basicamente nesse ponto e, desde então, todo o nosso modelo consiste em fazer mudanças e transformações operativas», diz Williams. «Fomos rápidos a reconhecer que o talento é uma alavanca fundamental, se não até a mais importante de todas.» A CDR também se distinguiu dos seus pares graças à especialização operativa. Atualmente, está a intensificar a sua gestão de talento com o auxílio do antigo diretor executivo da GE, Jack Welch, sócio conselheiro desde 2001, e Bill Conaty, que trabalha com a firma desde 2007 na construção de uma infraestrutura de recursos humanos única entre as firmas de participações privadas.

Capítulo 11

Criar os processos certos de gestão de talento

Grandes líderes e bons princípios são condições necessárias, mas não suficientes para manter o talento no centro da gestão corrente de uma empresa. As empresas necessitam de um ritmo consistente e disciplinado de revisão do talento. Os processos formais providenciam disciplina na identificação dos líderes com potencial elevado, reconhecendo os talentos dos indivíduos, dando-lhes oportunidades de crescimento e acompanhando o seu desenvolvimento. Entretanto, os mestres do talento devem recuar e olhar atentamente para os processos que utilizam e certificar-se de que estão a produzir os resultados desejados, incluindo a intimidade que os verdadeiros mestres do talento alcançam. O departamento de recursos humanos pode ajudar a reinventar o sistema de gestão de talento, mas não sem a participação ativa e o apoio do diretor executivo.

GOODYEAR: PASSAR DO INFORMAL PARA O FORMAL

Nos primeiros anos, Bob Keegan fez apenas algumas mudanças menores no departamento de recursos humanos da Goodyear. «Como estávamos a empreender uma mudança tão profunda e intensa, decidi deliberadamente não criar outra grande perturbação, que se iria somar a tudo aquilo que já estava a acontecer», explica ele. «O departamento de recursos humanos conhecia a empresa e as pessoas e, na maioria dos casos, podia avaliar quem apresentava ou não um bom desempenho. Tinha um bom conjunto de ferramentas de planeamento de sucessão e foi muito prestável.»

Keegan confiava essencialmente em processos informais que estabeleciam novos comportamentos e valores. Desenvolveu a sua equipa de liderança dando um tom de urgência e franqueza pelo exemplo e pela formação. Líder prático por natureza, dedicava o seu tempo não a questões externas, mas à estratégia interna, às operações e aos clientes. Participava em quase todas as reuniões ou intervenções mais importantes e mantinha constantemente a organização no ritmo quando esta fazia os progressos esperados. Nas suas reuniões e nos seus contactos informais, pressionava constantemente as pessoas a compreender e agir segundo os princípios estratégicos.

Em 2008, Keegan estava preparado para levar os processos de gestão de talento e o funcionamento dos recursos humanos da Goodyear para um patamar mais elevado, e começou a procurar a pessoa capaz de realizar essa tarefa. O nome de Ruocco surgiu rapidamente como um forte candidato. «Eu estava à procura das mesmas características gerais que busco em qualquer executivo», diz Keegan, «mas queria também alguém que tivesse estado absolutamente envolvido numa empresa e num sistema de recursos humanos de classe mundial.»

Enquanto vice-presidente dos recursos humanos para o setor de produtos de consumo e industriais da GE, Ruocco parecia a escolha acertada. «Mas Bob Keegan não toma nada como garantido», diz Bill Conaty, a quem Keegan foi pedir informações sobre o antigo colega. O diretor executivo da Goodyear passou mais de uma hora, numa manhã de sábado, a falar com Conaty ao telefone, a questioná-lo intensamente sobre a capacidade de Ruocco para trabalhar em equipa e agir como parceiro da administração. Depois de falarem sobre as qualificações técnicas de Joe, que eram soberbas, Keegan quis saber mais sobre como este se integraria na equipa da Goodyear. «Ele estava muito interessado em certificar-se de que o Joe era um jogador de equipa, alguém que pudesse chegar e fizesse logo a diferença, não só enquanto gestor de recursos humanos, mas também como parceiro para o resto da equipa de liderança», diz Conaty. «Fiquei muito impressionado com o facto de [Keegan] querer ir tão ao fundo da questão.» Conaty previa que o Joe seria um forte jogador de equipa, com uma boa compreensão das operações, e que se integraria bem na administração da Goodyear. A sua avaliação confirmou aquilo que Keegan observara na reunião que tivera com Ruocco. «Era evidente que o Joe tinha todas essas

11 · CRIAR OS PROCESSOS CERTOS DE GESTÃO DE TALENTO

aptidões, bem como o espírito de equipa que eu sabia que funcionaria na empresa», diz Keegan.

Esse importantíssimo espírito não tardou a aparecer. «Dois meses depois de o Joe ter chegado, eu e ele reunimo-nos com o conselho de administração para analisarmos o planeamento de sucessão. Aprofundámos os planos de sucessão e tivemos uma sessão formidável durante duas horas. Portanto, o espírito era o acertado, a experiência era a acertada e o Joe continuou a dar grandes contributos. Não só preparou a apresentação para o conselho de administração, como também fez uma excelente análise dos principais líderes da Goodyear.»

Nos seus primeiros dois anos, Ruocco criou uma estrutura e processos cruciais para o desenvolvimento de talento da Goodyear. «Aquilo que costumava ser um processo de planeamento de sucessão é agora uma análise total dos recursos humanos concentrada na organização, na gestão do talento e no desenvolvimento da liderança», diz ele. «De certa maneira, é semelhante ao processo da Sessão C da GE.»

Ruocco e a sua equipa conceberam planos de desenvolvimento individualizados para os 100 principais líderes da Goodyear, conferiram maior rigor à busca e seleção externa e introduziram novas ferramentas para a gestão do desempenho, muitas delas automatizadas. Por exemplo, os gestores têm agora ferramentas para representar o pessoal numa grelha de retenção que avalia em que medida a Goodyear quer manter determinada pessoa e quais são os riscos de perder essa pessoa para outra empresa. Os indivíduos com potencial elevado que estão em risco de serem perdidos recebem atenção redobrada para se reduzir esse risco.

«Queremos um sistema operativo integrado de recursos humanos, cuja pedra angular é um processo robusto de gestão do talento concebido para atrair, desenvolver, motivar e conservar um quadro forte de líderes de topo», diz Ruocco.

«O Joe conservou o que tinham e intensificou o processo», afirma Conaty, listando os seus contributos. «Ajudou o Bob a concentrar-se realmente na criação de um quadro interno mais robusto. Fomentou uma verdadeira parceria entre os recursos humanos, a direção executiva, a direção financeira e os líderes das unidades da empresa. Trabalhou amplamente à volta do mundo com Bob Keegan e com Rich Kramer na busca e identificação do talento global da Goodyear. Intensificou a sua versão da Sessão C – a análise global da organização e do talento –, aplicando o manual da GE e outras práticas de classe mundial. Está realmente a introduzir a franqueza nas avaliações dos gestores, a fim de identificar necessidades cruciais de desenvolvimento que devem ser supridas para que esses executivos melhorem o seu desempenho. Como Bob observa, estabeleceu uma boa relação com o conselho de administração e tornou-se o responsável pela tomada de decisões certas sobre a compensação dos executivos, a governação e a transparência.

«O Joe melhorou também significativamente o talento dos recursos humanos. Era algo que o Bob não queria fazer sem ter um líder de recursos humanos de categoria mundial; escolher alguns funcionários sem alterar a liderança não teria sentido. Muito importante foi o facto de o Joe e o Rich Kramer terem forjado uma relação de trabalho magnífica, análoga à que existia entre o Joe e o Bob. Isto não acontece com frequência quando há um novo diretor executivo. Lembro-me de um caso recente em que uma das primeiras ações de um novo diretor executivo foi demitir o diretor de recursos humanos. Os líderes dos recursos humanos têm geralmente o apoio do diretor executivo, mas não do resto da organização, porque fazem tudo para agradar ao chefe e, como resultado, perdem credibilidade em relação ao resto da organização.»

A aprendizagem experimental – aprender num cargo diferente e desafiante – era um pilar do processo de desenvolvimento concebido por Keegan. Tal como praticada pelos mestres do talento, é utilizada para construir as competências e as aptidões das pessoas, mudando-as para novos departamentos e disciplinas. Sendo-lhes dada a oportunidade de aprender rapidamente os aspetos estratégicos e operacionais da empresa através de vários departamentos, os funcionários ampliavam bastante as suas capacidades e aptidões. (Um líder do departamento financeiro colocado num cargo de operações numa fábrica, por exemplo, alargará a sua base de talento para além das questões financeiras e compreenderá como as pessoas trabalham juntas, vendo assim a empresa a partir de várias perspetivas.) Descobrem novos talentos e recursos internos, aprendem a ouvir com mais atenção, desenvolvem o sentido de curiosidade, analisam e organizam a informação de forma mais rápida e tomam decisões mais depressa. Aprendem sobretudo a ler melhor as pessoas, a perceber em quem podem ou não confiar e quais são os seus pontos fortes e fracos.

Jean-Claude Kihn, por exemplo, era um engenheiro químico que trabalhava na Goodyear essencialmente em cargos técnicos e que chamou a atenção de Keegan enquanto funcionário de potencial elevado. «Já vivera em todo o mundo», diz Keegan, «mas não tinha grande experiência de gestão; e não estivera no mercado da maneira como eu o queria ver nesse mercado.» Em 2003, Keegan nomeou-o diretor de operações da Goodyear no Peru, onde Kihn não só ganhou a experiência que lhe faltava, como também conquistou a admiração pelo seu estilo de liderança.

«É uma história engraçada», diz Keegan, «porque queria que ele fosse diretor técnico, e os administradores da América Latina não queriam deixá-lo vir embora – queriam mantê-lo e dar-lhe mais responsabilidades num país maior. No entanto, essa não era a carreira ótima para Jean-Claude, pois, apenas em dois anos, tornou-se um excelente diretor técnico da empresa.»

Arthur de Bok entrou na Goodyear, em 2002, como vice-presidente dos departamentos comercial e de *marketing* da Goodyear europeia. Com uma experiência de 13 anos na Procter & Gamble, trouxe a especialização no *marketing* e na gestão de produto que a Goodyear não tinha. Keegan diz: «Ele era um líder muito forte, com uma boa mente estratégica, e era alguém de quem toda a gente gostava. Poderíamos destacá-lo para qualquer país, que se sairia bem. Em dois anos, assumiu toda a área do consumidor na Europa Ocidental. Um ano depois, ficou com a Europa Ocidental e com a Europa de Leste. Assim, num período de tempo muito curto, progrediu porque tinha um bom talento inato, criava equipas em seu redor, obtinha resultados formidáveis e tinha a coragem de tomar todas as decisões muito difíceis que qualquer pessoa que gerisse a empresa na Europa tinha de tomar quase todos os dias.»

E é claro que Rich Kramer, o atual diretor executivo da Goodyear, foi um grande beneficiário. Keegan reparou no seu potencial de liderança e ofereceu-lhe cargos mais altos nos quais podia crescer. Na altura em que Keegan assumiu a direção, Kramer passou por seis cargos, subindo admiravelmente de vice-presidente do departamento financeiro para a direção executiva. Em retrospetiva, foi quase um plano ideal de sucessão do diretor executivo.

Enquanto chefe da estratégia, Kramer foi para além das questões práticas dos números e trabalhou muito proximamente com Keegan na determinação do futuro da Goodyear – onde seriam feitas as apostas estratégicas e aquilo que seria a carteira da empresa. Passou então para a direção financeira, onde foi responsável pela execução da estratégia. Tratou-se de uma oportunidade única, negada a muitos que dirigiam o desenvolvimento e a estratégia empresariais, mas que raramente tinham a experiência de um cargo operacional ou financeiro.

Os diretores financeiros com mais hipóteses de chegar à direção executiva tinham estado no caldeirão das operações. Kramer assumiu a responsabilidade pela North American Tire, que era não só a maior divisão operacional da Goodyear, mas também uma divisão com margens muito curtas, na qual Kramer tinha o desafio de reduzir os custos. «Por definição, o cargo era uma grande mudança», diz Kramer, «e eu estava muito consciente da oportunidade que a empresa me estava a dar. Contudo, eu já conhecia a maioria do pessoal, conhecia os clientes e as finanças, e sentia-me confortável com os aspetos do negócio.»

Kramer e Ruocco passaram muito tempo a visitar instalações em todo o mundo, dando atenção não só às operações, mas também aos funcionários. «Se o gerente de uma fábrica nos guia numa visita, questionamo-lo sobre quem poderia substituí-lo e, em seguida, questionamos o diretor regional acerca daquilo que o gerente de fábrica poderia fazer depois e sobre quem o substituiria se fosse transferido para outro cargo», disse Kramer durante esse período. «Tentamos que toda a gente pense mais sobre as pessoas e as avalie melhor, para desenvolverem uma cadência contínua de discussão sobre as escolhas de pessoas. Quanto mais pusermos as pessoas a falar sobre quem escolheriam para cargos importantes e porquê, melhor poderão perceber a sua própria lógica e ver se é fraca ou forte. Se uma pessoa disser que pensa que determinado indivíduo seria o melhor para um cargo mais elevado, perguntamos-lhe: "Se essa pessoa não estivesse na Goodyear e se entregasse um currículo para esse cargo, seria alguém que contratasse?" Quando procedemos desta forma, as pessoas começam a perceber, compreendem melhor aquilo que devem observar e como avaliar pessoas.»

Obviamente, as missões no estrangeiro eram uma parte fundamental da aprendizagem experimental na Goodyear. A imersão em culturas estrangeiras seria central para a execução das novas diretivas, incluindo o objetivo de se concentrarem nos segmentos de consumidores nos mercados emergentes. Keegan e Kramer tinham experiência internacional, Kramer em França com a PWC e Keegan em vários países, durante uma dúzia de anos, na Kodak. Sabiam que uma missão no estrangeiro não só testa as aptidões empresariais de um indivíduo, por estar longe da sede, como também testa a sua capacidade de trabalhar e de comunicar com uma cultura diferente. «Quando ia para Inglaterra, para Espanha ou para a Nova Zelândia dirigir uma operação, observei sempre que as pessoas eram motivadas por coisas diferentes e viam as coisas de maneiras diferentes», disse Keegan. «Tinham os mesmos valores fundamentais, mas havia tal

11 · CRIAR OS PROCESSOS CERTOS DE GESTÃO DE TALENTO

diversidade nos quadros de funcionários e na base de consumidores que tinha de me esforçar bastante para saber desenvolver o talento nessas circunstâncias e como ler o mercado. Aprendemos mais depressa nesse tipo de ambiente.»

As missões no estrangeiro serviam também outra finalidade: começar a transferir as melhores pessoas possíveis para cargos de liderança internacionais. Tal como muitas das antigas empresas americanas que haviam passado pela Segunda Guerra Mundial, a Goodyear tendia a gerir a maioria das suas operações estrangeiras fora de Akron. Os executivos faziam visitas de tempos a tempos, mas não se encontravam com os clientes nem se envolviam totalmente na cultura dos mercados que supervisionavam. Isto não era suficiente para uma empresa com ambições globais. Agora, os executivos que dirigem estas operações estão intimamente familiarizados com as regiões, culturas e linguagens.

Uma marca do progresso da Goodyear no desenvolvimento de líderes é o facto de 75% do seu pessoal ser agora de origem local. Durante os primeiros anos de Keegan enquanto diretor executivo, quase metade da equipa vinha de fora. Isto não significa que o objetivo seja promover a partir de dentro, ou que se pretendam estabelecer distinções entre os de dentro e os de fora. «Não há valores determinados», diz Keegan. «Teremos de refrescar a organização de tempos a tempos com pessoas vindas de fora. Não queremos voltar a ficar isolados. No entanto, não sei se a percentagem será de 75% de promoções de dentro ou outra qualquer. Só sei que não será de 50%. Esta percentagem indicaria que estávamos a passar por uma grande mudança. Acho que se ocorresse alguma coisa dramática no nosso mercado, poderíamos fazer isso, mas não está nos nossos planos.»

Outra marca é a ascensão de Kramer à direção executiva em fevereiro de 2010 e, após a aposentação de Keegan, à presidência do conselho de administração. Quando anunciou a promoção, James C. Boland, o presidente da Goodyear, chamou-lhe «o culminar lógico e previsto de um plano de sucessão bem pensado». Conaty, que a Goodyear pôs a trabalhar com a nova equipa de liderança, acrescenta: «Trata-se de um ponto de viragem importante para a empresa. Mostraram que têm um processo social que pode produzir líderes. Atualmente, Rich Kramer tem de levar o processo para outro nível e certificar-se de que é institucionalizado. Ou seja, o processo tem de ser inabalável. Os diretores executivos vão e vêm, mas o processo deve continuar a produzir os líderes independentemente de quem esteja na direção.»

Mas esta processo é demorado, em especial numa empresa de alcance global. «A maioria das nossas contratações e do nosso recrutamento será global», diz Kramer. «Como é que o nosso pessoal na Tailândia ou na Europa de Leste sabe quem contratar se quisermos atualizar os quadros? Como podemos receber as avaliações corretas e quem se responsabiliza por elas? Nesta altura, não temos uma infraestrutura capaz de fazer isto. Faz parte daquilo que o Joe está a construir com a sua equipa global.»

Keegan dedicou cerca de um terço do seu tempo ao desenvolvimento do talento e da liderança, e Kramer planeia fazer ainda mais. «Temos muitos bons líderes, mas estão nos cargos mais elevados», diz Kramer. «Se hoje tivéssemos de substituir algumas dessas pessoas, teríamos provavelmente de recorrer a pessoal externo. O objetivo é promover líderes a partir do interior. Para criar esta reserva de quadros, temos de agarrar no processo que temos no topo e aplicá-lo a toda a hierarquia da empresa. Que gerentes de produção se qualificariam melhor para a gerência de uma fábrica? Temos de encontrá-los, desenvolvê-los e levá-los para o nível seguinte.»

O percurso de Keegan e de Kramer ao longo dos últimos dez anos mostra como a gestão do talento pode mudar uma direção estratégica e uma cultura. «Temos uma marca reconhecida em todo o mundo e um mercado que, nos próximos anos, irá crescer a uma velocidade sem precedentes», diz Kramer. «O número de novos mercados em países como a China, a Índia e a Rússia está a aumentar a um ritmo mais rápido do que antes, e temos a marca e a tecnologia para sermos um jogador formidável numa indústria centenária que, muito provavelmente, continuará a existir durante mais um século.»

UNICREDIT: SISTEMAS PARA MUDAR UMA CULTURA

Com as mudanças em curso, Profumo e Piazzolla avançaram com um processo orientado para o desenvolvimento da liderança. O Plano de Desenvolvimento Executivo do UniCredit serve, essencialmente, o mesmo objetivo da Sessão C da GE, onde os principais líderes se reúnem para falar do desempenho e do potencial dos líderes e ligar as decisões sobre o pessoal com a estratégia empresarial. Piazzolla diz: «Foi um grande desafio empresarial. Nenhum de nós havia antes experienciado a complexidade e a escala daquilo que iríamos fazer. Dissemos: "Bem, todos teremos de aprender. Portanto, a questão não é a gestão do desempenho em si mesma.

11 · CRIAR OS PROCESSOS CERTOS DE GESTÃO DE TALENTO

A questão é o desenvolvimento executivo – como garantir que nos torne-mos melhores executivos." O PDE criaria uma estrutura sólida de liderança e um processo de planeamento de sucessão.»

O processo realiza-se normalmente numa série de sessões de cinco dias, durante abril e maio, na sede em Milão. No entanto, em 2010, decidiram realizar estas sessões nas sedes regionais do UniCredit em Munique, Viena, Bolonha e Milão. Os líderes de divisões e de departamentos, bem como os chefes dos recursos humanos, apresentam os seus desafios estratégicos e organizacionais a Profumo e a Piazzolla e, depois, falam sobre o pessoal e sobre o sistema de liderança. Todos os líderes de topo e as suas equipas preenchem formulários de autoavaliação – aquilo que alcançaram no último ano, aspirações de carreira, pontos fortes e necessidades de desen-volvimento. Cada pessoa recebe comentários sobre a sua avaliação, aos quais tem a oportunidade de responder. As primeiras sessões realizaram-se em 2006 e envolveram cerca de 400 executivos de topo. Em 2010, envol-verão mais de 4000 funcionários, com sessões mais aprofundadas para os 500 principais executivos.

A reunião de topo é o culminar de 94 sessões realizadas em fevereiro e março com todos os elementos do grupo. Trata-se de análises muito por-menorizadas da execução e dos principais talentos, que podem demorar entre três a seis horas por sessão. «Aquilo que me deixa satisfeito», diz Piazzolla, «é o facto de os líderes estarem totalmente empenhados nas avaliações, e o papel dos recursos humanos consiste em facilitar essas reuniões.» Os líderes das divisões da empresa apresentam os conteúdos da discussão. O departamento de recursos humanos lidera o processo, estimula o diálogo franco e responsabiliza-se pelos planos de acompanha-mento. Além disso, os líderes destacam os seus melhores talentos. A esta parte do processo chamam análise da gestão do talento, para mostrarem como criam um sistema sólido para o futuro. «E a construção deste sis-tema tornou-se uma parte fulcral da nossa cultura. As pessoas falam dele extensivamente, levam-no a sério e qualquer líder se sente na obrigação de desenvolver outros líderes.»

Os valores do UniCredit são integrados no processo de desenvolvi-mento de liderança. Por exemplo, como diz Piazzolla, a primeira sessão foi sobre o departamento de recursos humanos e realizou-se entre ele e Profumo. «Foi uma espécie de lição sobre como fazer uma Sessão C, e o Alessandro sabia que podia perguntar-me tudo o que quisesse. A cerca de dois terços da reunião, falámos sobre um indivíduo que tinha realmente bom desempenho, alguém que apresentava sempre os resultados que o banco queria, mas que não era um modelo do tipo de estilo de liderança que o Alessandro desejava. De repente, disse: "Sabes, acho que este não é o tipo de pessoa que quero na empresa." E concordámos que quem não partilhasse os valores não faria parte da nossa empresa.» Piazzolla acrescenta: «Para nós, foi muito útil fazer essa avaliação inicial. Quando o Alessandro realizou a sua primeira sessão com uma divisão, começou apenas a sondar e a desafiar. Na reunião seguinte, as pessoas ficaram espantadas por ele se ter tornado tão exigente.»

O primeiro processo completo de desenvolvimento executivo provocou várias mudanças de liderança que, na organização, ninguém esperava. «Foi um choque para toda a gente», afirma Piazzolla, «porque, enquanto Alessandro falava sempre de como necessitávamos de pessoas com elevados padrões éticos e de como nos devíamos certificar de que todos partilhávamos o mesmo sistema de valores, não havia consequências para aqueles que ficavam aquém dos resultados esperados. Talvez um líder fosse transferido para uma posição menos central, mas permanecia na empresa. Aquilo que fizemos nos últimos três ou quatro anos alterou significativamente a liderança na empresa.»

«Agora, toda a gente compreende, particularmente no topo, que não há garantias de emprego. O sistema de desempenho e de valores tem consequências e é visível.»

UM APINHADO CANTO SUPERIOR DIREITO

Nas sessões de análise do talento, Piazzolla introduziu uma matriz de nove blocos para avaliar os líderes, que se concentra no desempenho, nos valores e no potencial. «É idêntica à matriz de nove blocos da GE», diz Piazzolla, «mas a parte interessante é o facto de não a ter forçado. Não disse: "Vamos aplicar uma matriz de nove blocos". Queríamos uma síntese do modo como as pessoas eram avaliadas, deixei continuar a discussão e decidimo-nos pela matriz de nove blocos. Só no fim é que eu disse: "Na GE, também têm este sistema de nove blocos." Contudo, apesar de alguns dos processos principais serem iguais, é um sistema distintamente nosso. Por exemplo, na nossa matriz, não temos uma classificação forçada.»

Foi necessária muito instrução para levar as pessoas a fazerem avaliações sérias. Como acontece normalmente neste caso, os líderes tinham dificuldade em tomar as decisões difíceis requeridas pela matriz de nove blocos. «Basicamente, toda a gente inseria 90% das pessoas no canto superior direito», diz Piazzolla. «A discussão passava então a ser: "Mas, se a nossa premissa conceptual é que enfrentamos um novo desafio e nenhum de nós é adequado, como é que todos estão nessa posição?" Por conseguinte, os primeiros dois anos reduziram-se a discussões educativas para os líderes sobre avaliação. Por exemplo, o Alessandro mudava literalmente as pessoas de um bloco para outro. Dizia: "Olha, o Mario não pertence a este bloco, pertence a este", e depois tínhamos uma discussão.»

Piazzolla observa que, ao gerir pelo exemplo e pelo discurso franco, Profumo é reminiscente de Jack Welch. «Nunca falei sobre Welch, pois tínhamos de criar um processo nosso, mas ele comportava-se da mesma maneira e gerava o mesmo nível de atenção. Este tipo de comportamento modelar é essencial. Alguns líderes não o compreenderam e, adivinhem, já não estão na empresa.»

UNIMANAGEMENT: UMA CROTONVILLE EM TURIM

Tal como a GE, o UniCredit depende bastante de uma instituição educacional para levar a cabo a mudança cultural. A UniManagement, a mini-Crotonville do UniCredit, é um centro avançado de desenvolvimento executivo utilizado extensivamente para o desenvolvimento do talento, para a integração cultural e como lugar de reunião com os clientes. Tal como Crotonville, localiza-se fora da sede – neste caso, em Turim, a uma hora e meia da sede de Milão –, para que haja um lugar claramente neutral destinado à aprendizagem interdivisional e multicultural. Além do mais, é uma organização empresarial separada, cuja direção executiva é assegurada por Anna Simioni. No UniCredit desde finais de 1997, após 11 anos a trabalhar em consultadoria estratégica na Europa e nos Estados Unidos, Simioni acredita que há uma ligação forte entre a aprendizagem e a atitude de uma pessoa e a capacidade de ser grande naquilo que faz. «Isto, hoje, ainda é mais verdade na banca, onde não pode haver visão sem aprendizagem. Para cumprirmos a nossa missão, necessitamos de grandes líderes, e penso que há muitas coisas que podemos fazer para melhorar as nossas aptidões e atitudes de aprendizagem – a nossa capacidade de aprendizagem.»

Criada logo após a fusão, a UniManagement foi concebida para ser o centro unificador do grupo, uma estação central de transmissão de valores e um cadinho onde pessoas de diferentes divisões – desde banqueiros de investimento e gestores de ativos até ao pessoal comercial – podem aprender umas com as outras. Para isso, a filosofia da UniManagement é «aprender enquanto se faz», que inclui trabalho real e colaborativo de resolução de problemas e de inovação, bem como simulações empresariais e casos de estudo internos. Tem uma agenda análoga à de Crotonville, uma vez que reúne pessoas de países e de culturas diferentes e se concentra fortemente na cooperação, na inovação e na criação de um modelo comum de liderança. Em termos de números, em 2009, quase 8500 participantes passaram cerca de 19 000 dias a aprender na UniManagement.

O ambiente físico parece mais um estúdio de televisão do que uma sala de aulas. A zona central de reunião, denominada ágora, a partir do fórum grego – é um espaço modernista circular e aberto, com ecrãs de vídeo gigantes pendurados em vigas expostas. Tudo é flexível, permitindo que toda a gente tenha uma experiência visual do espírito de grupo, que se expressa através de uma visão comum da empresa. Existem vários tipos de salas para fins específicos. As «Salas de Energia», por exemplo, servem para facilitar a troca de ideias; todas as superfícies podem ser escritas, inclusivamente as mesas e os pavimentos. As «Salas de Conversa», com as suas mesas redondas e cozinhas, criam um ambiente descontraído para promover as interações francas e abertas.

Uma característica original é o facto de a UniManagement utilizar artistas para representarem graficamente as principais mensagens que os apresentadores transmitem. Um artista posiciona-se atrás do apresentador e captura os temas em desenhos e palavras num quadro com 3,5 metros de comprimento. Após cada apresentação, são feitas cópias a cores desses desenhos e distribuídas a todos os participantes. Os artistas conhecem a empresa e sabem no que se devem concentrar. Servem também de controlo da realidade: se uma apresentação não for coerente, as suas falhas ficarão à vista de todos.

«Basicamente, não há professores, mas sim orientadores e especialistas em algumas matérias», diz Piazzolla. «Queríamos que o pessoal tivesse um ambiente de autoaprendizagem e fornecemos ferramentas para que esta seja mais produtiva. Tem sido extremamente eficiente, pois retira completamente as pessoas das suas realidades normais e transporta-as para um ambiente diferente. Deste modo, têm de reaprender e de mudar totalmente a mentalidade. E tem sido extremamente útil para impulsionar a nossa mudança cultural.»

Os principais líderes, incluindo Profumo e Piazzolla, passam muito tempo na UniManagement. De três em três meses, os principais 100 executivos passam lá um dia e meio para falarem interativamente sobre questões empresariais e estratégicas. Uma vez por ano, os 400 principais líderes passam dois dias no centro. Em 2009, o tema foi «Redefinir a banca» e, em fevereiro de 2010, a partir do tema «Nós, os líderes do Unicredit», a conversa centrou-se na responsabilidade da nova missão do grupo e naquilo que implica para os 400 líderes. No fim do encontro, foi pedido aos 400 líderes que enviassem cartas pessoais ao diretor executivo que descrevessem os seus contributos para a nova missão, bem como os principais desafios que enfrentarão e os objetivos que tentarão alcançar.

«Agora, começámos também a trazer cá os clientes, a fim de nos ajudarem a redefinir a banca», afirma Piazzolla. «O nosso objetivo era ouvir atentamente as suas principais expectativas e tentar concretizá-las. Baseado nesta informação, bem como em todos os dados sobre satisfação dos clientes e em sondagens de reputação, o UniCredit está a redesenhar os seus compromissos com os clientes. Por conseguinte, [o UniManagement] tornou-se o local onde as coisas são desenvolvidas. Usamos esta instalação como a incubadora da nova cultura da empresa.»

«As pessoas estão a aprender. Têm um sorriso no rosto. Estão entusiasmadas, querem trabalhar. Trata-se realmente de um grande cadinho. E o cruzamento de culturas é incrível. Por exemplo, Simioni falou sobre uma reunião a que assistiu durante a crise de liquidez financeira. Os alemães e os italianos desesperavam e procuravam ajuda dos seus governos. Os europeus de Leste diziam: "Vocês devem ser loucos. Já vimos como isso funciona! Se acham que isto é mau, deviam estar no nosso lugar há 20 anos – teriam visto uma vida má. Isto não é assim tão mau. Vamos resolver este assunto e deixar o governo de fora."»

«E é outra força a introduzir franqueza na cultura. Já vimos isto acontecer. A franqueza é relativa e evolutiva. Não é instintiva na cultura bancária ou nas empresas italianas, mas as pessoas começam a perceber a sua importância. Os elementos fundamentais são os valores do Unicredit e a sinceridade e abertura do diretor executivo. Alessandro prova o que diz. Tem bons instintos, recruta pessoas que o ajudam a realizar a mudança e estuda as melhores práticas do mundo. Promove a abertura, a honestidade e as consequências do desempenho e dos valores nos resultados.»

O UniManagement é uma oficina da franqueza. Quando as pessoas a visitavam pela primeira vez, tinham relutância em dizer o que pensavam.

Mas, depois, experienciavam o ambiente de sede de aprender, de abertura e de confiança. Agora, vão até lá e falam sem restrições. Estamos convictos de que o Unicredit não seria capaz de levar a cabo a sua mudança monumental sem a UniManagement como a estação central de transmissão de valores e de cultura.

APLICAR O PROCESSO A TODA A HIERARQUIA

A gestão de talento no UniCredit é ainda uma obra em progresso. Afinal de contas, não é possível tornar-se mestre do talento ao nível da GE da noite para o dia – particularmente na banca, que, nas palavras de Piazzolla, «foi sempre bastante burocrática e introvertida. Não precisavam de fazer as coisas que as outras empresas tinham de fazer para gerar entusiasmo na empresa. Quando cheguei, uma das coisas que me surpreenderam foi o facto de tudo andar à volta do salário. A motivação e o êxito estavam totalmente relacionados com o dinheiro.»

O UniCredit introduziu a intimidade no talento entre os seus principais 500 líderes, com uma boa perceção das suas forças, necessidades de desenvolvimento e potencial de promoção. Para os outros, continua a aplicar o processo a toda a hierarquia. Na primeira sessão de desenvolvimento executivo, recorda Piazzolla, «causou grande surpresa o facto de a maioria das posições de liderança não ter um canal sólido de sucessores. Pedimos uma página com uma lista de talentos. Recebemos muitas listas e, depois, perguntámos: "Conhecem realmente estas pessoas?". Em muitos caos, a resposta era: "Não, recebi a lista do departamento de recursos humanos." Este era um dos extremos. O outro era um tipo que foi suficientemente franco para deixar a página em branco e dizer: "Compreendo que não conheço os talentos da minha organização e, por isso, resolvi assumir este compromisso: no próximo ano, verá uma página com pessoas que conheço pessoalmente."»

Quatro anos depois, o UniCredit identificara substitutos para todos os 500 principais líderes, 90% dos quais eram candidatos internos. Profumo admite que, atualmente, não tem ninguém para lhe suceder, mas «identificámos muitos colegas com idades entre os 30 e os 40 anos que podem ser o próximo diretor executivo daqui a cinco ou dez anos.»

Muitos líderes continuam a lutar com o conceito de necessidades de desenvolvimento. Não é uma mentalidade que se adquira facilmente, em especial no caso de pessoas condicionadas durante anos para pensarem que estão a fazer o melhor trabalho possível e que qualquer crítica – mesmo que construtiva – é um ataque pessoal. A maioria dos líderes ficou inicialmente desorientada e deprimida. «Esta ferramenta era nova para eles, era tecnologia de ponta», diz Piazzolla. «A educação é importante; temos de explicar a lógica.»

Na GE, foi necessária uma geração para que o processo fosse totalmente aceite, mas o UniCredit pode alcançar mais cedo este objetivo. Piazzolla diz: «Quando os líderes compreendem perfeitamente as implicações da cultura do *feedback*, apoiam-na. Atualmente, temos muitas pessoas a pedir *feedback* que as ajudará a crescer. Promovemos esta cultura e podemos ver que esta ideia de gerir e desenvolver o talento está a enraizar-se e a tornar-se até um tanto obsessiva. Os gestores estão a aprender que não se trata de algo estranho à sua cultura. É uma ferramenta de que dispõem para desenvolver as pessoas.» O conselho de administração do UniCredit, acrescenta Piazzolla, apoia o novo processo de desenvolvimento do talento. «Tiveram de mudar de mentalidade para perceber que o *feedback* crítico não significa um mau trabalho, mas compreendem que estamos a trabalhar a sério na construção da futura liderança.»

«Por conseguinte, é isto que tentamos construir. Não é diferente daquilo que a GE fez há muitas décadas. Para a maioria dos bancos, é uma novidade.»

CDR: APRENDER COM A GE

A CDR estava à frente da maioria dos seus pares ao reconhecer que uma firma de participações privadas necessitava de operadores em cargos de tomada de decisões importantes. Na altura em que o seu atual diretor executivo, Don Gogel, se juntou à firma, em 1989, a CDR era relativamente prática na procura de negócios e na supervisão das empresas que tinha em carteira. Os parceiros financeiros e operacionais reuniam-se para discutir possíveis aquisições e os operacionais trabalhavam com os líderes das empresas para reforçarem as operações. «Olhávamos para as empresas que tinham falhas operacionais e resolvíamos os problemas», diz Gogel.

A CDR começava também a ter alguma noções de liderança. Por exemplo, em 1989, adquiriu o setor de impressoras da IBM, que passou a chamar-se Lexmark. O negócio, no valor de 1,6 mil milhões de dólares, foi um dos maiores até então feitos por uma firma de participações privadas. A Lexmark não tinha uma verdadeira liderança – a IBM tinha apenas alguns centros de gestão financeira onde os líderes podiam desenvolver técnicas de gestão, e a Lexmark não era um desses centros. «Tivemos de criar uma empresa», diz Gogel. «Precisávamos de processos diferentes de produção, de pessoal, de cultura. Por exemplo, não havia compensações de incentivo; a IBM requeria uma fonte dupla de recrutamento, o que não promovia a aceleração dos ciclos de vida do produto. A chave consistia numa gestão mais alargada do talento.» A CDR contratou muito pessoal vindo de fora, incluindo um novo diretor financeiro, um diretor comercial e pessoal com experiência no retalho, uma vez que a IBM não vendia através dos canais de retalho. Gogel e o parceiro operacional Chuck Ames, antigo diretor da B. F. Goodrich, aliciaram pessoalmente um gestor essencial de desenvolvimento de produto da IBM. Paul Curlander fora engenheiro projetista da primeira impressora a laser da IBM e tornara-se vice-presidente desta empresa. Não queria sair. Gogel recorda: «Para ele, não havia nada melhor do que ser vice-presidente da IBM. E vinham agora uns tipos estranhos de Nova Iorque dizer-lhe que o queriam na sua empresa para gerir o departamento de desenvolvimento e que ele iria adorar.» Foi necessária muita persuasão, mas o esforço compensou: atualmente, Curlander é o diretor executivo da Lexmark.

No entanto, até ao final do século XX, a gestão do talento continuou a ser secundária. «O nosso instinto original era exercer a gestão por meio do talento que havia na empresa», afirma o diretor executivo Gogel. «À medida que os negócios iam crescendo, procurámos mais alguns executivos, como o diretor financeiro. Mas não havia um processo robusto de identificação do talento.» Ao invés, a firma recrutava líderes comerciais. Desenvolveu uma relação próxima com a Spencer Stuart, uma das principais firmas de procura de executivos, mas o grande impulsionador foi o próprio Gogel. Observava de perto diretores executivos em todo o mundo, falava e aprendia com eles, sempre atento à possibilidade de uma futura parceria operacional ou de um papel consultivo. De facto, o seu inventário de candidatos era uma forma de planeamento de sucessão. «Este era o nosso ponto forte nos anos 90», afirma Gogel, acrescentando que, sempre que tem oportunidade, entrevista um diretor executivo. A CDR desenvolveu os seus próprios líderes graças a um sistema informal de aprendizagem, no qual os mais novos trabalham com os mais velhos, observando-os a fazerem negociações, análises e avaliações, de

11 · CRIAR OS PROCESSOS CERTOS DE GESTÃO DE TALENTO

modo a desenvolverem as suas capacidades e absorverem a cultura da organização.

Gogel acrescenta que o modo como se forma e se sustenta uma equipa de gestão é uma obra de arte em evolução. «O objetivo é torná-la bem sucedida. Se não o conseguirmos, um de nós tem de lá ir gerir a empresa. Historicamente, em um em cada três casos, o nosso pessoal teve de ir para Oklahoma ou para Dallas e assumir a direção executiva até a empresa ficar controlada. Temos estado melhor nos últimos oito ou nove anos porque aperfeiçoámos a identificação do talento.»

Aquilo que obrigou a CDR a concentrar-se no talento foi o abranda-mento económico entre 2000 e 2002, que levou três das suas empresas à falência. «De repente, o jogo passou para outro nível», diz Gogel. As empresas tiveram de lutar com as complexidades da concorrência do estrangeiro, de gerir cadeias globais de distribuição e de lidar com mer-cados em rápida mutação. Os parceiros operacionais tiveram de intervir e de gerir as empresas que estavam em dificuldade.

Foi então que Gogel começou a recrutar executivos mais experientes como parceiros operacionais. Entre estes, encontravam-se George Tamke e Roberto Quarta, que entraram em 2000, e Jim Berges e Charlie Banks, que chegaram em 2006. Tamke e Berges eram vice-presidentes da Emerson Electric – uma empresa conhecida pela sua excelência operacional. Quarta, que foi diretor executivo e, depois, presidente do conselho de administra-ção do BBA Group PLC, uma empresa de serviços de aviação baseada no Reino Unido, dirige agora o gabinete da CDR em Londres; Banks era diretor executivo do Wolsley Group, de Inglaterra, o maior distribuidor mundial de produtos de canalização e de climatização. Entre outros par-ceiros operacionais, destacavam-se Fred Kindle, antigo diretor executivo da ABB, sediada na Suíça, e Edward Liddy, antigo diretor executivo e presidente do conselho de administração da Allstate (que, a pedido do governo durante a crise financeira, trabalhou por pouco tempo na AIG). Cada um deles supervisiona uma ou mais empresas em carteira enquanto presidentes da comissão executiva.

Gogel avaliava regularmente os parceiros operacionais em reuniões privadas e francas. Inicialmente, alguns ficavam um pouco zangados – enquanto altos executivos de grandes empresas, não estavam habituados a ser questionados de forma tão direta. «Mas fazemos isso com toda a gente», afirma Gogel. «Faz parte do sistema de aprendizagem.» Atualmente, con-tinua a pedir-lhes que façam, todos os anos, uma autoavaliação formal.

MESTRES DO TALENTO

A CDR deu um grande passo em frente, em 2001, quando recrutou Jack Welch. «Não o recrutámos por ser uma celebridade», afirma Gogel. «Aquilo que nos atraiu foi o processo e o sistema de pensamento da GE que Welch desenvolveu. Estes funcionam na GE melhor do que em qualquer outra parte e pensámos que talvez pudéssemos replicar parte desses processos. Quando veio, dissemos-lhe para fazer o que quisesse. E o que ele gostava era de fazer negócios e de dirigir as análises das operações.»

Welch tornou-se rapidamente uma grande força no desenvolvimento da liderança da CDR. Durante muitos anos, a firma fez análises de operações, nas quais os parceiros financeiros e operacionais se reuniam duas vezes por ano com os líderes das empresas para terem discussões profundas. Originalmente concentradas no desempenho, as análises começaram a levar as pessoas cada vez mais em conta. Welch catapultou-as para outro nível, relacionando rigorosamente o pessoal com os resultados da empresa e aplicando o famoso estilo direto de aconselhamento, já descrito, a um negócio que nunca vira algo de parecido. Gogel diz: «Inicialmente, houve resistência. Aqueles tipos pensavam que eram muito bons, e são. Contudo, desenvolvemos uma cultura em que as pessoas tinham relutância em criticar-se. Esta atitude acabou após a primeira reunião. Jack declarou: "Vocês são demasiado simpáticos. Deem murros. Desafiem. É o vosso negócio." E, depois, mostrou-lhes como deviam fazer. De facto, Welch tornou-se o principal formador da CDR, ensinando os líderes a concentrarem-se nas questões fundamentais e a revelarem causas e efeitos. Por sua vez, os líderes aplicavam o estilo ao resto da hierarquia. «Agora, não se sabe de quem vem a pergunta difícil», diz Gogel. «O estilo tornou-se o de Jack.»

Seis anos depois da chegada de Jack, Gogel recrutou Bill Conaty para ajudar a CDR a reforçar os seus processos de gestão de talento. A missão que Gogel atribuiu a Conaty foi a seguinte: «Quero que a CDR seja conhecida como a firma de participações privadas com o melhor pessoal e as melhores práticas de recursos humanos.» Depois de ter pesquisado os problemas e as necessidades de liderança nas empresas em carteira, Conaty desenvolveu o processo de avaliação de talento mais rigoroso que a firma já vira. Por exemplo, cada análise das empresas em carteira é precedida por uma avaliação profunda do talento, que inclui todos os diretores executivos e os seus parceiros diretos, e abrange os seus êxitos, insucessos, capacidades de liderança, necessidades de desenvolvimento, potencial futuro, bem como os seus planos pessoais de desenvolvimento e de sucessão. Às avaliações, seguem-se várias análises informais ao longo do ano; deste modo, a gestão do talento torna-se um processo institucionalizado e repetitivo.

ATUALIZAR AS PRÁTICAS DOS RECURSOS HUMANOS NA CARTEIRA DA CDR

Conaty deu também uma vida nova aos departamentos de recursos humanos das empresas em carteira. Existe muito bom pessoal de recursos humanos nessas empresas, diz ele, «mas estavam dentro dos seus casulos, isolados do resto do mundo. A maioria não se conhecia. Vi então uma boa oportunidade para os juntar, levá-los a conhecerem-se, expandirem as suas redes pessoas de recursos e partilharem as melhores práticas.»

Organizou um Conselho de Recursos Humanos da CDR, que reúne os diretores de recursos humanos duas vezes por ano, mas com mais frequência de modo informal. Tendo como anfitriãs as várias empresas numa base rotativa, os encontros iniciam-se com um jantar que tem por objetivo alargar as redes sociais. O dia seguinte é passado em discussões sobre as melhores práticas. «Enquadramos os encontros de maneira que as discussões formais pareçam mais informais», diz Conaty. «Começamos por falar um pouco sobre cada empresa – em que situação se encontra, quais são os desafios para a empresa e para os recursos humanos, onde estão as principais falhas de talento, questões de retenção, de trabalho, de compensação e de cuidados de saúde. Falamos também sobre o empenho dos funcionários e perguntamos a todos se têm boas práticas para partilhar. Repito a missão que recebi de Gogel. Após o encontro, todos partem entusiasmados e revigorados, pois percebem que não estão sozinhos numa ilha e que podem aprender muito uns com os outros.» Conaty encoraja-os também a expandir as suas redes pessoais através da participação nos encontros semianuais da Human Resource Policy Organization, um grupo profissional que conta com cerca de 300 membros. Conaty diz-lhes: «Com a vossa ajuda, quero que a CDR se distinga no campo das participações privadas como tendo os melhores talentos e práticas de liderança dos recursos humanos.»

O trabalho de Conaty com o Conselho de Recursos Humanos conferiu também maior profundidade e robustez às avaliações dos talentos de topo da CDR ao reformular as chamadas «tabelas de temperatura» que classificam o desempenho dos líderes segundo vários critérios com códigos de cor. As tabelas analisam os diretores executivos e os seus parceiros diretos, e, inicialmente, centravam-se principalmente nos resultados financeiros. As cores verde, amarelo e vermelho correspondiam a «satisfatório», «cautela» e «problemático». A equipa dos recursos humanos alargou os critérios para incluir o potencial de liderança, interesses na retenção e se um líder concebeu um plano de sucessão. Acrescentaram também uma página que mostra os pontos mais fortes de cada executivo, as suas principais necessidades de desenvolvimento e uma ação essencial a realizar. No fim, o líder relata aquilo que fez desde a última avaliação anual.

«No início, isto era visto como uma espécie de processo burocrático, mas, atualmente, é um processo muito dinâmico, uma vez que facilita algumas conversas mais duras», afirma Williams. «Dirijo-me às nossas 60 empresas e digo: "Isto é o que temos, isto é o que está a correr bem e isto é o que está a correr mal." Alguns dos diretores das empresas sentem que se trata de um boletim escolar, mas estamos a avaliar o talento e as prioridades.»

«Levou os diretores executivos e as chefias dos recursos humanos das empresas em carteira a pensar mais neste processo, em especial nas questões relativas ao potencial, à retenção e à sucessão», diz Conaty. «Digamos que um indivíduo tem a cor verde em relação ao desempenho e ao potencial, amarelo para a retenção e vermelho para a sucessão. Isto deve desencadear um sinal de alerta e esse indivíduo será imediatamente questionado sobre isso. Como poderemos tornar esse amarelo um verde? Se houver um executivo importante cuja retenção não pode ser assegurada – quer ser diretor executivo noutra empresa –, devemos preparar um gancho de retenção a curto prazo e um plano de sucessão. E quanto mais nos centramos nestes aspetos, mais concreto se torna o processo.»

Conaty afirma que há muito espaço para aperfeiçoamentos – por exemplo, podem ser ainda necessários vários meses para identificar candidatos à sucessão do diretor executivo. No entanto, atualmente, a firma está a emergir como um mestre do talento a levar em conta no setor das participações privadas. Afinal de contas, não gostaria de receber conselhos operacionais de pessoas como Jack Welch, A. G. Lafley, Vindi Banga e outros mestres do talento?

O PROCESSO NA TPG

Os processos de gestão de talento na TPG são relativamente simples, em parte porque a firma despende muito esforço a recrutar os talentos certos e porque conta com um extraordinário mestre do talento na pessoa de Jim Williams. «Além de trabalharmos com várias empresas de busca de talentos», diz Williams, «passamos muito tempo a desenvolver as nossas redes e trabalhamo-las exaustivamente». A firma tem listas de pessoas que sabe que querem trabalhar com ela e desde há sete ou oito anos que realiza conferências para diretores executivos, diretores financeiros e diretores de recursos humanos; entre os oradores destas conferências, destacam-se celebridades como Alan Mullaley, da Ford, e Lee Scott, ex-diretor executivo da Walmart. Os participantes destas conferências da TPG devem trabalhar bastante em rede. «Fazem parte de um processo social informal, se assim lhe podemos chamar», afirma Williams. «Quando percebem que podem falar entre si, constroem essas redes após a conferência. Damos-lhes tempo e espaço suficientes para isso, e quase de forma ilimitada. Na verdade, tem sido um verdadeiro ingrediente secreto.»

Williams tem recrutado líderes muito experientes de recursos humanos de empresas operacionais, como Anish Batlaw, da Novartis, para ajudarem as empresas em carteira a manter a concentração no desenvolvimento e na avaliação do talento. Responsável pelas empresas da carteira da TPG na China e no Sudeste Asiático, Batlaw trabalhou de perto com o diretor executivo de um distribuidor automóvel na China para reforçar a equipa graças ao recrutamento de especialistas mundiais na gestão de cadeias de distribuição e sistemas de informação, e de líderes que podiam trabalhar no contexto de um crescimento rápido. Em dois anos, as receitas do distribuidor triplicaram e os lucros aumentaram cinco vezes, um resultado excelente tanto para a TPG como para o empresário chinês.

Apesar de os processos de gestão de talento não serem elaborados, são muito completos. A maioria das firmas de participações privadas reúne-se, uma vez por ano, com os diretores das empresas da carteira para fazer apresentações sobre o estado das suas companhias. Na TPG, Williams e um grupo central de sócios empreendem todas as semanas análises profundas de quatro a seis das quase 60 empresas que fazem parte da firma, dedicando parte do tempo à avaliação do talento. Além disso, Williams realiza análises semianuais de todas as empresas em carteira, com avaliações de acompanhamento nos trimestres seguintes.

MESTRES DO TALENTO

LGE: UM TRANSPLANTE INOVADOR DE TALENTO

Como já vimos, o diretor executivo Yong Nam não concretizaria a sua visão de tornar a LGE um líder global na eletrónica de consumo sem uma grande infusão de genes externos. No entanto, procurar talento de classe mundial significava introduzir pessoal não coreano numa cultura coreana homogénea.

Numa jogada criativa e inovadora, arranjou forma de introduzir na empresa um quadro de especialistas não coreanos sem provocar um choque de culturas. Introduziu-os num nível alto diretamente sob a sua tutela. Contudo, não lhes atribuiu quaisquer responsabilidades imediatas nos departamentos da empresa. A missão deles era constituir um centro empresarial de excelência para fornecer práticas funcionais de classe mundial aos administradores e dar formação ao pessoal da LGE em todo o mundo. Nam contratou um diretor de *marketing* da Pfizer, um gerente da cadeia de distribuição da Hewlett-Packard, um diretor de estratégia da McKinsey e um diretor de recursos humanos da Ford – todos não coreanos.

Esta solução permitiu que os não coreanos acrescentassem rapidamente valor na sua área de especialização e deu-lhes tempo suficiente para aprender e compreender a cultura coreana e a da LGE e para estabelecerem credibilidade pessoal. Nam pensou que se os seus novos recrutas fossem imediatamente integrados nas responsabilidades de um cargo de liderança, ser-lhes-ia difícil conquistar o apoio de uma equipa de gestão maioritariamente coreana. Deste modo, podiam ajudar Nam a expandir a cultura da LGE, enquanto ele os ajudava a aumentarem a credibilidade e a construírem as suas redes. Se tudo corresse bem, alguns desses executivos podiam então passar para cargos da administração.

A abordagem de Nam reduziu o risco de os não coreanos falharem nos seus novos cargos por causa das diferenças culturais. Nam explica: «Foi relativamente fácil convencer a organização de que eu queria ser apoiado por especialistas de várias partes do mundo, por isso, o risco de esse pessoal falhar era muito pequeno. Na teoria e na prática, incentivávamos o pessoal da organização a desenvolver as suas capacidades e aptidões ao aprenderem com esses especialistas, em vez de se sentirem controlados por pessoas que tinham domínio hierárquico sobre eles.»

Enquanto reforçava e globalizava a liderança da LGE, Nam teve de lidar com a questão das diferenças nas práticas de compensação entre a Coreia e outros países como os Estados Unidos. Precisava de compensar

11 · CRIAR OS PROCESSOS CERTOS DE GESTÃO DE TALENTO

os seus novos colaboradores diretos de acordo com as práticas de mercado, sabendo que isso podia causar agitação entre os executivos coreanos. Os coreanos sabiam da existência dessas diferenças, e isto era difícil de aceitar na empresa, sobretudo porque, em certos casos, o novo pessoal demorava mais tempo a ser aceite na organização. Nam resistiu aos protestos e, algum tempo depois, os recém-chegados acrescentaram um valor significativo à empresa e o problema foi minimizado.

Os departamentos da empresa foram reforçados e, em 2010, um dos líderes alistados como colaborador direto do diretor executivo estava preparado para assumir funções de liderança no seu país de origem. Este funcionário, James Shad, impressionara a equipa de gestão com a sua especialização profunda no processo de *marketing* e na gestão. Mostrara também um elevado nível de perspicácia empresarial e um estilo pessoal que encarnava as características de liderança intercultural que Nam via como modelo das operações globais da LGE. É digno de nota que Nam estivesse disposto a fazer esta jogada ousada num dos mercados mais importantes da LGE – os Estados Unidos. Nam mostrou também que introduzir novos talentos nos níveis superiores da LGE não era apenas para estrangeiros. Em 2007, um funcionário coreano, formado em Harvard e desenvolvido na McKinsey, foi nomeado para a vice-presidência executiva da equipa de auditoria empresarial da LGE. Em 2010, foi transferido para um cargo operativo, como diretor de operações da LGE para a Europa. Isto mostra a resolução de Nam em recrutar pessoas com base no modo como os seus talentos correspondiam às qualidades necessárias para impulsionar a mudança, e não apenas em desenvolver diversidade nacional nos altos cargos da administração.

O conjunto diverso de líderes altamente talentosos teve outro efeito: demonstrou que a LGE considerava bem-vindo o talento de qualquer parte do mundo e que o apoiaria com conhecimentos especializados. A LGE tornou-se um íman para os principais líderes locais em muitos países. Com o encorajamento e o apoio de Nam, os presidentes regionais estabeleceram posições de direção operacional em vários países da Europa, de África e da América do Norte. Esta expansão impulsionou os resultados em todos os mercados e acelerou a estratégia de localização.

Nam apoiou os novos talentos com as melhoras práticas de recursos humanos, guiado por padrões não coreanos, mas sim globais. O estilo coreano de liderança, assente no comando e no controlo, funcionara bem quando a LGE se baseava largamente nos custos, mas não beneficiava o crescimento do pessoal nem fomentava a criatividade e a inovação. Por vezes, alguns funcionários talentosos saíam para perseguir noutro lado as suas ambições. Além disso, para que a LGE continuasse a crescer e fosse bem sucedida enquanto empresa global, o pessoal tinha de conseguir trabalhar bem em equipa. Tal como a maioria das empresas globais, a LGE passou a ter uma estrutura de matriz, e a colaboração entre geografias, departamentos e projetos era fundamental para a velocidade e agilidade na luta contra a concorrência. No entanto, os comportamentos necessários para que uma organização do tipo de matriz funcionasse aqui não eram explicitamente reconhecidos nem recompensados.

Nam delineou quatro novos critérios de liderança. Utilizou estes critérios para selecionar e avaliar líderes, e, ao falar sobre eles, tornava claro que esperava que todos os líderes fizessem o mesmo com os seus subordinados diretos.

1. **Capacidade.** Que largura de banda tem o pessoal para absorver conhecimento e crescer? Têm ideias gerais e particulares sobre a empresa? Nam sondava estes temas ao fazer perguntas desafiantes e ao observar aqueles que eram capazes de olhar para a empresa a partir de ambas as perspetivas. Tratava-se de um indicador de que poderiam assumir maiores responsabilidades.

2. **Paixão e aspiração.** Têm motivação própria para alcançar o êxito ou têm de ser motivados pelos superiores? São apaixonados em relação à empresa e às suas carreiras? Ao selecionar líderes que melhoram continuamente os seus desempenhos, Nam não teria de os incitar. Isto dava tempo para abordar questões de estratégia e visão. A elevação dos objetivos de desempenho seria automática.

3. **Motivação.** São intrinsecamente motivados e podem motivar e estimular os outros? Os líderes tinham de ser capazes de ajudar os funcionários a realizar o seu potencial e de estimulá-los desde o início, atribuindo-lhes responsabilidades, observando-os e ensinando-os quando tinham problemas, em vez de os comandarem.

4. **Trabalho de equipa.** São capazes de ensinar e de apoiar os outros, em vez de serem hierárquicos e exigentes? Até enquanto diretor executivo, Nam tinha de colaborar com parceiros e vendedores para resolver os conflitos internos de interesses. Reconhecia as limitações de impor o seu ponto de vista aos outros e de rejeitar outras opções. Procurava líderes que pudessem apresentar terceiras opções que criassem soluções positivas entre equipas, negócios, departamentos e parceiros.

11 · CRIAR OS PROCESSOS CERTOS DE GESTÃO DE TALENTO

No início do seu mandato como diretor executivo, Nam achou que o departamento de recursos humanos necessitava de uma atenção especial. O diretor coreano dos recursos humanos era um indivíduo sólido, mas não tinha capacidade para globalizar o departamento. Nam sabia que a LGE precisava de renovar os processos e os sistemas dos recursos humanos para apoiar o crescimento global. As mudanças requeridas iam desde o sistema de compensação até à estrutura de liderança e às práticas de desenvolvimento do talento. Recrutou Reg Bull, de origem britânica, que fizera grande parte da carreira na Unilever. Procurou também o conselho de Jean Kang, que fora administrador nacional da GE na Coreia e que se aposentara recentemente. Kang convenceu Nam a pedir ajuda a Bill Conaty para acelerar as mudanças nos recursos humanos; Conaty aceitou a oferta e, pouco depois, orientou uma sessão para todos os diretores sobre liderança, cultura, desenvolvimento de um canal de líderes e planeamento de sucessão.

Quando Bull teve de se demitir por causa de problemas de saúde na família, Nam pediu a Conaty que o ajudasse a escolher o seu substituto. A busca conduziu a Peter Stickler, norte-americano com uma carreira extensa na Ford Motor Company. Fora diretor dos recursos humanos quando esta empresa passou de um nível internacional para uma esfera global e quando o departamento de recursos humanos mudou o foco das transações para a liderança do processo transformacional. Conaty e Nam concordaram que Stickler tinha as competências técnicas, a experiência, a perspetiva global e as aptidões interpessoais certas para levar o departamento de recursos humanos da LGE para um patamar mais elevado.

Nam pediu aos seus especialistas em recursos humanos que o ajudassem a conceber um conjunto de análises formais e informais do pessoal que auxiliaria o enraizamento desses critérios na organização. As sessões formais de desenvolvimento organizacional e de desenvolvimento do pessoal realizam-se anualmente em julho e agosto. Nestas avaliações, Nam passa entre três a quatro horas a analisar cada um dos diretores de unidades ou de departamentos. Avalia também os diretores executivos das empresas subsidiárias, os diretores operacionais, o presidente da sede regional e o presidente da empresa, abrangendo assim os principais 250 líderes detentores de altos cargos. No total, as avaliações representam três ou quatro semanas passadas a analisar e a tomar decisões sobre o pessoal.

Nam reforça o comportamento que deseja que a LGE demonstre em sessões de diálogo, que orienta com grupos de funcionários dos vários locais para onde viaja. Representa o estilo ocidental mais aberto de comunicação fornecendo-lhes atualizações completas sobre a empresa e sobre as suas perspetivas futuras. Solicita então que façam comentários e perguntas, e faz questão de mostrar verdadeiro interesse por aquilo que as pessoas têm a dizer. O estilo é culturalmente muito diferente do estilo hierárquico coreano e, no início, os funcionários eram demasiado deferentes para com o cargo de Nam enquanto diretor executivo para fazerem perguntas francas nestas discussões. Sentiam-se avaliados por Nam. Sensível à questão, Nam pediu-lhes que redigissem anonimamente as suas perguntas, que lhe seriam entregues antes das sessões. A pouco e pouco, começaram a sentir-se mais confortáveis com a franqueza, e os grupos atuais de funcionários gostam de exprimir aquilo que realmente pensam, o que representa um grande feito numa empresa habituada às ordens e ao controlo.

A LGE conta agora com seis líderes não coreanos na direção das operações noutros países – Estados Unidos, Canadá, França, Holanda, Suécia e África do Sul. Além disso, Nam não negligenciou a sede de Seul. O diretor dos sistemas de informação e o diretor de recursos humanos são americanos. Os diretores de *marketing*, do departamento de tecnologia, da estratégia e do processo de excelência e de distribuição global não são coreanos. Apenas em três anos, Nam estabeleceu firmemente a sua empresa coreana na via que leva à liderança global com que sonhava.

CONCLUSÕES: A MUDANÇA COMEÇA NO TOPO

Nenhuma empresa pode ser mestre do talento sem o empenho profundo e a participação de um diretor executivo esclarecido, alguém que compreenda que a construção do talento é a grande prioridade e será o seu legado. Os diretores executivos esclarecidos que conhecemos ao longo deste livro têm nove características em comum. Estas qualidades constituem um modelo para alguém que queira seguir o caminho da mestria do talento:

- Compreendem que o talento é a chave do futuro. As estratégias aparecem e desaparecem, a quota de mercado e as receitas aumentam e declinam, mas uma organização que possa construir uma equipa sempre nova de líderes de primeira classe está preparada para lidar com tudo o que venha a acontecer no futuro.

11 · CRIAR OS PROCESSOS CERTOS DE GESTÃO DE TALENTO

- Atribuem tanto rigor à gestão do talento como à gestão financeira.
- Dirigem pessoalmente os processos sociais que suportam e reforçam o desenvolvimento do talento e tornam-se eles próprios modelos para toda a organização. Deixam claro que a construção de capacidade organizacional faz parte do trabalho de qualquer líder.
- Dedicam boa parte do tempo a conhecer, a discutir e a avaliar os líderes. Aproveitam qualquer oportunidade, planeada ou espontânea, para se encontrarem com os líderes de elevado potencial nos seus próprios locais de trabalho, para os observarem e darem conselhos.
- Concentram-se nos conteúdos do planeamento de sucessão e não apenas no processo. Refletem e discutem sobre os requisitos do cargo e sobre as qualidades específicas daqueles que podem estar preparados para assumir essas funções. Planeiam cuidadosamente a própria sucessão.
- Reconhecem a importância da entrada no canal de liderança e dedicam-lhe tempo e atenção.
- Estabelecem uma cultura do desempenho tornando explícitos e aplicando os valores da empresa; estabelecem objetivos e avaliações de desempenho, com recompensas e consequências claras.
- Dão o tom para os diálogos francos e insistem em avaliações francas.
- Elevam continuamente a fasquia na aprendizagem e no desempenho.

PARTE 4

AS FERRAMENTAS DO MESTRE DO TALENTO

O objetivo de *Os Mestres do Talento* é mostrar um caminho para que todas as empresas construam um futuro melhor e mais seguro para os empregados, acionistas, clientes e parceiros, graças ao desenvolvimento de canais robustos de talento e de planos de rápida sucessão. Esperamos que este livro vos inspire, mas, sobretudo, desejamos que seja uma obra prática. Esta secção serve para ajudar o leitor a traduzir as ideias e práticas aqui descritas em ações que pode realizar de imediato.

Uma das bases fundamentais dos mestres do talento é um diretor executivo esclarecido. Isto não significa que os líderes tenham de estar à espera de um despertar espiritual ou de uma epifania, mas que os diretores executivos devem ter consciência da enorme responsabilidade que têm em relação ao futuro da empresa. São as suas ações, as suas decisões e os seus comportamentos que mostram aos outros que o talento é importante, que pode ser identificado, compreendido e gerido como o recurso que é realmente. As palavras certas são importantes, mas não bastam. O tempo e a atenção regular transmitem sinais mais fortes. A ligação das recompensas ao desenvolvimento do talento é um sinal ainda mais forte. Não separe os resultados dos líderes que os produzem, e não fale dos líderes em termos abstratos. Introduza realismo, rigor, especificidade e franqueza nas discussões quando ligar as pessoas aos números.

Com ou sem orientação do diretor executivo, os líderes, em qualquer nível, podem reforçar as suas aptidões no desenvolvimento do talento.

MESTRES DO TALENTO

Exercite o seu poder de observação e teste a acuidade dos seus juízos na identificação dos talentos de outras pessoas. Estas são as suas ferramentas. Utilize-as para melhorar significativamente a sua capacidade de desenvolver talento. Faça delas parte da sua rotina diária.

- Princípios dos mestres do talento
- A sua empresa tem a cultura de um mestre do talento?
- Guia para a mestria do talento
- Um mecanismo para diferenciar o talento
- Perguntas frequentes e respostas
- Linhas de orientação para a sua próxima análise do talento
- Crotonville com todo o tipo de orçamento
- Seis maneiras de os líderes de recursos humanos se tornarem parceiros mais eficientes
- Como garantir sucessões tranquilas
- Como o *feedback* deve ser
- Armadilhas da liderança
- Lições aprendidas sobre o desenvolvimento do talento e da liderança

PRINCÍPIOS DOS MESTRES DO TALENTO

Para uma referência rápida, eis uma recapitulação sucinta dos princípios que enumerámos no capítulo 1:

1. Uma equipa esclarecida de liderança, a começar com um diretor executivo que perceba e veja realmente o desenvolvimento do talento como uma vantagem competitiva.

2. Uma meritocracia baseada no desempenho, uma disposição para diferenciar o talento com base nos resultados *e* nos valores e comportamentos por detrás desses resultados.

3. Definição e articulação explícita dos valores, que devem exprimir as crenças fortes da empresa e os comportamentos esperados.

4. Franqueza e confiança, que levam a melhores julgamentos sobre os talentos e potenciais das pessoas, com um foco nas necessidades de desenvolvimento para acelerar o crescimento pessoal.

5. Sistemas de avaliação/desenvolvimento do talento, com tanto rigor e frequência como os sistemas utilizados para as finanças e operações.

6. Líderes de recursos humanos enquanto parceiros e garantes do sistema de desenvolvimento de talento, com especialização funcional equivalente à dos diretores financeiros.

7. Investimento na aprendizagem e no aperfeiçoamento contínuos, a fim de se construir e atualizar continuamente a equipa de liderança em sintonia com o mundo em mutação.

A SUA EMPRESA TEM A CULTURA DE UM MESTRE DO TALENTO?

A mecânica do desenvolvimento do talento – quando se realizam avaliações, quem deve estar na sala, que critérios levar em conta, etc. – é relativamente fácil de replicar. Um bom departamento de recursos humanos pode conceber processos baseados nas melhores práticas observadas noutros lados. Mais difíceis de copiar, e fundamentais para o desenvolvimento de líderes, são os aspetos culturais ou sociais de desenvolvimento do talento. Neste sentido, a administração deve esforçar-se por instilar os valores e comportamentos que fazem do desenvolvimento da liderança uma parte integral da gestão de uma empresa.

A seguinte lista de verificação dir-lhe-á se a sua organização tem a cultura de um mestre do talento.

VERDADEIRO OU FALSO?

1. Os líderes de topo estão bastante envolvidos no recrutamento e no desenvolvimento do talento de liderança em todos os níveis organizacionais.

2. O comportamento e os valores de um candidato são levados em conta antes da sua contratação

3. Em todos os níveis, os líderes estão atentos aos novos talentos em toda a empresa, e não apenas àqueles que estão diretamente sob a sua alçada. Encaram este aspeto como parte importante do seu trabalho.

4. Os líderes são atenciosos e rigorosos na identificação dos talentos específicos do pessoal e dos setores onde florescem esses talentos.

AS FERRAMENTAS DO MESTRE DO TALENTO

5. Os líderes não hesitam em comentar bastante e atempadamente as necessidades de desenvolvimento dos indivíduos para melhorarem os seus desempenhos.

6. Aqueles que apresentam fraco desempenho são confrontados e têm a oportunidade de melhorar ou, então, enfrentam as consequências da destituição.

7. As análises operacionais, orçamentais e estratégicas da empresa são utilizadas, além das avaliações específicas do talento, para conhecer os talentos naturais de um líder e, por vezes, conduzem a decisões importantes sobre que líderes devem preencher determinados cargos.

8. Os líderes despendem tempo com outros líderes em níveis organizacionais inferiores para os verem em ação nos seus cargos. São práticos no desenvolvimento do talento.

9. Os líderes com maior potencial são identificados cedo e transferidos rapidamente para cargos que expandirão as suas capacidades e aptidões.

10. Os juízos sobre os líderes baseiam-se em factos e no cruzamento de observações efetuadas por várias pessoas.

11. O desenvolvimento da liderança é abordado de forma tão intensa como a apresentação de resultados financeiros.

12. O desenvolvimento de outros líderes é desejado e recompensado.

GUIA PARA A MESTRIA DO TALENTO

ESCOLHER LÍDERES

1. Envolva os principais líderes na seleção dos talentos de liderança.
A qualidade da semente tem, anos depois, um efeito importantíssimo no fruto; por isso, não deixe o recrutamento nas mãos de qualquer pessoa. Envolva os seus líderes principais no processo de recrutamento, desde o nível de formação até ao topo da organização. Esses líderes terão os instintos e a capacidade de julgamento para identificar novos e bons talentos de liderança. Conscientes da importância de recrutar os melhores talentos e do grande investimento da empresa nos seus estagiários de gestão, os líderes da Hindustan Unilever despendem tempo a entrevistar todos os candidatos ao canal de liderança de alto potencial da empresa. Apesar de ser pouco prático que os diretores executivos de empresas maiores participem em níveis mais elementares, devem estar conscientes e confiantes de que os modelos certos das suas empresas funcionam como o seu «rosto» na busca de talento.

2. Contrate líderes e não apenas especialistas de departamentos ou académicos.
Não procure apenas especialistas técnicos e espere que alguns dos seus especialistas se venham a revelar líderes. Procure pessoas que tenham demonstrado características de liderança em alguma área durante a vida. Embora possa requerer um nível elevado de proficiência técnica ou científica, procure especialistas que tenham o desejo e o potencial de liderar outros e de os ajudar a crescer, como fazem a Novartis e a Agilent.

AS FERRAMENTAS DO MESTRE DO TALENTO

3. Conheça os valores e os comportamentos das pessoas antes de as contratar.
Reflita sobre os valores e os comportamentos que os líderes terão de demonstrar para ter êxito na sua empresa e teste-os. Antes de fazer uma oferta de trabalho, algumas entrevistas bem concebidas podem servir de teste para determinar características como o trabalho em equipa, o comportamento interpessoal, a honestidade intelectual e o temperamento. A Hindustan Unilever cria oportunidades para observar as pessoas num contexto de grupo como parte do seu processo de seleção; a GE, a P&G e outras empresas testam a adequação cultural com base na competitividade dos candidatos – em termos académicos, atléticos e sociais.

4. Tenha a humildade de contratar pessoal externo, se for necessário, mas tome medidas para garantir a sua assimilação cultural.
Por vezes, é necessário recrutar líderes para níveis mais elevados da organização a fim de mudar a cultura (como na Goodyear), para adquirir especialização crítica (como no setor dos ultrassons da GE) ou para subir a fasquia ou globalizar (como na LGE). Para se certificar de que recruta pessoal adequado, empreenda uma busca observacional, além da verificação habitual de referências. Em seguida, dê aos novos líderes sinais claros de apoio a partir do topo. Os novos líderes departamentais da LGE tiveram tempo para se adaptar à cultura coreana fechada da empresa – e vice-versa – porque começaram como consultores do diretor executivo e não como diretores de departamentos. Jack Welch reforçou o seu compromisso com Omar Ishrak, que ele foi buscar a dois níveis abaixo de si para gerir a Ultrasound, informando toda a gente de que era «o seu homem». Quando Ishrak foi à primeira reunião de avaliação e esperava a sua vez para apresentar a história da Ultrasound, Welch perguntou com impaciência: «Quando é que o meu amigo Omar faz a sua apresentação?» Asseguraram-no de que Omar falaria em breve; os outros perceberam a mensagem, ou seja, Welch investira no êxito de Omar e estava aberto às mudanças que este propunha.

5. Seja honesto ao identificar quem tem o maior potencial de liderança.
Faça os seus melhores julgamentos sobre quem tem potencial para ascender aos níveis mais elevados da organização e faça tudo o que estiver ao seu alcance para acelerar o crescimento dessas pessoas. Observe

atentamente para saber se esses juízos iniciais estavam corretos e não se prenda a estrelas predeterminadas cujo brilho pode estar a diminuir. Esteja atento a outras pessoas em que pode não ter reparado antes ou àquelas cujo talento de liderança venha mais tarde ao de cima. Anote aquilo que lhes permitiu apresentarem resultados excelentes e considere se isso será relevante para o êxito futuro dessas pessoas. Lembre-se de que, embora os líderes de grande potencial apresentem resultados, estes, por si só, não indicam um grande potencial. Os valores e o estilo maduro de liderança são normalmente aquilo que distingue as estrelas antigas das estrelas do futuro.

DESENVOLVER LÍDERES

1. Faça do desenvolvimento do talento uma obsessão.
Despenda pelo menos um quarto do seu tempo a tentar perceber o talento das pessoas e a ajudá-las a crescer, e tente melhorar os seus juízos sobre as pessoas. Welch, Immelt e Keegan afirmaram que despendem entre 30% e 40% do seu tempo a tomar decisões sobre o pessoal. Observe as pessoas de vários níveis abaixo dos seus colaboradores diretos. Olhe para a pessoa a partir de várias perspetivas e arranje tempo para pensar sobre onde essa pessoa poderá florescer. Filtre os interesses pessoais, recolhendo informações e factos. Bill Conaty, Jack Welch e, mais tarde, Jeff Immelt estavam sempre a falar das pessoas, sempre a tentar perceber o que as move e como revelar os seus talentos. É assim que poderá expandir a sua própria capacidade. Quando despender tempo e energia a ajudar os líderes a realizarem os seus potenciais, a retenção fará o resto. Historicamente, a GE reteve mais de 95% dos 600 executivos que não queria perder. Esta medida é seguida proximamente e analisada duas vezes por ano com o conselho de administração.

2. Aprofunde as especificidades do talento de cada líder, tal como aprofundaria as principais causas do desempenho financeiro.
Cada indivíduo tem a sua mistura singular de traços e talentos. Cada um possui áreas onde o juízo necessita de ser aperfeiçoado, como, por exemplo, na antecipação de mudanças no ambiente externo, na construção de equipas ou na segmentação de um mercado. Seja rigoroso ao identificar aquilo que poderá acelerar ou bloquear o crescimento da pessoa.

AS FERRAMENTAS DO MESTRE DO TALENTO

Continue a relacionar as questões da empresa com as ações, as decisões e o comportamento do líder até que esses talentos e áreas para o desenvolvimento sejam claros e específicos. A P&G reconheceu a capacidade de Deb Henretta para compreender o consumidor e construir relações, e ofereceu-lhe um cargo importante na Ásia, onde esses talentos naturais se poderiam expandir. Na Agilent, Ron Nersesian viu em Niels Faché a orientação de ação de um empresário e a atenção ao pormenor de um tecnólogo. Nersesian orientou-o para que tivesse em mente o contexto estratégico na negociação com parceiros globais e ajudou-o a tornar-se diretor-geral e, mais tarde, administrador do grupo.

3. Faça comentários frequentes e honestos.

No que diz respeito ao conhecimento dos trabalhadores e dos líderes, o desenvolvimento ocorre geralmente como resultado de uma espécie de gatilho, quer seja uma lição rígida, uma experiência de ensino ou uma pessoa de confiança que nos dê uma cacetada verbal. Os líderes utilizam qualquer interação para compreenderem melhor as pessoas e para aproveitarem os momentos de aconselhamento, em que podem fazer críticas como possíveis gatilhos. A carreira de Adrian Dillon sofreu uma viragem completa quando o chefe lhe mostrou o lado negativo de ser a pessoa mais esperta da sala. As críticas devem ter alvos precisos, devem ser construtivas e francas. Na Hindustan Unilever, os líderes fazem longas viagens para visitar os jovens líderes no terreno. Registam os seus comentários num «Livro de Contacto do Estagiário de Gestão», que ajuda a acelerar o desenvolvimento dos jovens líderes. Jack Welch, Jeff Immelt e outros líderes da GE acrescentam às avaliações formais uma série de sessões de formação para reforçar a aprendizagem e acelerar o crescimento da liderança.

4. Faça do desenvolvimento do talento uma parte explícita do trabalho de todos os líderes e responsabilize-os por isso.

Os líderes demonstram a importância do desenvolvimento de outros líderes essencialmente através do exemplo. Na GE e na P&G, as análises do negócio incluem inevitavelmente questões sobre o pessoal; por isso, os líderes têm de conhecer bem o seu pessoal: quem está a portar-se bem, quem necessita de mais espaço de manobra, quem precisa de ser exposto a uma parte diferente da empresa ou a uma cultura diferente. O desenvolvimento do talento torna-se parte do ADN. A Agilent mantém o desenvolvimento da liderança como grande prioridade ao fazer desta questão um objetivo explícito do desempenho e ao relacioná-lo com a compensação. Duas vezes por ano, o diretor executivo avalia a capacidade organizacional e o desempenho.

5. Crie oportunidades intelectuais para um crescimento adicional.
Os verdadeiros líderes desenvolvem continuamente as suas aptidões e relações, aperfeiçoam as características pessoais e melhoram os juízos. A experiência é uma boa professora, mas os líderes necessitam também de estímulo intelectual para realmente se distinguirem. O processo educativo ajuda os líderes a lidarem com pequenos aspetos de que podem não estar conscientes se estiverem demasiado ocupados nos seus trabalhos. Se não possuir um centro como Crotonville, use as universidades locais ou os especialistas da empresa para orientarem sessões de ensino com vista à criação de estímulo intelectual e de cruzamento de ideias, ao vivo ou *online*. A Novartis utilizou especialistas externos para levar os líderes a tomarem consciência dos seus bloqueios psicológicos. O UniCredit utilizou efetivamente o seu centro de formação UniManagement para alargar a perspetiva dos seus líderes no acompanhamento da estratégia pan-europeia da empresa. Seja específico em relação à aprendizagem que observa e ao que esta diz sobre a trajetória de crescimento futuro de um líder. A aprendizagem contínua, à velocidade da mudança, é um fator crítico de êxito para os líderes contemporâneos que enfrentam diariamente novos desafios globais. Para um líder, a pior coisa é a obsolescência.

ATRIBUIR MISSÕES DE LIDERANÇA

1. Ofereça aos líderes cargos que propiciem o crescimento.
Quando conhecer realmente bem o talento de uma pessoa e puder imaginar o que esta poderá ser, saberá que tipo de cargo será mais adequado para ela. Os líderes com alto potencial precisam de cargos que os desafiem. Seja claro sobre aquilo que espera que adquiram, quer se trate de um teste para saber se podem adquirir uma nova aptidão quer pretenda aprofundar os juízos deles sobre as pessoas ou sobre a empresa. Na verdade, a experiência de uma cultura diferente é uma prioridade para os líderes de empresas que se estão a expandir globalmente. Alguns acontecimentos tumultuosos ocorrem frequentemente noutras partes do mundo. Depois

AS FERRAMENTAS DO MESTRE DO TALENTO

de ter viajado pelo mundo na sua carreira, Deb Henretta, da P&G, não estava certa de necessidade de se mudar para a Ásia, mas, o facto de viver nessa região e de lidar com várias crises ajudou-a a desenvolver um certo sangue-frio. Alguns dos melhores líderes da GE desenvolveram o mesmo sangue-frio graças às suas missões noutras partes do mundo. Esta capacidade de manter a serenidade e a perspetiva é uma qualidade distinta de liderança que se aperfeiçoa em grande medida quando se trabalha fora das zonas de conforto. A vasta experiência de ter crescido e trabalhado em zonas perigosas do mundo deu a Melanie Healey, da P&G, autoconfiança e visão periférica para ter êxito mesmo em ambientes difíceis.

2. Tenha uma perspetiva empresarial quando atribuir funções.

Os líderes que se tornam diretores executivos com 40 ou 50 anos já trabalharam com muitos chefes ao longo da carreira. Um único chefe não pode segurar um jovem líder talentoso. O talento da liderança deve ser cultivado e protegido como um recurso da empresa. Quando der um novo cargo a alguém, considere se o novo chefe dessa pessoa será educador ou repressivo. Por vezes, na GE, os líderes têm de esperar pelo cargo certo, mas os altos líderes mantêm um diálogo aberto com a pessoa, de maneira que esta sabe aquilo que a empresa deseja. Immelt pensava que seria promovido a diretor do setor de eletrodomésticos da GE, mas Welch e Conaty esperaram por uma vaga mais adequada e, ao mesmo tempo, asseguraram a Immelt que este se encontrava nos seus planos para uma grande promoção a curto prazo. Pouco depois, John Trani abandonou o setor médico para se tornar diretor executivo da Stanley Works e Immelt foi recompensado pela sua paciência com a direção da Medical Systems. A questão essencial é que Immelt confiou no sistema e na promessa de Welch, e valeu a pena.

3. Pense de forma criativa sobre a área em que uma pessoa se distinguirá.

É necessária uma capacidade incisiva de julgamento para saber que novo cargo se adequa melhor a um líder. As mudanças progressivas são adequadas a alguns líderes, mas são demasiado lentas para aqueles que têm maior potencial. As mudanças horizontais podem ser bons aceleradores de crescimento. Aqueles que, num cargo, apresentam um desempenho médio, podem ter um desempenho elevado noutra função. É uma questão de encontrar o lugar certo. Niels Faché, da Agilent, estava a perder fulgor num cargo que exigia mais manutenção do que criação; assim, o chefe mudou-o para uma área completamente diferente: a exploração de fusões e de aquisições. Noutro setor da Agilent, Adrian Dillon percebeu que a inclinação natural de uma pessoa para o planeamento a longo prazo era perfeita para a estratégia, mas não para cargos que exigiam ação rápida. Os valores essenciais e as ambições de alguns líderes da Novartis sugeriam que os cargos correntes não eram os mais adequados para esses líderes, e uma direção de carreira diferente funcionaria melhor para esses indivíduos e para a empresa.

4. Mantenha uma base de dados das aptidões e experiências dos funcionários.

É claro que as empresas precisam de ter um sistema para controlar as informações financeiras. Contudo, necessitam também de ferramentas análogas para sistematizarem os seus conhecimentos sobre os líderes promissores. Uma base de dados pode coligir um número incrível de informação sobre funcionários em todo o mundo – que línguas falam, em que países preferem trabalhar, mobilidade, desempenho, registo geral. Não é, da mesma maneira que uma mera coleção de números, um substituto do juízo, mas liberta tempo e energia mental para pensar no desenvolvimento dos talentos das pessoas. Como Dick Antoine diz sobre a base de dados da P&G, «quando abre uma vaga para um cargo, não esquecemos ninguém». A criação de tal sistema foi um dos primeiros empreendimentos de Bill Conaty enquanto diretor dos recursos humanos da GE. Atualmente, sempre que a GE necessita de informações sobre um líder, *eureka* –, pode aceder instantaneamente a dados ilimitados sobre a pessoa. Estas bases de dados globais e computorizadas de funcionários asseguram que todos os candidatos se encontram no mesmo pé para serem considerados para cargos mais elevados. Pressionam também os funcionários a manter os seus currículos em ordem a fim de serem considerados para uma promoção.

AVALIAR LÍDERES

1. Realize avaliações formais de maneira informal.

Os líderes empresariais têm orgulho em saber como é que a empresa se está a portar com base nos números. Alguns memorizam-nos e verificam-nos diariamente entre o orçamento trimestral e as análises operacionais. Deve ter a mesma atenção no caso do talento de liderança, avaliando-o formalmente pelo menos duas vezes por ano e, de preferência, até com

AS FERRAMENTAS DO MESTRE DO TALENTO

mais frequência. Continue a fazer perguntas até saber quem se está a portar bem, quem tem problemas, quem necessita brevemente de um novo cargo e onde estão as faltas de aptidão. Através da prática constante, aperfeiçoe a capacidade de avaliar as pessoas e de perceber os seus principais talentos. Insista na franqueza e no realismo. Quando Alessandro Profumo, diretor executivo do UniCredit, começou a dar conselhos francos sobre as necessidades de desenvolvimento, o pessoal teve dificuldade em aceitar, mas a empresa cooperou quando as pessoas perceberam que o desempenho seria visível e reconhecido. Os conselhos mais benéficos são informais e oportunos. Se aproveitar todas as oportunidades para dar conselhos informais aos funcionários, poderá eliminar discussões muito desconfortáveis em que o funcionário declara: «É a primeira vez que ouço falar disso. Acho que está a implicar comigo.»

2. Utilize as avaliações da empresa como avaliações do pessoal e vice--versa.
Relacione os resultados da empresa com as pessoas que estão por detrás desses resultados. Quem está a fazer o quê para obter os resultados? Lembre-se de que os resultados da empresa, incluindo os resultados financeiros, são indicadores produzidos por pessoas. Siga a intuição para abordar mais depressa as questões sobre o pessoal. A GE utiliza todas as avaliações orçamentais e operacionais para aprender mais acerca do pessoal, não só sobre o que fazem, mas também sobre o que pensam. As decisões de promover ou recompensar um líder são tomadas tanto em análises operativas como numa Sessão C ou numa avaliação similar de talento. A Agilent faz da liderança um tema de rotina nas avaliações da empresa. Aumente a duração das reuniões de avaliação para ter tempo de falar explicitamente sobre o pessoal. Nenhuma avaliação operacional ou estratégica está completa sem que se analisem as implicações das pessoas envolvidas na execução da estratégia.

3. Não avalie o desempenho apenas pelos números.
Vá mais fundo para saber como é que os números foram alcançados ou quais foram os obstáculos à concretização dos objectivos. Não terá uma pessoa ficado aquém dos resultados porque o chefe insistiu em conservar um membro fraco na equipa ou porque o preço de um recurso fundamental subiu rapidamente? Aprofunde ainda mais o seu saber quando o líder alcança os resultados fixados. É nesse momento que pode testar os valores

de um líder: terá sacrificado a marca em nome de um maior volume de vendas? É também nesse momento que poderá identificar os grandes talentos. A Lindell Pharmaceutical descobriu uma pérola em Sue ao perceber *como* esta alcançara os seus resultados extraordinários de vendas: ajudou os clientes farmacêuticos da Lindell a aperfeiçoar o preenchimento das suas prescrições e a aumentar os resultados financeiros. Era brilhante e sustentável. Os administradores começaram a discutir a possibilidade de lhe darem um maior espaço de crescimento.

4. Pense naquilo que o líder deixou feito.

Poderá aprender ainda mais sobre um líder olhando para a empresa depois de ele deixar o cargo. A empresa ficou melhor por causa da sua liderança ou o seu substituto terá imensos problemas a resolver? Entreviste as pessoas para saber isso. Um alto administrador ou alguém dos recursos humanos pode conduzir essas entrevistas, desde que a pessoa seja de confiança. Utilize esta técnica como uma ferramenta de desenvolvimento e não para arranjar culpados. A P&G inventou esta prática como forma de desenvolver os líderes e de se certificar de que promovia apenas os melhores. Durante um período de cinco a sete anos, observam o valor duradouro que um líder possa ter ou não criado. Os líderes com alto potencial deixam a organização mais forte relativamente ao ambiente externo do que aquela que herdaram.

5. Distinga os desajustamentos dos falhanços.

Em muitos casos, o êxito e o falhanço são condicionantes; por isso, tenha cuidado ao usar estes rótulos. Quando um líder não tem êxito num cargo, repense a sua avaliação do talento da pessoa e procure alguém mais ajustado. Foi assim que a GE arranjou um grande líder para o seu departamento de pesquisa e investigação. Em circunstâncias normais, Mark Little era o líder certo para o negócio de turbinas de gás da GE, mas, devido às mudanças dramáticas ocorridas no ambiente externo e aos grandes erros técnicos pelos quais não fora responsável, a GE teve de recrutar um diretor técnico mais experiente. A carreira de Little esteve temporariamente à deriva. Tinha muitas qualidades que eram demasiado boas para desperdiçar e, felizmente, aguentou-se e teve uma grande carreira na GE. Quando um líder falha repetidamente, admita que pode ter julgado erradamente o seu potencial. Arranje-lhe o cargo certo ou, em último recurso, demita-o, mas trate-o com dignidade e com encorajamento de maneira que ele possa encontrar o seu lugar noutro lado.

RECONHECER E CONSERVAR OS LÍDERES

1. Diga às pessoas que elas se encaixam na empresa.
Não presuma que as suas estrelas sabem que sabe quem elas são. Relembre que os seus contributos são reconhecidos e como vê o potencial delas. As pessoas merecem saber como vê o futuro delas. Estas noções darão aos líderes de maior potencial mais razões para ficarem na empresa. O dinheiro é apenas uma das muitas formas de dizer às pessoas que são apreciadas e, na conjuntura atual, não há assim tanto dinheiro para distribuir. As palavras e o reconhecimento público são suplementos poderosos. Não custa nada dizer a alguém que está a fazer um trabalho fantástico. Quase todos os mestres do talento dão elogios frequentes, e fazem-no de forma pessoal.

2. Ofereça recompensas financeiras ao longo do ano.
As revisões salariais constituem grandes oportunidades para falar diretamente com os líderes e reforçar-lhes a motivação e o empenho. Multiplique as oportunidades para estas interações francas e pessoais com conversas sobre bónus e outras formas de compensação. A GE recompensa financeiramente os seus principais 600 líderes oferecendo-lhes aumentos de salário em vários intervalos, com base na data de entrada em funções da pessoa, bónus em fevereiro e ações em setembro. Na GE, os líderes também extravasam o calendário quando têm necessidade de recompensar um trabalho extraordinário ou de conservar alguém. A GE não hesita em oferecer aumentos excecionais ou ações restritas no meio da Sessão C. Isto provoca entusiasmo à medida que a palavra se espalha pela rede informal que existe em qualquer organização. Eis outra vantagem das reuniões em intervalos frequentes: ninguém tem uma surpresa desagradável no final do ano.

3. Reflita sobre o momento de compensar os líderes.
Torne rigorosa a compensação, mas não demasiado fechada numa fórmula. Tenha em atenção que os esforços para tornar objetiva a compensação têm, muitas vezes, o efeito contrário. As fórmulas não substituem o bom julgamento e o bom conhecimento das pessoas. A GE utiliza o julgamento para avaliar consoante a «dificuldade do mergulho» – por outras palavras, qual foi, efetivamente, o desempenho da pessoa relativamente à concorrência na indústria. É por isso que os líderes da divisão industrial com

menos margens e crescimento mais lento podem ter maiores aumentos percentuais do que aqueles que dirigem divisões mais ostensivas e com maior crescimento. Certifique-se de que o seu juízo é rigoroso e justo e de que oferece compensações adicionais pela concretização de objetivos mais difíceis.

4. Diferencie.

Todas as pessoas podem ter sido criadas iguais, mas não têm desempenhos iguais. Permita que estas diferenças venham ao de cima e ofereça maiores recompensas aos líderes que dão os maiores contributos. A pessoa deu um contributo individual ou tornou a equipa mais eficiente? Adotou o ponto de vista da empresa como um todo, apesar do facto de isso poder afetar a sua área? A diferenciação obriga à franqueza, como no caso: «Explique-me lá por que razão recebo isto e a Sharon recebe aquilo. O que estou a fazer de errado?» Insista num sistema de gestão de desempenho baseado no mérito, mesmo que as pessoas se queixem. Este sistema forçará a discussão franca sobre o desempenho. Faça os seus juízos e defenda-os.

DESENVOLVER A DIFERENCIAÇÃO

Este é um mecanismo que poderá ajudá-lo a desenvolver a diferenciação em termos de recompensas e de reconhecimento. As percentagens são objetivos desejáveis. Não devem ser utilizadas de forma tão mecânica ou formal que possam causar injustiças. Personalize o mecanismo para se ajustar à sua empresa.

		← Potencial		
		Potencial Elevado	Potencial Moderado	Sem Crescimento
Desempenho e Valores →	Talento de Topo ~30%			
	Alto Valor ~60%			
	Menos Eficiente ~10%			

PERGUNTAS FREQUENTES E RESPOSTAS

P: A MINHA EMPRESA NÃO É MUITO BOA A DESENVOLVER LÍDERES. SERÁ QUE POSSO DESENVOLVER-ME A MIM PRÓPRIO?

Pode e deve. Apesar de os mestres do talento estarem sempre à procura de maneiras de desenvolver os seus líderes, esperam que esses líderes se responsabilizem pelo seu próprio crescimento. De facto, o esforço para aprender continuamente e para se autoaperfeiçoar é um indicador de potencial de liderança. Peça conselhos aos chefes ou aos seus pares e procure formas de desenvolver os seus próprios talentos, tanto no trabalho como fora dele. Ofereça-se para trabalhar em projetos a fim de ganhar experiência e de alargar a sua perspetiva. Procure um mentor que o ajude a construir as aptidões de que necessita para progredir. Não confie apenas nas avaliações de desempenho; em muitas empresas, são apenas retroativas e não promovem o desenvolvimento. Peça ajuda ou faça a sua própria avaliação e decida se deve aperfeiçoar as aptidões, a personalidade, as relações ou a capacidade de julgar. Leia livros, assista a aulas, faça perguntas. Trabalhe para se distinguir no seu cargo atual e, depois, solicite mais desafios. Deixe claro que toda a gente deve crescer e que todos devem ser responsáveis pelo crescimento pessoal. Os diretores executivos não fogem à regra; nesta conjuntura externa altamente volátil e em rápida mutação, é imperativo que também cresçam.

P: SOMOS UMA PEQUENA EMPRESA. COMO DAR EXPERIÊNCIAS DE APRENDIZAGEM AOS JOVENS LÍDERES SEM PÔR A EMPRESA EM RISCO?

Pode expor facilmente os líderes a outras funções, a outras áreas da empresa, a níveis superiores de tomada de decisões e até a elementos externos reunindo-os com outras pessoas. Por exemplo, um funcionário da produção beneficiará bastante do contacto direto com os clientes. A criação de conselhos consultivos ou a participação dos líderes em associações industriais fora da empresa pode alargar horizontes. No entanto, os líderes devem praticar gestão financeira. Considere criar um pequeno departamento e, se o líder tiver êxito, aumente o seu alcance. Outra boa ideia consiste em utilizar funcionários de alto potencial num papel consultivo, solicitando-lhes opiniões sobre coisas que não fazem parte do seu trabalho diário. Deixe-os dirigir equipas interdepartamentais em projetos que podem levar a empresa para o nível seguinte.

Algumas empresas de participações privadas, como a Sterling Partners, sediada em Baltimore, recrutam jovens licenciados e deixam-nos assistir a análises das empresas em carteira, enquanto prosseguem as suas tarefas normais em cargos inferiores. Os jovens líderes aprendem enquanto observam os parceiros em ação, fazendo perguntas, ligando números e operações e comparando pessoas nas empresas em carteira. Esta exposição acelera o seu desenvolvimento.

P: COMO ENCONTRAR PESSOAL DOS RECURSOS HUMANOS COM EXPERIÊNCIA EM OPERAÇÕES?

Quebre a moldura de contratação, procurando pessoas que já estão num cargo de liderança e que tenham bons instintos sobre o pessoal. Dick Antoine, antigo diretor de recursos humanos da P&G, dirigia a cadeia de distribuição antes de passar para os recursos humanos. Bill Conaty passou cinco anos da sua carreira nas operações antes de mudar para os recursos humanos. Em relação aos funcionários que passaram a carreira nos recursos humanos, considere pô-los em contacto com outras funções na empresa. O trabalho com o pessoal do departamento financeiro, por exemplo, alarga as perspetivas dos funcionários dos recursos humanos e desenvolve-lhes a credibilidade. Entretanto, os funcionários do departamento financeiro ficam mais conscientes das questões ligadas

AS FERRAMENTAS DO MESTRE DO TALENTO

ao pessoal, e a relação torna-se mutuamente benéfica. Na GE, Conaty certificava-se de que o pessoal da formação de liderança nos recursos humanos cumpria tarefas fora deste departamento, de preferência na equipa de auditoria financeira, a fim de ganharem experiência de parceria empresarial.

P: QUE PODE FAZER DE MANEIRA DIFERENTE UM FUNCIONÁRIO DO ESCALÃO MÉDIO DOS RECURSOS HUMANOS?

As questões ligadas ao pessoal constituem o ponto fraco de muitos líderes. Para ser um parceiro bem sucedido dos líderes da empresa, tem de se esforçar por aperfeiçoar o seu juízo ao lidar com essas questões. São questões que podem adquirir qualquer forma. Quando pensa que já viu todas as situações possíveis, surge uma coisa diferente. Quanto mais testar a sua capacidade de julgar, melhor. A boa notícia para as pessoas dos recursos humanos que não dirigem o departamento é o facto de poderem oferecer uma perspetiva ou uma solução possível para um problema e testá-la com alguém ainda mais experiente. Ou seja, quando tiver uma ação em mente, pode obter conselhos de pessoas mais experientes dos recursos humanos. Dirija-se a um dos níveis da organização e pergunte: «Que faria você?» ou «O que pensa deste plano de ação?» Ao ouvir aqueles em quem confia, aperfeiçoará o seu próprio julgamento e sentir-se-á mais confiante na resolução de problemas. Trata-se de um bom treino para ser um futuro parceiro do diretor executivo.

P: COMO POSSO FAZER UMA BOA AVALIAÇÃO DA PERSONALIDADE E DOS VALORES DE UMA PESSOA?

A melhor maneira de se informar sobre outra pessoa é através da observação próxima. Observe como a pessoa se comporta num grupo ou a lidar com um problema difícil. Se não puder fazer uma observação direta, faça perguntas e informe-se junto de outros que sejam próximos da pessoa. Em relação à verificação de referências, por exemplo, tente saber como a pessoa lida por norma com determinada situação, como no caso de um colega ou de um chefe que contradiz o seu ponto de vista. Essa pessoa está aberta às opiniões dos outros, ou é teimosa e defensiva em relação às suas ideias?

As ações dizem mais do que as palavras; observe atentamente aquilo que a pessoa concretizou relativamente ao que planeia fazer. A sessão de três dias de formação da HUL é uma boa oportunidade para observar as ações e os comportamentos dos líderes. A sua extensão e intensidade impossibilitam que as pessoas escondam aquilo que realmente são e aquilo que, para elas, é mais importante.

LINHAS DE ORIENTAÇÃO PARA A SUA PRÓXIMA ANÁLISE DO TALENTO

QUEM INCLUIR:

- O líder mais elevado, idealmente o diretor executivo, que presidirá à discussão
- O diretor do departamento de recursos humanos
- O diretor do negócio, da unidade, do departamento ou da função particular em análise
- O funcionário de recursos humanos que trabalha com esse líder, se for o caso

COMO ORGANIZAR A ANÁLISE:

- Realize a reunião nas instalações do líder, e não na sede.
- Marque a análise para antes das análises anuais de estratégia e de orçamento.
- Marque uma sessão de seguimento nos três meses seguintes, talvez por telefone.
- Planeie começar com algumas horas. Não tenha pressa; quando o processo é novo, preveja tempo adicional.

O QUE LEVAR:

Ficheiros atualizados relativos à experiência, com avaliações sucintas, apreciações pormenorizadas e fotografias de cada líder de grupo que está a ser avaliado e de cada um dos líderes que respondem perante ele até um ou dois níveis abaixo. Uma base de dados dos funcionários tornará mais simples o acesso a esta informação.

COMO DAR O TOM:

A melhor maneira de promover a franqueza consiste em fazer perguntas e desafiar as declarações do pessoal. Perceberão rapidamente que pretende uma discussão honesta e direta.

TEMAS A ABORDAR:

Não aborde logo as especificidades de um indivíduo antes de receber informações atualizadas sobre a empresa. A menos que se trate da sua primeira sessão deste tipo, lembre-se previamente dos temas que deve abordar. Pergunte quais são os desafios atuais, que problemas externos ou internos os preocupam e o que pode acontecer nos próximos 12 ou 18 meses. Uma boa pergunta de abertura é: «Temos a equipa certa de liderança para executar a estratégia empresarial?»

Procure ligações entre os problemas da empresa e o pessoal. O negócio está a mudar de tal maneira que implica capacidades diferentes? Os concorrentes estão a empreender ações que afetam o talento – despedindo funcionários ou contratando-os? Poderá esta unidade empresarial contemplar uma mudança na estrutura organizacional? Porquê ou porque não? Como está a equipa preparada para agir nos próximos dois anos? Que discrepâncias existem? Que ações serão empreendidas?

Diga explicitamente quem poderá substituir o líder agora e nos próximos anos.

À medida que falar de cada indivíduo, solicite factos específicos e peça ao grupo para pensar no padrão que está a emergir. Que talento está essa pessoa a demonstrar? Onde é que essa pessoa pode realmente brilhar e que terá ela de fazer para alcançar esse lugar? Não limite a concentração naqueles que apresentam grande desempenho. Uma pessoa que, numa função, tem um desempenho médio pode, noutra função, apresentar um desempenho maior.

Utilize uma ordem de trabalhos, mas desvie-se dela se vir que pode haver uma discussão proveitosa.

A TÍPICA ORDEM DE TRABALHOS

1. Liderança da Empresa
- Prioridades da empresa
- Quadro organizacional atual, com nomes, rostos, posições e tempo no cargo
- Matriz de classificações em relação ao desempenho e aos valores dos líderes de alto nível
- Plano de sucessão para os responsáveis diretos
- Qualquer reestruturação antecipada ou mudanças na liderança

2. Canal
- Lista alargada dos líderes um e dois níveis abaixo daqueles que respondem diretamente ao diretor executivo
- Classificações gerais desses líderes
- Melhores apostas para promoção
- Nomeações para a frequência de cursos de formação executiva ou de outras ações de desenvolvimento
- Análise do recrutamento para programas de formação empresarial

3. Crescimento e Cultura
- Descreva a forma como está a abordar os objetivos e as prioridades da empresa
- Análise de planos para acelerar o crescimento da empresa e do talento em áreas fundamentais, como os mercados emergentes
- Análise dos resultados das discussões sobre as prioridades da empresa
- Discussão sobre os resultados das sondagens de opinião dos funcionários ou das auditorias sociais

CROTONVILLE COM TODO O TIPO DE ORÇAMENTO

A aprendizagem contínua é obrigatória para os mestres do talento. Enfatiza a aprendizagem experimental e reforça o seu valor dando aos líderes estímulo intelectual e formação em tópicos específicos através de programas educativos internos ou externos. O elemento formativo ajuda os líderes a perceber pormenores de que podem não estar conscientes quando estão ocupados nos seus trabalhos. Ajuda os líderes a aprender a usar ferramentas e conceitos que podem ser demasiado novos para terem sido testados, e expõe-los ao pensamento da liderança, que geralmente estimula novas ideias e conduz à inovação, particularmente no que diz respeito à gestão.

Nem todas as empresas são suficientemente grandes e prósperas para poderem ter um centro de formação como o John F. Welch Learning Center da GE (também conhecido por Crotonville) em Ossining, Nova Iorque, ou o centro UniManagement do UniCredit, em Turim; mas nem todas têm de ser assim. Vejamos outras opções e outras coisas a ter em mente.

TRANSFORME OS LÍDERES EM PROFESSORES

Embora seja importante ter alguns professores de fora que mostrem uma perspetiva externa, o leitor já tem um grande recurso educativo no seu quadro de pessoal: os seus talentos de liderança. Estabeleça programas nos quais os líderes mais velhos ensinem os outros líderes. Na P&G, o diretor executivo, os vice-presidentes e os presidentes das empresas lecionam em programas de formação para diretores-gerais e outros talentos de topo. Na GE, os líderes mais velhos também orientam sessões de formação, conjuntamente com formadores externos. Na Intel, o ex-diretor executivo Andy Grove estabeleceu esta regra: todos os administradores, incluindo ele próprio, devem ensinar pelo menos uma semana por ano. Quando os líderes ensinam, os tópicos são garantidamente relevantes e as discussões aumentam a compreensão que o pessoal tem da empresa. É verdade que isto leva tempo, mas o tempo é bem despendido para construir o quadro de liderança da organização. Entretanto, desenvolverá também os líderes de topo que orientam essas sessões de formação, uma vez que o ensino tende a aprimorar o pensamento de uma pessoa. Os líderes beneficiarão mais se fizerem menos apresentações de PowerPoint e de relações públicas da empresa aos formandos e se orientarem um ensino mais interativo no qual as pessoas podem desafiar o pensamento do professor. Os líderes podem dar lições *online* ou via transmissões na Internet.

LOCALIZE A APRENDIZAGEM

As empresas grandes e dispersas podem criar programas internos nas suas várias instalações de maneira a dar aos líderes promissores uma exposição frequente aos seus principais executivos. Um programa personalizado de assimilação ou de desenvolvimento de liderança pode incluir os 20 ou 30 líderes de topo num local, que se reúnem durante duas ou três horas por semana ao longo de um período de seis meses com um membro diferente da administração da empresa. Durante este período, os líderes mais jovens poderão ser expostos a várias perspetivas funcionais ou empresariais, e os líderes mais velhos conhecerão os formandos mais promissores. Pode ser despendido algum tempo na apresentação de tópicos controversos ou especializados. Ocasionalmente, as sessões podem ser orientadas por um especialista externo. Os custos são baixos, mas as pessoas que querem aprender recebem um forte estímulo mental. Este género de programa é uma excelente ferramenta de desenvolvimento, bem como um bom mecanismo de retenção para quem pense que tem poucas oportunidades de crescimento. Um diretor executivo instituiu uma prática na qual 15 ou 20 líderes de alto potencial se reúnem com ele de três em três meses, das 16:00 às 22:00, sem preparação nem ordem de trabalhos. O diretor executivo escolhe para discussão um tópico corrente muito importante relacionado com o ambiente externo e que, por vezes, só é indiretamente relevante para a empresa. Cada participante faz a sua reflexão inicial e, ao mesmo tempo, todos se relacionam uns com os outros. Esta prática encoraja-os a manterem-se a par de temas correntes importantes.

UTILIZE A TECNOLOGIA PARA FACILITAR A APRENDIZAGEM COM OS COLEGAS

Uma das verdadeiras vantagens de Crotonville é o intercâmbio social. As pessoas aprendem tanto com os colegas como com os instrutores quando são expostas a diversas questões e práticas empresariais. A sua perspetiva da empresa e do mundo externo expande-se. Não é muito dispendioso reunir um grupo de pessoas de várias áreas para participar num exercício ou numa discussão sobre um tema importante. Estes intercâmbios podem realizar-se na cafetaria da empresa ou, virtualmente, entre vários continentes, talvez por meio de encontros ao vivo. Quando as relações sociais se estabelecem, a comunicação à distância torna-se mais fácil e a aprendizagem é contínua.

TRABALHE COM AS UNIVERSIDADES LOCAIS

Muitos estabelecimentos de ensino podem personalizar programas de desenvolvimento a utilizar em universidades ou em instalações de empresas. O mais importante é reunir uma equipa de líderes de topo e de professores, de maneira que a aprendizagem seja relevante para a empresa. Muitos diretores executivos reúnem-se em equipa com um professor universitário para ensinar na universidade e até para fazer investigação e redigir ensaios. Andy Grove juntou-se a um professor em Stanford e, juntos, escreveram um ensaio pioneiro sobre a rutura interprofissional.

DIFERENCIE E EDUQUE

Se quiser diferenciar os seus líderes, é provável que fique com uma percentagem muito pequena de pessoas que possuem realmente o potencial de ascender ao nível mais elevado. As propinas dos programas de formação executiva nas escolas de gestão ou nos centros de formação de liderança

AS FERRAMENTAS DO MESTRE DO TALENTO

podem ser pagas para esses poucos eleitos. O problema é selecionar quem deve frequentar os cursos. Nem todos os líderes da GE vão para Crotonville. Deve estar disposto a fazer isto pelos seus melhores funcionários e não utilizar a formação como prémio de consolação para aqueles que ficam em segundo lugar ou que foram preteridos numa promoção.

SEIS MANEIRAS DE OS LÍDERES DOS RECURSOS HUMANOS SE TORNAREM PARCEIROS MAIS EFICIENTES

1. COMPREENDA A DINÂMICA DO SEU NEGÓCIO E DA INDÚSTRIA

Conheça as principais alavancas financeiras e operacionais que afetam a sua empresa. Para conquistar o respeito do diretor executivo e dos outros principais administradores, terá de compreender os problemas e desafios que enfrentam diariamente na empresa. Quando concentrar a atenção nas questões dos recursos humanos que têm impacto nos problemas dos outros administradores, encontrará um público muito mais recetivo.

2. CONSTRUA A SUA VISÃO E AS SUAS ESTRATÉGIAS DE RECURSOS HUMANOS EM TORNO DO MODELO DE NEGÓCIO

Muitos são os líderes de recursos humanos que ficam apaixonados por novas iniciativas que não têm impacto direto nos rendimentos da empresa. Podem ser engraçadas mas, se não afetam o desempenho da empresa, são exercícios não produtivos. Por exemplo, trabalhámos com uma empresa que tinha uma avaliação de 13 páginas do desempenho de todos os seus funcionários. Este processo de avaliação pode ter ganhado um prémio num concurso de recursos humanos pela sua amplitude, mas arreliou todos os líderes e todos os indivíduos avaliados. Foi um exagero absoluto e um desperdício de tempo para as pessoas que o deviam utilizar. Resumimos o documento em duas páginas e substituímos o jargão dos recursos humanos por uma linguagem empresarial, tornando-o mais prático e proveitoso.

3. TORNE-SE ALGUÉM QUE RESOLVE PROBLEMAS EM VEZ DE ALGUÉM QUE IDENTIFICA PROBLEMAS

Muitos profissionais dos recursos humanos pensam que a sua função consiste em descobrir problemas e confiá-los ao diretor de operações para que este os resolva. A verdadeira forma de os recursos humanos acrescentarem valor é aliviar os problemas da direção executiva em vez de os multiplicar. Bill Conaty empenhou-se pessoalmente em manter o seu diretor executivo informado sobre as questões delicadas que enfrentava e que podiam acabar por lhe chamar a atenção. Podia ser qualquer problema, desde retenções e promoções até compensações ou alegadas práticas erradas. Deixou claro que faria tudo o que estivesse ao seu alcance para resolver os problemas sem a intervenção do diretor executivo. Ao invés, na avaliação que fez da sua diretora de recursos humanos, um diretor executivo observou: «Gosto muito da diretora de recursos humanos como pessoa. Tem uma boa personalidade e é uma presença simpática. No entanto, sempre que temos uma reunião, levo a minha lista de problemas e ela traz a sua lista, e, no fim da reunião, acabo por ficar com as duas listas.» Este é o exemplo perfeito dos profissionais de recursos humanos que são muito bons a identificar problemas, mas não tão bons a resolvê-los. Tente ser a pessoa que é bem-vinda ao gabinete do diretor executivo, em vez de ser aquela que o diretor vê entrar e pensa: *Aí vem a Morte com mais um monte de problemas por resolver.*

4. LEVE O SEU TRABALHO A SÉRIO, MAS NÃO SE LEVE DEMASIADO A SÉRIO

Dado que o departamento de recursos humanos pode ser visto como o derradeiro árbitro da justiça, ao equilibrar as necessidades da empresa com a defesa dos funcionários, o seu estilo pessoal contribui fortemente para a recetividade das suas decisões. Se o diretor de recursos humanos projetar arrogância ou um estilo autoritário, a sua credibilidade afunda-se como uma pedra. Independentemente da natureza do seu problema, não se apoquente e conserve um bom sentido de humor para que o diretor executivo fique à vontade. Os diretores executivos já têm demasiada gente para os enervar; portanto, deve aligeirar as coisas. Mesmo nos momentos mais difíceis, tem de perceber que é apenas humano e que, ao manter-se calmo, tem muito mais hipóteses de resolver o problema. Muitos líderes operacionais são bastante sensíveis e emotivos. Este facto cria uma excelente oportunidade para um líder dos recursos humanos proporcionar uma sensação de equilíbrio e calma durante a tempestade.

5. TENHA A INDEPENDÊNCIA PESSOAL, AUTOCONFIANÇA E CORAGEM PARA, QUANDO NECESSÁRIO, ENFRENTAR OU DESAFIAR O SISTEMA

Não aceite cegamente qualquer ordem. Deve perceber que o pensamento dos diretores executivos não é infalível só porque recebem o salário mais chorudo. Mas esteja atento às oportunidades. Uma das principais razões por que Bill Conaty foi nomeado vice-presidente dos recursos humanos da GE, em 1993, foi Jack Welch ter valorizado o facto de Conaty ter desafiado o sistema durante uma das maiores crises que a empresa enfrentou relacionada com a integridade de vários altos funcionários. A GE tinha de demitir e castigar grande número de executivos, e Conaty achava que a empresa devia diferenciar o castigo com base no envolvimento do indivíduo na questão e nos contributos anteriores. Teria sido mais fácil tratar todos os envolvidos da mesma maneira, mas Conaty não achava isso correto e exprimiu a sua opinião. Não estava seguro de como o seu ponto de vista seria recebido, mas manteve-se firme e disse o que pensava. Foi uma das várias vezes em que pôs o emprego em risco. Em algumas empresas, podia ser demitido, e estava preparado para essa possibilidade. Mas isso não acontecia na GE, onde a franqueza, a coragem e as convicções eram bastante valorizadas. No fim, aqueles que mereciam ser demitidos foram demitidos, enquanto os outros com menor envolvimento foram devidamente castigados. Toda a administração ficou contente com o resultado. Outra lição para os líderes dos recursos humanos é a seguinte: no caso daqueles que se mantêm fiéis aos seus valores e às suas convicções, estes momentos podem beneficiar ou prejudicar a carreira. No caso de Conaty, impulsionaram a sua carreira.

6. NUNCA SE ESQUEÇA DA RAZÃO POR QUE DETÉM O SEU CARGO

Os líderes dos recursos humanos têm a obrigação de equilibrar o seu forte papel de parceiros da empresa com a função de defesa dos funcionários. No entanto, os líderes dos recursos humanos não podem ser vistos como

AS FERRAMENTAS DO MESTRE DO TALENTO

capachos do diretor executivo, pois perderão a credibilidade e a objetividade em toda a organização. Se for visto como uma extensão direta do diretor executivo, as pessoas filtrarão a mensagem. Trata-se de um equilíbrio muito delicado em que, por vezes, um líder dos recursos humanos resvala demasiado para o papel de parceiro da empresa e negligencia a defesa dos funcionários. Os diretores executivos não precisam de outro especialista financeiro ou operacional, pois já existem muitos funcionários com essas funções. Contudo, necessitam de um líder que pense nas implicações que as suas decisões têm no pessoal. Um dos melhores elogios que Bill Conaty alguma vez ouviu veio de Brian Rowe, ex-diretor executivo do setor de aviação da GE. Tudo se passou em 1993, quando Conaty deixou o setor da aviação para assumir a direção dos recursos humanos da GE. Trabalhara durante três anos com Rowe, entre 1990 e 1993, e, na festa de despedida de Conaty, o comentário de Rowe foi o seguinte: «Foi a primeira pessoa dos recursos humanos que conheci que se preocupava realmente com os seres humanos.» Por conseguinte, eis o último conselho para os líderes dos recursos humanos: nunca se esqueçam dos «humanos» nos recursos humanos.

COMO GARANTIR SUCESSÕES TRANQUILAS

As empresas que querem garantir sucessões tranquilas devem, antes de mais, conhecer bem o seu negócio e os seus líderes. Esta intimidade permitir-lhes-á prever o momento em que um líder está preparado para deixar determinado cargo e quem está preparado para o substituir. No entanto, a sucessão do diretor executivo e de outros cargos de topo requer uma vigilância excecional e o forte envolvimento do conselho de administração, que tem a responsabilidade de decidir sobre a sucessão do diretor executivo e que deve refletir profundamente sobre os outros cargos mais importantes.

A SUCESSÃO DO DIRETOR EXECUTIVO

Ao longo deste livro, enfatizámos a importância de se conhecer intimamente os líderes a fim de apoiar o talento de uma pessoa e de a ajudar a desenvolver-se. O mesmo se aplica ao cargo de diretor executivo. O conselho de administração, que escolhe o diretor executivo, tem de conhecer bem todos os candidatos. Este é um forte argumento para escolher alguém da empresa, algo que os mestres do talento fazem quase sempre. A P&G e a Goodyear são bons exemplos recentes de um plano bem orquestrado de sucessão interna do diretor executivo.

Graças à qualidade e diversidade dos seus quadros de líderes, os mestres do talento têm mais do que um candidato viável para o cargo de topo. O conselho de administração e o diretor executivo que está de saída conhecem bem todos os candidatos e, por isso, têm uma ideia clara dos talentos específicos que poderão trazer para o cargo.

AS FERRAMENTAS DO MESTRE DO TALENTO

O conselho mais importante em relação à sucessão é, portanto, construir talento em toda a sua organização seguindo os princípios delineados neste livro. Procure o potencial de diretor executivo entre os seus recrutas mais novos e acelere o seu crescimento oferecendo-lhes cargos que constituam grandes saltos, e não mudanças progressivas. À medida que os líderes ascendem a cargos mais importantes, crie oportunidades para que o conselho de administração os conheça, através de iniciativas como apresentações, jantares e visitas às instalações. Uma prática original da Tyco Electronics consiste em dedicar duas horas de todas as reuniões da Comissão de Compensação e de Desenvolvimento da Gestão a uma unidade da empresa, cujos líderes apresentam e falam da estrutura da organização futura da sua unidade, dos requisitos da capacidade de liderança e dos principais funcionários dos dois níveis mais elevados. A comissão aprende bastante sobre o pessoal de cada unidade da empresa, incluindo sobre aqueles que podem ser futuros diretores executivos. Alguns membros das unidades da empresa assistem também à reunião do conselho e são convidados para *cocktails* e para jantar com o conselho, onde um ou dois diretores se sentam com os líderes para os conhecerem. Esta prática é repetida todos os anos.

Nas empresas mestres do talento, o departamento de recursos humanos apresenta relatórios anuais ao conselho de administração sobre a composição geral da liderança da empresa, mas também apresenta ao conselho líderes individuais vários níveis abaixo do diretor executivo. Deste modo, os membros do conselho de administração desenvolvem o seu conhecimento e a sua intimidade com esses líderes. Um benefício adicional é o facto de os diretores terem frequentemente boas ideias sobre o pessoal e poderem dar sugestões úteis sobre o modo de desenvolver ainda mais o talento de uma pessoa. Esta intimidade permite que o conselho de administração atue rapidamente se, de forma inesperada, a empresa perder o seu diretor executivo.

As empresas nas quais o desenvolvimento da liderança é, de certo modo, improvisado podem seguir estes passos para aperfeiçoar o processo de seleção do próximo diretor executivo.

DOIS OU TRÊS ANOS ANTES

- Reserve tempo para que o conselho de administração, o diretor executivo e o diretor de recursos humanos identifiquem e discutam todos os potenciais candidatos ao cargo de diretor executivo. Não se fixe prematuramente em um ou em dois candidatos e não olhe apenas para as relações diretas do diretor executivo. Faça deste aspeto um ponto urgente da ordem de trabalhos do conselho de administração. Peça aos recursos humanos que reúnam uma pasta de informações sobre cada indivíduo.

- Fale sobre os desafios que a empresa enfrentará num futuro próximo e a longo prazo, a fim de clarificar as aptidões e qualidades necessárias no futuro diretor executivo. Integridade elevada, caráter forte e boas capacidades de comunicação devem ser qualidades necessárias, mas não são suficientes para o cargo em questão.
- Permita que as necessidades emergentes da empresa reduzam o leque de candidatos. Não se deixe dominar por antigos contratos psicológicos, por lealdades ou pelo desempenho passado. O diretor executivo, o diretor de recursos humanos e o conselho de administração devem lembrar-se mutuamente de olhar para o futuro.
- Continue a criar oportunidades para que o conselho de administração conheça os candidatos em ambientes variados. Introduza mudanças de cargos ou crie novos cargos para testar as capacidades de um candidato. É a altura em que as empresas funcionalmente organizadas querem testar os líderes com conhecimentos especializados num cargo financeiro, mesmo que isso signifique criar esse cargo.
- Se a lista de candidatos potenciais cujos talentos correspondem às necessidades do cargo for curta, procure pessoas de fora, enquanto há ainda tempo para testá-las em cargos abaixo do nível de diretor executivo.

QUANDO A SAÍDA DO DIRETOR EXECUTIVO ESTÁ IMINENTE

- Leve o conselho de administração a passar meio dia a determinar a situação da empresa e a definir as capacidades e características absolutamente essenciais do próximo líder. Estes são os critérios não negociáveis para o cargo. A Comissão de Compensação e de Desenvolvimento da Gestão pode tomar a liderança, mas todo o conselho deve envolver-se na discussão.
- Compare cada um dos candidatos finais com os critérios não negociáveis. Na maioria dos casos, um dos candidatos será mais adequado

do que os outros. Certifique-se de que identifica as fraquezas potenciais deste candidato e pense em formas de as compensar (lembre-se de como a GE procurou o apoio do vice-presidente das operações quando nomeou Jim Campbell para a direção do setor de eletrodomésticos).

QUANDO A LISTA DE CANDIDATOS INTERNOS É CURTA

- O mundo está em rápida mutação, o que significa que até os mestres do talento podem não ser capazes de produzir um diretor executivo preparado para levar a empresa para o nível seguinte. As empresas mais pequenas ou as que não têm oportunidades de cargos financeiros para os seus líderes podem não ter alternativa senão procurar um líder no exterior. Os conselhos de administração começam então à procura de talentos para preencher a vaga. No entanto, o conselho de administração tem de controlar o processo de seleção e não deve delegá-lo às firmas de recrutamento.
- Arranje tempo para clarificar os critérios essenciais ou não negociáveis e explique-os ao pessoal responsável pelo recrutamento. Peça-lhes que anotem nos perfis dos vários candidatos como é que cada indivíduo cumpre esses critérios. Através deste filtro, reduza o campo de seleção.
- Convença o conselho de administração a entrevistar dois ou três candidatos finais, destacando dois ou três diretores para uma reunião com um dos candidatos. Em seguida, os diretores podem reunir as suas observações e impressões. Recorde-se do valor das observações múltiplas e insista nos factos específicos para evitar as tendências pessoais e as primeiras impressões superficiais.
- Torne a verificação de referências tão rigorosa como as outras formas de diligência devida. Faça perguntas contundentes para perceber melhor o comportamento e os valores da pessoa, bem como as suas aptidões. Pesquise além do registo pessoal para saber como esse desempenho foi alcançado.
- Permita que o conselho de administração fale sobre todos os candidatos, identificando os seus talentos particulares e a sua adequação à empresa.

MESTRES DO TALENTO

A ESPECIFICIDADE E A *NUANCE* FAZEM A DIFERENÇA

Quando é altura de escolher o próximo diretor executivo, o processo de sucessão deve levar o conselho de administração a desafiar os preconceitos e a alcançar uma compreensão coletiva do cargo e dos candidatos. A sucessão, tal como outros aspetos da gestão do talento, é fundamentalmente um processo social. O foco deve incidir no rigor do diálogo e na partilha de múltiplas perspetivas, dos quais emergirá um conhecimento mais definido e mais rigoroso do cargo, do seu contexto e dos candidatos.

DEFINA O CARGO EM TERMOS ESPECÍFICOS

Cada cargo de direção executiva apresenta um conjunto único de desafios. O conselho de administração tem de saber quais serão esses desafios nos próximos anos – um objetivo difícil num mundo em constante mudança, mas um pré-requisito para encontrar o diretor executivo com mais hipóteses de ser bem sucedido. É fácil dizer que ninguém pode prever o futuro, mas o conselho de administração deve pensar em vários cenários possíveis e perguntar: «Que devemos fazer para ter êxito nestas condições?» A resposta surgirá graças à discussão de grupo, e esta discussão deve continuar até que a resposta se reduza a três, quatro ou cinco critérios específicos.

Todos os diretores executivos devem ter um certo número de características desejáveis. Logo que começaram a procurar um sucessor para Jack Welch, Bill Conaty, o próprio Jack e Chuck Okasky criaram um perfil do «Diretor Executivo Ideal» (ver p. 279). Sabiam que o próximo diretor executivo não preencheria todos os requisitos; nenhum ser humano seria capaz disso. A descrição estabelecia um padrão elevado, mas não definia por si só o futuro diretor executivo. De forma similar, muitas empresas listam qualidades que devem ser consideradas «garantidas», aspetos como a integridade e a capacidade de comunicar e de motivar as pessoas.

O conselho de administração tem de ir além destes exercícios para definir o conjunto específico de critérios não negociáveis. Estes serão provavelmente uma mistura de aptidões, experiência, capacidades e características pessoais. Consideremos o exemplo de uma companhia de seguros de saúde em 2010. O conselho de administração pode perguntar: «O que será necessário para se ser bem sucedido como diretor executivo no ambiente dinâmico e politicamente inflamado da saúde, e o que pensamos sobre a orientação atual da empresa?» O crescimento pode ser imperativo por razões competitivas e para os acionistas, mas o panorama da saúde está a mudar e as preocupações sociais estão a ganhar voz. Um diretor executivo teria de criar inovação e de aumentar a produtividade, teria de poder participar na elaboração das políticas da empresa, teria de estar orientado para o consumidor e teria de liderar uma mudança organizacional. Pode não ser fácil encontrar alguém com estas capacidades, mas, sem elas, a empresa irá ressentir-se. Uma grande empresa fabril cuja procura doméstica está a diminuir pode necessitar de criar mercados noutras regiões geográficas. Neste caso, a experiência na liderança de expansão do mercado, a capacidade de trabalhar com governos estrangeiros e a disposição de correr riscos podem ser critérios não negociáveis para o próximo diretor executivo. Uma empresa que tenha falhado vários objetivos financeiros nos últimos anos pode ter de restabelecer a sua credibilidade na bolsa. A capacidade de negociar com investidores e analistas pode ser neste caso um critério não negociável.

O ponto essencial é o seguinte: quando o conjunto de critérios para a contratação de um novo diretor executivo é parecido com o de qualquer outra empresa, o conselho de administração não fez bem o seu trabalho. É preciso tempo, mas o conselho tem de continuar a discutir até conseguir isolar a lista de características óbvias e desejáveis do punhado de critérios que são absolutamente necessários.

ATENTE ÀS *NUANCES* DA PESSOA

É vulgar os diretores pensarem que conhecem os candidatos a diretor executivo melhor do que realmente conhecem. Não cometerão este erro se aprofundarem devidamente os seus conhecimentos sobre as pessoas e, em especial, se todos os membros do conselho de administração estiverem profundamente envolvidos no processo. Aqueles que pertencem à comissão de procura podem conceber e liderar o processo de seleção de um novo diretor executivo, mas todos os diretores devem conhecer os candidatos e participar na tomada da decisão final. Insistimos no nosso conselho para que os conselhos de administração se familiarizem com os candidatos internos ao longo de muitos anos, mas, mesmo quando a empresa tem vários candidatos internos para a sucessão do diretor executivo e quando os diretores pensam que os conhecem bem, o conselho deve abordar a decisão com ideias claras e espírito aberto. Quando os diretores se retiram e refletem como um grupo, acontecem coisas incríveis: as opiniões preconcebidas desaparecem, as ideias tornam-se mais profundas e as correspondências ou não correspondências com os critérios não negociáveis tornam-se claras como água. Os diretores chegam quase sempre a uma conclusão unânime.

O DIRETOR EXECUTIVO IDEAL

Cinco anos antes da aposentação de Jack Welch, os líderes da GE elaboraram uma lista dos critérios para um suposto diretor executivo ideal. É muito provável que não encontre o Sr. Perfeito (se o encontrar, avise-nos), mas é uma lista útil de qualidades a procurar.

INTEGRIDADE/VALORES

Integridade inquestionável; capacidade de moldar os valores e a cultura da empresa. Encarna os valores em todas as interações pessoais.

EXPERIÊNCIA (EXTENSA, PROFUNDA E GLOBAL)

Experiência empresarial extensa e global; gestão bem sucedida de vários negócios do ciclo, domínio necessário dos princípios empresariais; por exemplo, acuidade financeira; mercados/clientes; tecnologia; operação ilimitada dos processos fundamentais da empresa. Capacidade comprovada para criar/aumentar o valor do acionista.

VISÃO

Uma capacidade visionária para imaginar e criar novos paradigmas e oportunidades futuras... para ir além do saber convencional... para reinventar... para passar ao segundo ato, ao terceiro ato, etc.

LIDERANÇA

Capacidades excecionais de liderança (em todas as dimensões); atrai, entusiasma, estimula e motiva os melhores para se aperfeiçoarem continuamente e alcançarem níveis extraordinários de realização. É capaz de dar uma sequência eficiente à agenda de ação do diretor executivo. Compreende a necessidade de se estabelecer um registo de resultados antes de avançar com os programas «sociais». Tem de pôr as ações concretas à frente das iniciativas mais abstratas (por exemplo, a reestruturação vem antes do reequilíbrio financeiro).

CARACTERÍSTICAS VANTAJOSAS

Apetite insaciável por maior conhecimento/perspetiva. Excelente ouvinte. Distingue eficientemente os factos; intuição prática em relação à velocidade/ impacto; boa capacidade de julgar; convicções fortes; defesa corajosa dos pontos de vista, mas disposto a revê-los e a reconsiderá-los. Decisor eficiente. Seleciona e promove o envolvimento pessoal para obter proveitos maiores.

ESTATUTO

Estadista, carisma, presença, charme; adapta eficientemente a personalidade/estilo a situações diferentes; tido em alta estima por vários grupos.

JUSTIÇA

Profundamente empenhado na «justiça». O equilíbrio, a objetividade e a sabedoria necessárias para fazer julgamentos importantes sobre as pessoas e a empresa.

ENERGIA/EQUILÍBRIO/CORAGEM

Boa saúde física e equilíbrio emocional. Grande resistência. Mais do que resistente... trabalha bem sob pressão. Confortável com avaliações minuciosas. «Estômago» para fazer apostas elevadas. Compreende todos os elementos e todas as partes envolvidas na gestão de crises. Tem a honestidade intelectual e a franqueza requeridas para estabelecer credibilidade e resolver eficiente e atempadamente os problemas.

A SUCESSÃO NOUTROS ALTOS CARGOS DE LIDERANÇA

Os mestres do talento aplicam o mesmo rigor e a mesma intensidade às decisões de sucessão em todos os seus altos cargos de liderança. O planeamento com vários anos de avanço, sem se fixar em qualquer pessoa, assegura que líderes fortes ascendam a esses cargos, preparados para desenvolver as bases criadas pelos antecessores.

Ironicamente, muitas empresas fazem um trabalho particularmente mau em relação ao planeamento da sucessão no departamento de recursos humanos. É perturbador ver que muitas empresas de grande dimensão procuram pessoas no exterior para preencher vagas nos recursos humanos, devido à falta de visão para desenvolver pessoal da própria empresa. Não há dúvida de que os funcionários da empresa consideram desmoralizador saber que só podem subir até certo limite e que o cargo mais elevado está fora de alcance. Em empresas como a GE e a P&G, isto não acontece, mas a lista encolhe muito mais do que nas outras.

Na GE, Bill Conaty sempre soube que era sua obrigação desenvolver três ou quatro líderes dos recursos humanos, de modo que estivessem preparados para ser promovidos na altura certa. Não admira que tantos antigos funcionários dos recursos humanos da GE tenham sido recrutados para cargos de topo desta área noutras empresas. Graças ao desenvolvimento de que beneficiaram na GE, têm disponível um grande mundo de oportunidades. É uma das partes da proposta de valor que torna tão atrativa a ideia de trabalhar na equipa de recursos humanos da GE. Dennis Donovan foi para a Raytheon, para a Home Depot e para a Cerberus; Bob Colman foi para a Delta; Brian McNamee para a Amgen; Joe Ruocco para a Goodyear; Laszlo Bock para a Google; Eileen Whelley para a Hartford; Rino Piazzolla para o UniCredit; Mark Mathieu para a Stanley Works; e Bob Llamas para a AC Nielsen, só para referir alguns. De facto, a GE tem um grupo ativo de centenas de antigos funcionários dos recursos humanos que se iniciaram na GE e que permanecem fiéis e orgulhosos da herança desta empresa.

Jeff Immelt e Bill Conaty passaram anos a analisar e a discutir o plano pessoal da sucessão de Conaty. Immelt tratou-a da mesma maneira que uma sucessão do diretor executivo. A intensidade aumentou nos dois últimos anos de Conaty no cargo, enquanto este e Immelt desenvolviam uma lista de fatores que consideravam críticos para as especificações futuras da função e vigiavam constantemente os pontos fortes e fracos de cada candidato. Mantiveram o conselho de administração da GE envolvido e tranquilo ao longo de todo o processo.

Reconheciam que o papel dos recursos humanos numa empresa mestre do talento exige aptidões e capacidades distintas da função usual dos recursos humanos, e o processo de sucessão tinha de refletir essa realidade. Estabeleceram as exigências desejáveis para o cargo e, a partir destas, deduziram os critérios. Esta busca levou à nomeação de John Lynch, o mais capacitado de um grupo de profissionais altamente capazes do departamento de recursos humanos.

A GE começou por identificar as tendências futuras e os problemas que o próximo vice-presidente dos recursos humanos iria enfrentar. A GE continuaria a ser uma empresa competitiva e entusiasmante, e os recursos humanos continuariam a ser um parceiro empresarial credível, visível e criador de valor. Os recursos humanos têm de continuar a atrair, a desenvolver e a reter os melhores talentos diversos e globais, e construir um canal de liderança, antecipando as necessidades da empresa e fazendo da GE uma fonte dos melhores profissionais do mundo. As iniciativas e os resultados dos recursos humanos têm de ser indissociáveis da empresa. E o próprio departamento tem de desenvolver talentos de classe mundial com aptidões funcionais e especialização empresarial, ao mesmo tempo que deve continuar a defender os funcionários.

Alguns desafios específicos deviam ajudar a promover o crescimento da GE, a acelerar a sua globalização, atrair e reter grandes talentos diversos, apesar da competição cada vez maior por estes profissionais; deviam também ajudar a empresa a lidar com os sistemas de compensação e de recompensa numa economia de crescimento lento, a lidar com os custos crescentes herdados dos cuidados de saúde e das pensões e a ser uma fonte de formação e de aferição, em especial para os líderes de nível mais elevado.

Esta compreensão profunda e específica da função conduziu à elaboração de um conjunto igualmente específico das características que o novo diretor dos recursos humanos deve ter:

- Confiança da equipa de administração
- Adaptado aos diretores executivo e financeiro
- Capacidade de ser o rosto externo da GE
- Excelente identificador de talento
- Operador global
- Pensador clarividente e líder de mudança, com aptidão estratégica
- Enorme capacidade de resolução de problemas complexos
- Especialização operacional
- Decisivo, com coragem para tomar decisões difíceis
- Capacidade de reter a equipa de recursos humanos

COMO O *FEEDBACK* DEVE SER

Dissemos que o *feedback* e o aconselhamento são marcas dos mestres do talento e que esse *feedback* deve ser franco e específico. Utilizamos aqui um dos métodos de Jack Welch – a carta manuscrita que envia aos líderes após cada avaliação – para explicar o que queremos dizer. Jeff Immelt, atual diretor executivo da GE, prossegue esta prática.

Apresentamos aqui dois excertos das cartas que Welch escreveu a Bill Conaty após algumas das suas análises.

Caro Bill,

Parabéns pelo início sensacional. O seu bónus de incentivo reflete o que sentimos por si – e isto é apenas o começo. As suas características de «pessoa real» são exatamente aquilo de que a empresa necessita.

Bill, o desafio, a meu ver, consiste simplesmente em «atualizar o talento» – não apenas o seu; teve um bom início neste aspeto –, mas no terreno. Temos demasiados veteranos que não são suficientemente bons no segundo nível. Pior do que isso, matam os nossos valores com as suas mentalidades antiquadas.

No próximo ano, as suas Sessões C mais importantes poderão ser as sessões no terreno sobre os recursos humanos. Gostaria de vê-lo a esforçar-se por atualizar esta multidão – mesmo que tenham «pastas sobre a sua equipa».

Bill, você é um excelente membro da equipa e estou realmente contente por tê-lo connosco.

Cumprimentos,
Jack

Clareza e especificidade: Welch deixa muito claro aquilo em que espera que Conaty se concentre no próximo ano e as suas razões para tal.

Tom: Direto, mas amistoso. A carta vai direta ao assunto. Está redigida numa linguagem quotidiana.

Mensagem subjacente: «És apreciado. Tens de fazer algumas mudanças que podem ser desconfortáveis. Conta com o meu apoio.»

Caro Bill,

Parabéns pelo seu ano. Você é o melhor que já vi nas suas funções. Obrigado pela sua ajuda.

Bill, o seu desafio continua a ser o mesmo – melhores pessoas em mais cargos. Bom trabalho na Industrial. Precisamos de novos talentos seme-lhantes nos segundos níveis da empresa. Todos os que estão no seu campo de relações têm de ser os melhores – continue a separar o trigo do joio.

A questão é: onde está o próximo Bill Conaty? Como podemos pô-lo mais cedo em posições visíveis? Está a trabalhar a 150 por cento – por favor, exija o mesmo a todos os que o rodeiam!

Mais uma vez, parabéns e obrigado por um ano sensacional.

Cumprimentos,
Jack

Clareza e especificidade: Faça mais mudanças do mesmo género que fez na Industrial.

Tom: A mesma linguagem direta e clara.

Mensagem subjacente: «Mestres do talento. A sucessão nos recursos humanos é importante e urgente. És apreciado.»

ARMADILHAS DA LIDERANÇA

Tendo participado em inúmeras análises de talento e observado muitos líderes ao longo de várias décadas, deparámo-nos com muitos aspetos que impedem o desenvolvimento dos líderes com elevado potencial. Listamos aqui os mais comuns, que devem ser levados em conta pelos mestres do talento e pelos líderes individuais.

- Falhar no desempenho ou nos valores, empenho a mais e resultados a menos
- Orientação demasiado interna
- Resistir à mudança, não aceitar novas ideias
- Ser bom a identificar problemas, em vez de ser bom a resolvê-los
- Conquistar o respeito do diretor executivo, mas não o do grupo de colegas
- Estar sempre preocupado com a próxima mudança na carreira em vez de se concentrar no presente
- «Pôr-se a jeito para o cargo» – o que é totalmente transparente para todos
- Ser pretensioso e rígido, sem sentido de humor
- Falta de coragem para enfrentar o sistema
- Não desenvolver o seu próprio plano de sucessão
- Não crescer, ser complacente
- Não acompanhar a velocidade nem o caráter da mudança externa

LIÇÕES APRENDIDAS SOBRE O DESENVOLVIMENTO DO TALENTO E DA LIDERANÇA

Eis um sumário daquilo que aprendemos sobre a liderança e o seu desenvolvimento ao longo dos anos:

- Os valores pessoais e os da empresa devem ser compatíveis.
- Atrair, desenvolver e reter o talento de classe mundial é uma tarefa infindável.
- A franqueza e a confiança no sistema são fundamentais.
- Em relação às necessidades de desenvolvimento, pense mais nas lacunas do que nas falhas fatais.
- A diferenciação cria a meritocracia, mas a igualdade cria a mediocracia.
- Uma cultura do desempenho tem consequências – boas ou más.
- Os grandes líderes desenvolvem bons planos de sucessão.
- Lidar com a adversidade desenvolve e ilumina.
- As grandes organizações necessitam de comunicações simples, concentradas e consistentes.
- A aprendizagem contínua é fundamental para o êxito.
- Os grandes líderes equilibram a paixão e a compaixão.

COMENTÁRIO FINAL: APERFEIÇOE A SUA HABILIDADE

Muitos dos aspetos em que acreditamos e que recomendámos aos leitores deste livro baseiam-se nas nossas décadas de experiência em grandes empresas enquanto consultores e funcionários. O nosso conselho aos líderes que queiram tornar-se mestres do talento é simples. No entanto, é simples como o conselho de um profissional de golfe: aplique um *swing* bom, suave e ritmado na bola e siga em frente. Agora sabe o que tem de fazer, mas necessitará de um esforço determinado para desenvolver o *swing* que os mestres de golfe fazem com facilidade.

A mestria do talento requer o mesmo rigor e a mesma consistência para desenvolver as suas aptidões – neste caso, identificar, desenvolver e reter o talento de que necessita para ter uma vantagem competitiva. Exige processos e recursos dedicados. Acima de tudo, requer empenho total. Enquanto líder de uma empresa, é o seu envolvimento incondicional que impulsionará a prática e a cultura da mestria do talento na organização. Sem isso, o líder e o seu pessoal estarão presos no mato. Falámos há pouco tempo com um amigo que fora recentemente nomeado diretor executivo de uma empresa. A mestria do talento é o seu objetivo e, em poucos meses, ele teve um grande começo. No entanto, disse ele, percebeu rapidamente que, se se fosse embora, tudo acabaria – o resto da sua equipa não tinha o poder de conservação. «Não estamos a falar de uma iniciativa», afirmou ele. «Tem de se tornar um elemento institucionalizado e parte da cultura – um conjunto de regras escritas e implícitas que determina aquilo que as pessoas fazem quando ninguém está a olhar.»

A nossa premissa básica de pôr as pessoas à frente dos números é fundamental para se ser um mestre do talento, uma vez que os resultados operacionais e financeiros decorrem sobretudo de se ter as pessoas certas

AS FERRAMENTAS DO MESTRE DO TALENTO

nos cargos certos para criarem e executarem a estratégia da empresa. E os mestres do talento reconhecem que só a intimidade entre os líderes poderá engendrar a franqueza e a confiança mútua essenciais para desenvolver a capacidade organizacional. Sem uma prática disciplinada, esse *swing* será sempre desequilibrado e falível.

AGRADECIMENTOS

Tivemos o privilégio de, ao longo das nossas carreiras, trabalhar e aprender com muitos dos melhores líderes mundiais de empresas. Muitos deles foram pioneiros no desenvolvimento de líderes e, por isso, aumentaram a longevidade das suas organizações. Todos eles são profissionais exemplares, que, no seu trabalho diário, demonstram paixão e empenho em ajudar os outros a realizar os seus potenciais de liderança. Os seus esforços criam realmente valor para as suas empresas e para a sociedade como um todo.

Gostaríamos de agradecer o enorme apoio que recebemos das seguintes pessoas, que foram tão generosas com o seu tempo e com os seus comentários. Na Agilent Technologies: Bill Sullivan, Ron Nersesian, Niels Faché, Adrian Dillon, Jean Halloran, Teresa Roche, Christine Landon e Amy Flores. Na Clayton, Dubilier & Rice: Joe Rice, Don Gogel e Tom Franco. Na GE: Jeff Immelt, Mark Little, Omar Ishrak, Jim Campbell e Gary Sheffer. Na Goodyear: Bob Keegan, Rich Kramer e Joe Ruocco. Na Hindustan Unilever: Vindi Banga e Nitin Paranjpe. Na LG Electronics: o diretor executivo Yong Nam e Pete Stickler. Na Novartis: Dr. DanVasella, Joe Jimenez, Kim Stratton, Dr. Mark Fishman, Thorsten Sievert, Juergen Brokatzky-Geiger, Kevin Cashman, Kathy Bloomgarden e Elizabeth Flynn. Na P&G: A. G. Lafley, Bob McDonald, Dick Antoine, Moheet Nagrath, Deb Henretta, Melanie Healey e Laura Mattimore. Na TPG: Jim Williams. No UniCredit: Alessandro Profumo, Rino Piazzolla, Anish Batlaw e Anna Simioni.

Ao descrevermos os sistemas de desenvolvimento de liderança na GE e, em particular, os valores e os processos sociais que os tornam tão eficientes, recordaram-nos os enormes contributos que Jack Welch deu nesta área. Welch compreendeu intuitivamente a importância de desenvolver o potencial das pessoas e revolucionou verdadeiramente o conceito de desenvolvimento de liderança em todo o mundo.

O nosso editor, John Mahaney, foi um parceiro bastante pragmático durante o processo de escrita. Estamos gratos por termos contado com o benefício da sua inteligência, dos seus sábios conselhos editoriais e da sua visão e apoio persistentes ao longo de todo este trabalho. Nenhum editor é mais dedicado à sua profissão.

Geri Willigan foi o cimento que nos manteve unidos e que nos fez avançar. Ajudou-nos com os seus contributos para a conceção, pesquisa, escrita e edição deste livro, e manteve-nos concentrados no essencial através dos altos e baixos. Agradecemos-lhe muito; chegámos à meta.

Queremos também agradecer a Charlie Burck, cujo interesse numa compreensão mais profunda nos ajudou a retirar as lições das nossas próprias experiências, bem como das dos outros. Dominou o tema e usou a sua tendência para o pormenor e para o rigor, bem como a sua grande habilidade de escrita, para dar vida às histórias contadas neste livro.

Hilary Hinzmann e Doug Sease deram um grande apoio editorial em momentos críticos, esboçando algumas secções com a facilidade dos profissionais experientes que são. Foi um prazer trabalhar com eles.

Por último, mas não menos importante, agradecemos a Cynthia Burr e a Carol Davis, da Charan Associates, que geriram a logística complexa do projeto com grande cuidado e competência.

ÍNDICE REMISSIVO

ABN AMRO (banco), 170
aconselhamento, 50, 165, 183, 230, 249, 284
agente de mudança nomeado, 163
Agilent Technologies, 12, 30, 95, 148, 291
  capacidade organizacional, 160-163
  desenvolvimento de oportunidades para o pessoal, 154-158
  Electronic Measurement Group, 12, 149, 154, 165
  Enterprise Curriculum, 150
  especialidade técnica, 95
  liderança, 147-167, 250, 253-254
  nova espécie de diretores-gerais, 147--167
ambiguidade, 6, 145, 153
Ames, Chuck, 228
Antoine, Dick
  e Henretta, 123-125
  na P&G, 128, 131, 133, 136-137
  nos recursos humanos, 122, 142-143, 258-259
  sobre a base de dados da P&G, 252
Apple, 13-17
aprendizagem, 239, 243
  com os colegas, 265-267
  contínua, 92-93, 249-250, 264
  experimental, 216, 218, 264
  na Hindustan Unilever, 103-106
  relevante para a empresa, 267

  Simioni sobre, 223-224
  ver também John F. Welch Learning Center
aprendizagem experimental, 122, 216, 218, 264
aptidão, 17, 23, 122, 144, 176, 180, 250, 283
aptidões, 12, 13, 24, 46, 56, 100, 104, 106, 112, 117, 121, 124, 125, 127, 132, 135, 136, 137, 143, 145, 153, 156, 171, 179, 189, 192, 199, 203, 210, 215, 216, 218, 223, 234, 237, 241, 245, 250, 252, 253, 257, 274-276, 282, 288
Ásia, 29, 117, 123, 125, 127, 134-137, 193, 233, 249, 251
aspiração, 44, 112, 236
assimilação cultural, 247
AT&T, 16
ausência de fronteiras, 69
autoconfiança, 51, 65, 78, 116, 140, 170, 171, 194, 251, 270
autoconsciência, 167, 171-175, 180-184
autodesenvolvimento, 257
avaliações
  do negócio, 250, 252-254
  do pessoal, 237-238, 252-254
  estratégia, 49-50
  financeiras, 131
  formais, 237-238, 252-253
  individuais, 49

MESTRES DO TALENTO

informais, 237
inovação, 129
na Agilent, 161
na CDR, 229-230
na GE, 49-50, 53-54, 250
na LGE, 237-238
na P&G, 250
talento, 28, 49-50, 128, 175, 221, 261-
-263
avaliações financeiras, 130
Avaliações psicológicas, 182

Ballmer, Steve, 124
banca, 195, 209, 210, 223, 225, 226
Banga, Vindi, 31, 98, 102-106, 108-111,
113-117, 197, 198, 232, 291
Banks, Charlie, 229
Barclays, 170
base de dados, 17, 66, 132, 133, 252, 262
base de dados computorizada dos funcio-
nários, 131-134
base de dados dos funcionários, 262
Batlaw, Anish, 233, 291
Berges, Jim, 229
boas práticas, 231
Bock, Laszlo, 281
Boland, James C., 219
Bransfield, Steve, 77
Brasil, 138-140, 142, 144, 145, 166
Bridgestone, pneus, 190
Brokatzky-Geiger, Juergen, 175, 177, 179,
291
Buffett, Warren, 171
Bull, Reg, 237

caçadores de talentos, 275
Calhoun, Dave, 46, 47, 57, 93, 198
Campbell, Jim, 42-47, 92, 275, 291
CAP, *ver* «Workout and Change Acceleration Process»
capacidade, 12, 21-26, 28, 30, 32, 44, 47,
54, 56, 73, 78-80, 89, 91, 98-100, 102,
103, 108, 113, 121-125, 127, 129-131,
133, 135-137, 139, 141, 143-145, 148-
-151, 153, 154, 156, 160, 163, 165, 166,

169, 174, 175, 180, 183, 184, 189, 190,
193, 194, 197, 199, 206, 207, 210, 211,
214, 216, 218, 223, 229, 230, 234, 236,
237, 239, 242, 245, 246, 248-251, 253,
257, 259, 262, 173, 274, 276, 277, 279,
280, 282, 283, 289
características, 11, 15, 17, 22, 23, 24, 43, 49,
56, 79, 85, 143, 144, 150, 151, 160, 161,
163, 192, 214, 235, 238, 246, 247, 250,
274, 276, 277, 280, 282, 284
características pessoais, 144, 250, 276
caráter, 17, 18, 27, 73, 113, 114, 131, 143,
171, 274
carisma, 113, 183, 280
CDR, *ver* Clayton, Dubilier & Rice
Cerberus, 31, 76, 281
China, 69, 90, 123, 144, 166, 220, 233
Clayton, Dubilier & Rice (CDR)
lições da GE, 227-231
participações privadas, 31-32, 197-198,
210-211, 233
práticas dos recursos humanos, 231-232
Coffin, Charles, 50
Cohade, Pierre, 193
colegas, 5, 23, 65, 86, 92, 101, 109-112,
137, 141, 142, 145, 170, 175-180, 184,
207, 226, 266, 286
Colman, Bob, 281
compensação, 71, 78, 133, 153, 216, 231,
234, 237, 250, 255, 273, 274, 282
competência, 12, 13, 17, 55, 98, 141, 144,
145, 147, 148, 150, 151, 154, 171, 173,
183, 184, 188, 192, 216, 237, 292
comportamentos, 13, 14, 17, 23-26, 30,
69, 103, 111, 118, 133, 140, 144, 150,
170, 172, 174, 176, 181, 182, 187, 200,
203-211, 214, 223, 236, 237, 241, 243
comunicação, 14, 17, 52, 160, 209, 238,
266, 274
Conaty, Bill, 248
base de dados global dos funcionários,
132, 252
cartas de Welch, 284-285
como conselheiro da LGE, 236-237
e Calhoun, 47

ÍNDICE REMISSIVO

e Campbell, 43-45, 92
e Donnelly, 81-82
e Immelt, 251
e Johnston, 37-41
e Little, 76-78, 83, 93
elogio de Rowe, 271
na CDR, 211, 231-232
na Goodyear, 219
nas reuniões do CAP, 52
nos recursos humanos, 258, 270, 281--282
plano de sucessão, 281
sobre a franqueza, 207
sobre a Sessão C, 53-57, 63-64
sobre o Curso de Desenvolvimento da Gestão, 65-69
sobre os diretores executivos, 59-60, 143, 268-269, 276
sobre Ruocco, 214-216
sobre Welch, 53-54, 67
valores, 69-70
concentração no paciente, 19, 20, 86, 181, 182
confiança, 5, 17, 23, 27, 32, 43, 46, 52, 77, 79, 83, 84, 92, 93, 127, 132, 136, 158--160, 163, 171, 178, 194, 206, 226, 243, 249, 254, 283, 287, 289
conhecimento especializado, 24, 84, 147
Connell, Tom, 193
contexto, 24, 54, 55, 59, 73, 87, 93, 154, 157, 170, 172, 173, 176-178, 233, 247, 249, 276
Continental Airlines, 211
Cook, Scott, 124
coragem, 16, 79, 163, 170, 184, 192, 217, 270, 280, 283, 286
Corcoran, Bob, 62
Coreia, 31, 89, 122, 142, 156, 201, 234, 237
Cote, Dave, 40
Covey, Stephen, 158
Crédito Italiano, 195
crescimento, 250-251
Crotonville, *ver* John F. Welch Learning Center
cuidados de saúde, 19, 68, 81, 89, 92, 231, 282
Curlander, Paul, 228

Datta, Sushim, 107
De Bok, Arthur, 217
desafios, 15, 20, 23, 31, 39, 42, 43, 45, 60, 68, 70, 73, 75, 79, 83, 93, 98, 106, 108, 114, 119, 130, 136, 137, 141, 145, 155, 182, 190, 221, 225, 231, 250, 257, 262, 268, 274, 276, 282
desajustamentos, 254
desempenho, 11, 17, 18, 20, 26, 27, 39, 49-51, 54, 55, 57, 59-61, 67-70, 78, 84, 92, 99, 110-114, 118, 122, 125, 127, 132-135, 149, 151-153, 158, 159, 161--162, 176, 181, 191-193, 195, 197, 200, 204-208, 214-216, 220, 222, 225, 230, 232, 236, 239, 243, 245, 248, 250-253, 255-257, 262, 263, 268, 274, 275, 286, 287
desenvolvimento do talento,
    aspetos culturais do, 244-245
    através do exemplo, 203
    como obsessão, 248
    dos líderes, 242
    dos mestres do talento, 238-239
    Lafley sobre, 122
    lições do, 287
    na GE, 51, 93
    na Goodyear, 215-216
    na Hindustan Unilever, 29-30, 95
    na Novartis, 30
    na P&G, 121-122
    no UniCredit, 194-195, 222-223, 227
    responsabilidade dos líderes pelo, 249--250
diálogos, 23, 25, 26, 27, 34, 42, 66, 175, 239
diferenciação, 26, 191, 206, 256, 287
Dillon, Adrian, 149, 158-166, 249, 252, 291
dinâmica da indústria, 55
diretores executivos,
    aposentação iminente, 274
    desafios dos, 276
    e recursos humanos, 28, 268-270
    ensino nas universidades, 266
    esclarecidos, 26, 238, 241
    ideais, 60-61

MESTRES DO TALENTO

ideias de Conaty sobre os, 60, 142-143, 268-269, 276
liderança, 279
na Hindustan Unilever, 106-107
na P&G, 142-143
sucessão dos, 272-281
diretores-gerais, 95, 124
discussão em grupo, 102-103
distribuição, 25, 89, 90, 109, 128, 141, 144, 148, 204, 205, 229, 233, 234, 238, 258
Donnelly, Scott, 81, 82
Donovan, Dennis, 75, 281
Dow Chemical, 170
drenagem, 115, 116
Dunlop, pneus, 190

Eastman Kodak, 190
Ebacher, Jon, 77, 79
educação, *ver* John F. Welch Learning Center; aprendizagem
elogio, 133, 255, 271
emoções, 74, 125, 173, 174, 192
empresa concentrada no mercado, 204, 205
energia, 50, 51, 68, 74, 80-82, 93, 98, 137, 157, 170, 174, 177, 178, 194, 224, 248, 252, 280
ensinar, 91, 138, 160, 164, 205, 236, 265, 266
entrevistas, 103, 108, 142, 194, 247, 254
especialização coletiva, 12
especificidades, 13, 43, 47, 139, 172, 248, 262
estatuto, 17, 64, 89, 101, 280
estratégia, 5, 6, 27, 30, 31, 34, 49, 50, 56-58, 61-63, 82, 83, 87, 89, 90, 92, 97, 104, 105, 117, 121, 123, 126, 127, 129, 130, 133, 136, 142, 145, 148, 152, 153, 159, 160, 172, 176, 181-185, 187, 190, 191, 195, 196, 198, 200, 201, 204, 207, 214, 217, 220, 234-236, 238, 250, 252, 253, 261, 262, 268, 289
Etah (Índia), 115
expectativas, 13, 18, 28, 178, 179, 207, 225
experiência(s), 16, 18, 21, 22, 24, 25, 29, 30, 35, 39, 43, 44, 58, 65, 68, 73, 79, 84,
87-89, 93, 95, 99, 100, 102, 104-107, 109, 111, 115, 116, 118, 119, 121-145, 147, 154, 156, 157, 161, 162, 171, 173--175, 177, 178, 182, 193, 195, 198, 201, 203, 211, 215, 217, 218, 220, 224, 226, 228, 237, 249-252, 257-259, 262, 276, 277, 279, 288, 292
estrutura funcional, 149

Faché, Niels, 155-158, 249, 251, 291
falhanços, 76, 254
feedback
dos diretores executivos, 239
exemplos, 284-285
franco, 207, 249, 252-253, 284
frequente, 249
informal, 252-253
na GE, 93
na Hindustan Unilever, 106
na Novartis, 176
na P&G, 131
no UniCredit, 227
Fishman, Mark, 172, 173, 184, 291
força interior, 170, 171
franqueza,
como necessidade, 287
como princípio do mestre do talento, 239, 243
Conaty sobre a, 207
cultura da, 27, 50-52, 56-57
na GE, 46, 50-52, 56, 270
na Goodyear, 206-207
na LGE, 237-238
na P&G, 128
nas avaliações, 252-253
no *feedback*, 207, 249, 252-253, 284
no UniCredit, 225

Ganguly, A. S., 98, 107, 108, 117
General Electric (GE), 29, 33, 303
análises empresariais, 249-250
avaliações na, 49-50, 53-54
Crotonville, 61-64, 67-68, 93, 264
Curso de Desenvolvimento da Gestão, 64-68

ÍNDICE REMISSIVO

demissão de Johnston, 37-42
desenvolvimento do talento, 93
ensino na, 264
especialização coletiva, 12
estratégia, 55
gestão do talento, 28-30, 33-35, 51,
   53-54, 93
influência na CDR, 229
intimidade na, 59-61, 73-93
liderança, 26, 33, 34, 39, 42-44, 49-71
recompensas financeiras, 255
recursos humanos, 258, 269, 281-283
retenção do pessoal, 248
Sessão C (mestria do talento), 41-45,
   53-59, 63, 71
sistemas operativos, 50, 83
sucessão imediata, 37-47
tempos difíceis, 31-32
valores, 69-71
gestão do talento,
   e processos sociais, 92-93
   empreendedora, 158-160
   na CDR, 211, 231
   na GE, 33-35, 53-54, 93
   na Goodyear, 213-220
   na Novartis, 30-31
   na P&G, 29, 132
   na TPG, 199
   no UniCredit, 195, 208, 226
   processos formais para a, 28-29
   processos, 213-239
Gogel, Don, 227-231, 291
Goldsmith, Sir James, 190
Goodwin, Sir Fred, 170
Goodyear Tire & Rubber
   contratação de pessoal externo, 30, 189-
   -195, 204, 219
   e LGE, 200
   gestão do talento, 213-220
   liderança na, 190, 193-194, 204, 207
   missões no estrangeiro, 216-219
   mudança na, 203-207
   planeamento da sucessão, 215, 272
Grove, Andy, 265

Halloran, Jean, 152, 291
Halvorson, George, 147
Healey, Melanie, 138-140, 144, 145, 251,
   291
Henretta, Deb, 123-127, 135-137, 144,
   145, 249, 251, 291
Hindustan Unilever (HUL), 29-32
   aprender na, 104-106
   canal de talentos para o topo, 97-103
   e a P&G, 118
   entrevistas, 103, 111, 246
   especialização coletiva, 12
   formação na, 106-110
   gestores, 110-112
   lema, 101, 105
   liderança, 95, 97-100, 111-113, 115-119
   passagem em revista na, 110-114
   programa de internato, 104
   recrutamento, 99-103
   sessão de aconselhamento, 259-260
   valores, 27
HUL, *ver* Hindustan Unilever

IBM, 227-228
ideias, 15, 16, 19-21, 24, 25, 28, 50, 51, 54,
   58, 61, 66, 81, 87, 91, 92, 95, 102, 109,
   129, 145, 149, 152, 158, 162, 171, 191,
   192, 195, 199, 207, 208, 224, 236, 241,
   250, 259, 264, 273, 278, 286
Ilaris (medicamento), 184
Immelt, Jeff, 38, 40-42, 45-47, 50, 56, 59,
   60, 68, 70, 81-83, 88-92, 124, 248, 249,
   251, 282, 284, 291
   à espera do cargo certo, 251-252
   curso de Crescimento Inovação-Lide-
   rança, 67
   e a demissão de Johnston, 38, 40, 41,
   45, 47
   e a Sessão C, 56
   e Ishrak, 89-92
   e Little, 80-82
   e o plano de sucessão de Conaty, 282
   processo de sucessão, 59-60
   sessões de aconselhamento, 249
   valores, 71

MESTRES DO TALENTO

inconsciente, 30, 110, 170, 172, 173, 178, 184
independência, 270
Índia, 62, 81, 88-90, 97, 100, 101, 104-109, 115-118, 135, 144, 166, 220
Indonésia, 122, 136, 138, 166
indústria farmacêutica, 18, 172, 180, 184
inferências, 25
inovação, 15, 17, 31, 49, 61, 62, 68, 81, 83, 100, 121, 122, 124, 126, 129, 130, 133, 143, 152, 165, 180, 200, 206, 224, 236, 264, 277
In Search of Excellence (Peters), 142
instinto, 140, 145, 173, 225, 228, 246, 258
instrumentos de medição, 148
integridade, 69, 100, 113, 114, 143, 171, 208, 209, 270, 274, 276, 279
Intel, 265
intimidade,
    com o talento, 17-18, 24
    e a sucessão do diretor executivo, 272--273
    na GE, 34
    na Goodyear, 194-195
    na Lindell, 23
    nas carreiras de Little e de Ishrak, 73-93
    no planeamento da sucessão, 59-61
    no UniCredit, 226
    poder da, 92-93
intuição, 137, 173, 253, 280
iPhone, 13, 15, 16
iPod, 13-15
Ishrak, Omar, 68, 73, 84-92, 247, 291

Jasra (Índia), 107, 108
Jimenez, Joe, 181-184, 291
Jobs, Steve, 13-16, 22
John F. Welch Learning Center (Ossining, Nova Iorque), 61, 264
Johnston, Larry, 37-47, 57, 93
Jones, Reg, 51
julgamento
    aperfeiçoamento do, 248-249, 250
    de Healey e Henretta, 144-145
    do talento, 12-13

    dos principais líderes, 43
    e intimidade, 17
    institucionalizar o bom, 24-26
    na compensação dos líderes, 255
    nas nomeações, 251-252
    nos recursos humanos, 258-259, rigor do, 242
    sobre a personalidade e valores, 259-260
justiça, 177, 269, 280

Kang, Jean, 237
Keegan, Bob, 30, 31, 189-194, 199, 204, 207, 213-220, 248, 291
Kihn, Jean-Claude, 216, 217
Kimberly-Clark, 124, 125
Kindle, Fred, 198, 229
KKR, 31, 47, 198
Kosar, Len, 44
Kramer, Richard J., 188, 191, 192, 207, 215-220, 291

lacunas, 84, 192, 193, 210, 287
Lafley, A. G., 248
    avaliações do talento, 128
    e Antoine, 124-125, 128, 132, 136-137
    e Henretta, 123, 124-126, 136-137
    ferramenta de formação, 129-130
    na CDR, 31, 197, 198
    na P&G, 121, 123, 124-126, 128-130, 132, 136-137
    sobre o desenvolvimento do talento, 122
    sucessão de, 142-143
Lever Brothers, 117
Lexmark, 227, 228
LGE, 31, 32, 187, 189, 199-201, 234-238, 247
liderança, 12, 13, 18, 22-27
    armadilhas, 286
    autodesenvolvimento, 257
    avaliações, 252-254
    contratar, 246
    depois da saída do líder, 253-254
    desenvolvimento, 174-175, 192, 194--195, 248-250, 287
    do diretor executivo, 279
    e autoconsciência, 173-175

ÍNDICE REMISSIVO

e ensino, 264-266
experiência, 257-258
expor os líderes mais jovens à, 265
na Agilent Technologies, 147-167, 250-254
na GE, 26, 33, 34, 39, 42-43, 49-71, 83, 93, 251, 254-255
na Goodyear, 190, 194, 204, 207
na Hindustan Unilever, 95, 97-100, 110, 113, 115
na Novartis, 169-188
na P&G, 26, 95, 121-145, 253-254
no UniCredit, 220-224
nomeações, 250-252
opiniões de Sullivan sobre, 149
potencial, 247-248
reconhecer e reter, 255-256
selecionar, 189-201, 246-248
sucessão a cargos elevados, 281-283
valores, 253
ver também desenvolvimento do talento; gestão do talento; mestre(s) do talento
Liddy, Edward, 31, 197, 198, 229
Lifebuoy, sabão, 107, 108
Lindell Pharmaceuticals, 18, 20, 21, 23, 254
Little, Mark, 73-84, 92, 254, 291
Liveris, Andrew, 170, 171
Llamas, Bob, 281
lucro, 15, 16, 21, 31, 42, 80, 81, 88, 92, 117, 132, 154, 208, 233
Lynch, John, 282

Madhya Pradesh (Índia), 104, 105, 107, 108
Mathieu, Mark, 281
McClellan, Steve, 193
McDonald, Bob, 121, 122, 129-131, 133, 141, 143, 144, 291
McNamee, Brian, 281
McNerney, Jim, 59, 60, 124
mediocridade, 26
meritocracia, 26, 39, 50, 192, 203, 243, 287
mestre(s) do talento,
aptidões especiais, 16-17

compreensão das diferenças entre o pessoal, 22-23
cultura do(s), 244-245
decisões de sucessão, 272, 280
definição, 13
e avaliação psicológica, 171-172
especialização do(s), 95
ferramentas, 241-286
identificação do talento, 24-25, 272
identificar, 28-32
modelo, 238-239
princípios do(s), 26-28, 33, 95, 243, 272
tornar-se, 187-188, 189, 203
México, 62, 139, 140, 144
Michelin, pneus, 190
missões difíceis, 114
modelo de negócio, 15, 108, 184, 190, 204, 205, 268
modelos exemplares, 203, 222-223, 237--238
motivação, 226, 236, 255
MP3, 14, 15
Muckle-Wells, síndrome, 184
mudança, 12, 20-23, 28, 32, 39, 43, 45-47, 55, 56, 58, 61, 73, 75, 76, 78, 82, 92, 118, 121, 126, 128, 136, 139, 144, 145, 147, 150, 157-159, 161-163, 176, 180, 182, 183, 187, 189-191, 193, 200, 201, 203, 204, 206, 207, 209-211, 213, 218-220, 222-226, 235, 237, 238, 247, 248, 250, 251, 254, 262, 263, 273, 274, 276, 277, 283, 285, 286
mudanças horizontais, 251
mudanças progressivas, 251, 273
mudanças progressivas, 251, 273
Muir, Bob, 65
mulheres, 105
Mullaley, Alan, 233
Mundel, Trevor, 183, 184
música, 13-15

Nagrath, Moheet, 122, 129, 130, 132-134, 143, 291
Nam, Yong, 31, 32, 199-201, 234, 235--238, 291

MESTRES DO TALENTO

Napster, 14, 15
Nardelli, Bob, 59, 60, 76-79
Neff, Tom, 29
Nersesian, Ron, 12, 149, 154-158, 165, 166, 249, 291
Nirma, detergente, 117, 118
nomeações, 93, 124, 128, 129, 134, 263
Northwest Airlines, 211
Novartis
  ajudar os líderes a revelarem o verdadeiro caráter, 171-173
  avaliação psicológica na, 172
  capacidade de liderança e autoconhecimento na, 169-188, 255
  concentração no paciente na, 181-182
  gestão do talento, 30-31, 251-252
  pesquisa e desenvolvimento, 172-173
  problemas discutidos dentro do contexto, 177-179
  programa de aconselhamento, 175-176
  programas de desenvolvimento, 175--177, 183-184
  redefinir as expectativas, 178-181
nuance, 276, 277

observação, 14, 16, 17, 22, 23, 34, 125, 127, 242, 259
Okosky, Chuck, 60, 65
oportunidades intelectuais, 250
ouvir, 24, 66, 69, 76, 86, 87, 106, 116, 138, 144, 158, 159, 164, 192, 207, 208, 216, 225, 259

P&G, *ver* Procter & Gamble
P. C. Richards, 45, 46
países em desenvolvimento, 135, 136, 179
paixão, 54, 85, 153, 154, 170, 192, 194, 195, 236, 287, 291
Paranjpe, Nitin, 97-99, 104-114, 118, 291
participações privadas, 31, 47, 76, 98, 197, 198, 210, 211, 227, 228, 230-233, 258
Pendergrass, Lynn, 44
pensamento periférico, 139, 140
personalidade, 13, 24, 43, 44, 51, 85, 124, 182, 257, 259, 269, 280

perspicácia empresarial, 149, 150, 235
pesquisa e desenvolvimento, 74, 81, 82, 140, 155, 157, 172, 173, 183, 184, 201
pessoal
  comparação entre o, 24-26
  compreensão dos mestres do talento do, 22-24
  conhecimento profundo do, 17-18
  gestão, 12
  nomeação, 17-25, 112-113, 254-255
Peter, Tom, 142
Peters, Susan, 65
Phebo, sabão, 138
Piazzolla, Rino, 196, 197, 207-210, 220--227, 281, 291
pneus, 189-191
Polman, Paul, 124
potencial, 12, 18, 20, 23, 24, 26, 42, 46, 55, 57, 64, 75, 82, 85, 92, 98, 99, 108, 110, 111, 113, 118, 122, 125, 127, 128, 156, 159, 161-163, 167, 175, 180, 194, 208, 213, 215-217, 220, 222, 226, 231, 232, 236, 239, 245-248, 250, 251, 254-258, 265, 266, 273, 286, 291
Pressler, Paul, 31, 197, 198
Pressman, Ron, 77
PricewaterhouseCoopers, 191
problemas empresariais, 61, 83
processos sociais, 15, 25, 26, 31, 34, 93, 239, 291
Procter & Gamble (P&G), 29-32
  análises, 250
  base de dados computorizada dos funcionários, 131-134, 252
  caráter na, 27, 195-196
  ensino na, 264
  especialização coletiva, 12
  foco nos consumidores na, 95
  General Manager College, 129-131
  liderança global, 95, 121-145
  liderança, 26, 95, 121-145, 253-254
  no Brasil, 138-139
  papéis experimentais, 124
  redes globais, 140-142
  sondagem de talento, 129-132

ÍNDICE REMISSIVO

sucessão na, 272
produção, 44, 52, 74, 124, 157, 190, 199, 201, 203, 205, 206, 220, 228, 258
Profumo, Alessandro,
  como diretor executivo do UniCredit, 30-31
  desenvolvimento da liderança, 220-222
  franqueza, 225-226, 252-253
  modelo, 223
  na Unimanagement, 225
  sistema do talento, 195-197
  sucessor, 226
  valores, 207-209
provedor, 209

Quarta, Roberto, 229

Raiva de Vencer (filme), 131
recessão, 160, 204
recompensas financeiras, *ver* compensação
recursos humanos,
  e operações, 28, 243, 258, 268-271
  na CDR, 230-233
  na GE, 258, 270, 281-283
  na Goodyear, 213-214, 216
  na LGE, 236-237
  níveis médios, 258-259
  numa empresa mestre do talento, 281
  papel dos, 43
  relações com líderes, 273
recompensas, 27, 149, 152, 239, 241, 255, 256
redes globais, 141
reforço positivo, 254
registo de resultados, 132-134, 280
Reino Unido, 229
relações, 21, 22, 24, 42, 43, 46, 49, 61, 81, 87, 100, 122, 124, 126, 137, 141, 144, 145, 155, 157, 159, 163, 170, 176, 210, 249, 250, 257, 265, 266, 274, 285
relações com os clientes, 42, 43
resolução de problemas, 100, 224, 259, 283
responsabilidade, 6, 18, 21, 71, 79, 99, 104--106, 112, 114, 124-126, 134, 140, 152,

155, 161, 166, 179, 180, 183, 217, 218, 225, 234, 236, 241, 272
Rice, Joe, 210, 291
Rice, John, 47
Richards, Gary, 45
Rin, detergente, 117
Roche, Teresa, 150, 152, 291
Rohm & Haas, 170, 171
Rowe, Brian, 271
Royal Bank of Scotland, 170
Ruocco, Joe, 204, 214, 215, 218, 281, 291

Scott, Lee, 233
Sedita, Steve, 44
Segalini, Dick, 44, 92
segmentação do mercado, 151, 165
serenidade, 251
Shad, James, 235
Simioni, Anna, 223, 225, 291
Singapura, 123, 124, 126, 127, 137, 144, 145
Speed of Trust, The (Covey), 158
Sterling Partners, 258
Stickler, Peter, 237, 291
Stratton, Kim, 176, 177, 180, 181, 291
sucessão,
  como processo social, 275
  de Conaty, 281
  de Lafley, 142-143
  de Welch, 38, 39, 59-61, 276
  do diretor executivo, 272-280
  imediata, 37-47
  na CDR, 232-233
  na Goodyear, 215, 272
  na P&G, 272
  nos cargos de alto nível, 280-283
  nos recursos humanos, 280-282
  planeamento, 239
  tranquila, 272-283
Sullivan, Bill, 30, 148-154, 165, 291
Surf, detergente, 117

talento,
  avaliação, 27-28
  mestria do, 246-256

avaliação formal do t. externo, 129-131
recrutamento, 100-103
análises, 28, 49-50, 129, 175, 221, 261--263
como vantagem, 11-32
como o recurso mais importante, 11-12
julgamento do, 12-13
Tamke, George, 229
tecnologia, 14-16, 30, 49, 74, 77, 81-83, 85, 86, 92, 106, 130, 141, 142, 145, 147, 151, 155, 159, 160, 165, 198, 200, 206, 220, 227, 238, 266, 279
telefones, 16, 37-39, 41, 47, 134, 137, 214, 261
Thomas, T., 114-117
tomada de decisão, 156, 161, 172
TPG (co.), 31, 198, 199, 211, 233, 291
trabalho de equipa, 75, 103, 113, 180, 194, 207, 236
Trani, John, 86, 87, 251
Trotter, Lloyd, 47, 65
turbinas, 57, 74-77, 79, 80, 254
Tyco Electronics, 273

ultrassons, 85, 86, 88, 90, 247
UniCredit
    Carta de Integridade, 208-209
    gestão do talento, 195, 221, 226
    Plano de Desenvolvimento Executivo, 220-222
    sistema do talento para executar a nova estratégia, 30-31, 195-197
    UniManagement, 223-226, 250, 264
    valores, 207-210
Uttar Pradesh (Índia), 104, 107, 108, 115

valores
    compatíveis, 287
    de Conaty, 69-70
    de Immelt, 71
    de Welch, 69-70
    do diretor executivo, 279
    entrevista sobre, 246, 247
    explícitos, 239, 243
    julgamento dos, 259-260

liderança, 253-254
    na CDR, 210-211
    na GE, 69-71
    na Goodyear, 203-207
    na Hindustan Unilever, 27
    na Novartis, 182-183
    na P&G, 142-143
    na TPG, 210-211
    no UniCredit, 207-210
    subvalorização dos, 180
valores funcionais, 69
vantagem, 11-32, 100, 104, 119, 149, 151, 153, 166, 195, 196, 200, 243, 255, 288
vantagem competitiva, 12, 100, 104, 119, 149, 151, 166, 195, 243, 288
Varian, Inc., 160
Varley, John, 170
Vasella, Daniel, 171, 172, 174, 175, 181, 182, 291
Vietname, 136, 138
visão, 16, 81, 87, 90, 118, 136, 137, 139, 144, 172, 182, 183, 192, 196, 200, 223, 224, 234, 236, 251, 268, 279, 281, 292

Welch, Jack, 31, 62, 92, 248
    base de dados global dos funcionários, 132
    cartas após avaliações, 284-285
    conselhos francos, 207
    e Conaty, 54, 55, 66-67, 270
    e Immelt, 250-252
    e Ishrak, 85, 87-90, 247
    e Johnston, 40-43
    e Little, 76-78, 83, 93
    modelo exemplar, 223
    na CDR, 197, 198, 211, 230
    primeiros anos na GE, 51
    revisão da Sessão C, 53-55
    sessões de aconselhamento, 249
    sistema de gestão do talento na GE, 33, 51
    sistemas operativos e sociais na GE, 50-52
    sobre o negócio, 84

sucessor, 38, 39, 59-61
valores, 69-70
Wells, Darren, 193
Wharton Business School, 13, 14, 16, 18
Wheel, detergente, 105, 117, 118
Whelley, Eileen, 281
Whitman, Meg, 124
Williams, Jim, 198, 199, 211, 232, 233, 291
Workout and Change Acceleration Process (CAP), 51, 52, 61

SOBRE OS AUTORES

Após uma carreira de 40 anos na General Electric, BILL CONATY aposentou-se em 2007. A empresa que deixou deve muito do seu êxito global à excelente organização de recursos humanos que Conaty desenvolveu e dirigiu durante mais de 17 anos. Como vice-presidente dos recursos humanos da GE entre 1993 e 2007, foi reconhecido como um líder mundial na sua área. Um dos seus êxitos mais visíveis foi a gestão do processo de sucessão e transição do diretor executivo Jack Welch para Jeff Immelt, o atual presidente e diretor executivo da GE.

Bill Conaty fez toda a sua carreira na General Electric. Nascido em Binghamton, Nova Iorque, licenciou-se na Bryant University, em Rhode Island. Após concluir um curso de três anos de gestão na GE e de uma breve passagem pelas Forças Armadas, deteve vários cargos de gestão em muitas operações da GE, incluindo os setores aeroespacial, ferroviário e de motores para a aviação. Em 1990, foi nomeado vice-presidente dos recursos humanos da GE Aircraft Engines. Apenas três anos depois, foi escolhido por Jack Welch para a vice-presidência dos recursos humanos da casa-mãe, com responsabilidade sobre mais de 320 000 empregados em todo o mundo. Trabalhou para Welch durante oito anos e para Jeff Immelt durante seis anos.

A GE é não só uma das empresas industriais mais diversificadas do mundo, mas também uma das mais respeitadas. Foi nomeada pela revista *Fortune* como a «empresa mais respeitada do mundo» durante os sete dos últimos dez anos da direção de Welch. Além disso, a *Fortune* classificou a GE como a primeira no desenvolvimento de líderes de classe mundial. Em 2004, Bill Conaty foi nomeado Executivo de Recursos Humanos do Ano. O artigo da revista *Human Resource Executive* elogiava a forma como Conaty lidara com «um dos mais importantes desafios de sucessão do diretor executivo do século».

Em grande parte graças aos programas de desenvolvimento e formação em gestão que Bill concebeu, a *Business Week* declarou que a GE tem «o quadro de gestão mais talentoso do mundo». Um perfil recente publicado na mesma revista

MESTRES DO TALENTO

elogiava-o por ter «pegado num departamento que é geralmente tratado como uma função de apoio» e tê-lo transformado num «parceiro empresarial de alto nível». O antigo chefe de Bill, Jack Welch, considera-o «espetacular», explicando que conquistou uma «confiança enorme a todos os níveis. O pessoal dos sindicatos respeita-o tanto como os administradores». De facto, Bill passou o cargo de topo a um velho colega dos recursos humanos da GE, embora tenha ficado para concluir a última ronda bem sucedida de negociações laborais com os sindicatos da GE.

Bill é membro do conselho de administração da Bryant University e faz parte do conselho consultivo do Center for Advanced HR Studies da Cornell University, onde o seu legado perdurará com a criação recente da cátedra William J. Conaty em Recursos Humanos. Em novembro de 1996, foi nomeado membro sénior da National Academy of Human Resources; foi eleito presidente desta instituição em fevereiro de 2001 e nomeado membro honorário, a honra mais elevada, em novembro de 2007. Bill é também membro da HR Policy Association, da qual foi presidente entre 2001 e 2007, e é membro da Personnel Roundtable.

Após a aposentação, Bill formou a sua própria empresa de consultadoria, a Conaty Consulting LLC. Entre os seus clientes incluem-se empresas como a Clayton, Dubilier & Rice, a P&G, a Dell, a Boeing, a Maersk, a LG Electronics, a Goodyear, o UniCredit e outras empresas que constam da lista das maiores 100 da *Fortune*. É também ativo no circuito de conferências apresentado pela Leading Authorities (www.lauthorities.com) como líder mundial nos recursos humanos.

RAM CHARAN é um consultor de negócios e conferencista muito procurado, famoso entre os altos executivos pela sua curiosa habilidade para resolver os problemas mais difíceis. Durante mais de 35 anos, o Dr. Charan trabalhou nos bastidores com altos executivos em algumas das melhores empresas do mundo, como a GE, a Verizon, a Novartis, a DuPont, a Thomson, a Honeywell, a KLM e a MeadWestvaco. Partilhou também as suas ideias com muitos outros através do ensino e da escrita.

O Dr. Charan iniciou-se cedo nos negócios, quando trabalhava na sapataria da família na pequena cidade indiana onde foi criado. Fez uma licenciatura em engenharia na Índia e, pouco depois, trabalhou na Austrália e no Havai. Quando o seu talento para a gestão foi descoberto, o Dr. Charan foi encorajado a desenvolvê-lo. Concluiu um MBA e um doutoramento na Harvard Business School, onde se formou com grande distinção e foi Baker Scholar*. Após concluir o doutoramento em governo empresarial (*corporate governance*), trabalhou na faculdade da Harvard Business School.

O Dr. Charan é famoso pelos seus conselhos práticos e relevantes, que levam em conta as complexidades reais do mundo das empresas. Vê qualquer interação

* Distinção atribuída aos melhores alunos do MBA na Harvard Business School. (N.T.)

SOBRE OS AUTORES

com líderes empresariais como uma oportunidade para desenvolver o pensamento deles, bem como o seu próprio. Graças à acuidade nos negócios, ao conhecimento das pessoas e ao senso comum, traduz as suas observações e ideias em recomendações que os líderes podem aplicar de forma imediata. É especialista na liderança e na sucessão, no crescimento e na inovação, na execução e nos sistemas sociais. Identificado pela *Fortune* como o principal especialista em governo empresarial e pela *The Economist* como veterano na sucessão da direção executiva, o Dr. Charan fornece conselhos práticos para que os conselhos de administração melhorem o seu funcionamento. Diretores-gerais, diretores executivos e altos funcionários dos recursos humanos procuram frequentemente os seus conselhos sobre o planeamento do talento e contratações de altos funcionários, incluindo a seleção do diretor executivo.

Muitas pessoas conheceram o Dr. Charan graças aos programas de formação interna para executivos. O seu estilo de ensino enérgico e interativo valeu-lhe vários prémios. Ganhou o Bell Ringer Award, do famoso centro de formação da GE em Crotonville, Nova Iorque, e outros prémios de ensino da Northwestern e do Insurance Institute da Wharton. A *BusinessWeek* classifica-o entre os dez principais recursos para programas de desenvolvimento interno de executivos.

Na última década, o Dr. Charan inscreveu as suas ideias em inúmeros livros e artigos. Nos últimos cinco anos, os livros do Dr. Charan venderam mais de dois milhões de exemplares. Entre estes, incluem-se o êxito editorial *Execution: The Discipline of Getting Things Done*, em coautoria com Larry Bossidy; *The Game--Changer*, em coautoria com A. G. Lafley, e *Leadership in the Era of Economic Uncertainty*. O Dr. Charan escreveu vários artigos para a revista *Fortune* e para a *Harvard Business Review*. Os seus artigos foram também publicados no *Financial Times*, no *Wall Street Journal* e no *Director's Monthly*.

O Dr. Charan foi eleito membro honorário da National Academy of Human Resources. É membro dos conselhos de administração da Tyco Electronics, da Austin Industries e da Emaar MGF India. Vive em Dallas, no Texas.

ÍNDICE

PREFÁCIO, por Miguel Pina e Cunha   5

MESTRES DO TALENTO   9

Capítulo 1 – O talento é a vantagem: sem talento, não há números   11

PARTE I – O QUE FAZ UM MESTRE: NO INTERIOR DO SISTEMA DE GESTÃO DE TALENTO DA GENERAL ELECTRIC   33

Capítulo 2 – A sucessão imediata: o que fez a GE quando Larry Johnston se demitiu   37

Capítulo 3 – Um sistema total de desenvolvimento da liderança: como a GE associa pessoas e números   49

Capítulo 4 – Como a intimidade compensa: o desenvolvimento das carreiras de Mark Little e Omar Ishrak   73

PARTE II – A ESPECIALIDADE DOS MESTRES DO TALENTO   95

Capítulo 5 – Construir uma via de talento até ao topo – Hindustan Unilever: a aprendizagem começa logo no primeiro dia   97

Capítulo 6 – Desenvolver aptidões e capacidades através de experiências importantes: como a Procter & Gamble desenvolve os líderes globais   121

MESTRES DO TALENTO

Capítulo 7 – Criar um novo tipo de gestores: como a Agilent
transforma tecnólogos em líderes empresariais ... 147

Capítulo 8 – Descobrir o líder que há em nós: como a Novartis cria
capacidade de liderança através do autoconhecimento ... 169

PARTE III – TORNAR-SE UM MESTRE DO TALENTO ... 187

Capítulo 9 – Encontrar os líderes certos ... 189

Capítulo 10 – Estabelecer os valores e os comportamentos certos ... 203

Capítulo 11 – Criar os processos certos de gestão de talento ... 213

PARTE IV – AS FERRAMENTAS DO MESTRE DO TALENTO ... 241

AGRADECIMENTOS ... 291

ÍNDICE REMISSIVO ... 293

SOBRE OS AUTORES ... 305